성장이라는 착각

성장이라는 착각
지속 가능한 미래를 위한 이정표

ⓒ 들녘 2025

초판 1쇄	2025년 5월 12일
지은이	안호기

출판책임	박성규	펴낸이	이정원
편집주간	선우미정	펴낸곳	도서출판 들녘
기획이사	이지윤	등록일자	1987년 12월 12일
편집진행	김혜민	등록번호	10-156
디자인진행	조예진		
편집	이동하·이수연	주소	경기도 파주시 회동길 198
마케팅	전병우	전화	031-955-7374 (대표)
경영지원	니수정		031-955-7389 (편집)
제작관리	구법모	팩스	031-955-7393
물류관리	엄철용	이메일	dulnyouk@dulnyouk.co.kr

ISBN 979-11-5925-933-3 (03300)

이 책은 관훈클럽정신영영기금의 도움을 받아 저술 출판되었습니다.
값은 뒤표지에 있습니다. 잘못된 책은 구입하신 곳에서 바꿔드립니다.

성장이라는 착각

지속 가능한 미래를 위한 이정표

안호기 지음

들녘

〈일러두기〉

◦ 외국 인명·지명·독음 등은 외래어표기법을 따르되 필요한 경우 저자의 표기를
  따랐습니다.
◦ 인명 병기 또는 생몰년, 의역, 줄임말, 설명이 필요한 때는 ( )를 사용했습니다.
◦ 단행본은 『 』, 논문 및 단편은 「 」, 신문 및 잡지는 《 》, 영화 및 예술 작품과 소제목은 〈 〉로
  묶어 표기했습니다.

추천사

인간은 가치지향적 동물이다

김학균 신영증권 리서치센터장

1995년 무렵으로 기억한다. 안드레이 타르코프스키 감독의 영화〈희생〉(1986)을 봤다(소련 시대에 제작된 영화, 한국에서는 1995년 개봉).

내게는 매우 지루한 영화여서, 스크린을 바라보는 일이 힘들었다. 졸음이 쉴 새 없이 몰려왔다. 지금 생각해도 놀라운 건 평일 한낮이었음에도 대학로에 있는 작은 예술영화 전용 상영관에서 관객 백여 명이 옹기종기 모여 앉아 이 재미없는 영화를 봤다는 사실이다. 내 주변에 앉아있던 사람들도 쏟아지는 졸음과 싸우고 있었다. 냉소적으로 말하자면 지적 허영심이 나를 비롯한 백여 명의 관객을 스크린으로 모이게 했을 것이다. 요즘도 나오는 영화잡지《씨네21》은 당시의 콘텐츠가 훨씬 깊이 있었고, 재미도 있었다. 오랫동안 이 잡지를 구독하고 있는 독자의 주관적 평가이다. 또한 인터넷이 대중화되기 전인 1990년대 중반 PC통신 서비스였던 하이텔·천리안 영화 동우회에도 수준 높은 글들이 많았다. 무엇보다도 요즘 인터넷 커뮤니티보다 훨씬 덜 경박했다. 영화 잡지와 PC통신 동우회 등에서 타르코프스키 영화가 그렇게 대단하다고 해 〈희생〉을 보러 갔다가 졸고 나왔다. 돈을 내고 영화라는 상품을 소비한다는 관점에서 평가한다면 〈희생〉을 보러 간 행위는 그리 효용이 높은 선택은 아니었다. 그렇지만 세상일을 '투입과 산출' 혹은 '지출과 효용'이라는 가치만으로 재단할 수는 없다. 나름 좋은 영화를 감상해보려고 하는 노력은 그 자체로 의미가 있었다. 허위의식이라는 비판을 받을 수도 있겠지만, 인간은 '효용의 존재'이기도 하지만 '가치지향적 존재'이기도 하기 때문이다.

요즘이야 OTT 서비스 확산 등으로 영화산업이 힘들어졌지만, 코로나 직전까지는 한국에서도 관객이 천만 명을 넘어서는 영화들이 연이어 나오면서 영화산업의 황금기가 이어졌다. 시장에서는 큰 판이 벌어졌지만 한편으론 공허했다. 거대자본이 투입된 대작들이 스크린을 장악하면서 작은 영화들이 설 자리가 없어졌기 때문이다. 영화산업에 뛰어든 거대자본은 제작과 유통을 모두 장악했다. 독립영화를 상영했던 시네마테크들은 다수의 스크린을 가진 멀티플렉스로 바뀌었다. 내가 〈희생〉을 봤던 대학로 독립영화 전용관 자리에도 한국에서 제일 큰 영화 자본을 움직이는 회사가 운영하는 극장이 들어섰다. 독립영화관뿐만 아니라 상대적으로 자본 규모가 작은 영화사들도 줄줄이 무너졌다. 유년기와 청년기까지 나와 함께했던 서울극장, 단성사 등이 폐관한 데 이어 한때 국내 최대 와이드스크린으로 주목받았던 대한극장도 얼마 전(2024) 문을 닫았다.

영화는 예술이지만 산업적 성격도 강하다. 나도 할리우드 영화를 좋아하고, 거대자본이 투자된 오락영화를 즐겨 본다. 스크린은 그 어느 때보다 많아졌지만, 조금 다른 관점의 영화도 공존했으면 좋겠다.

안호기 경향신문 전 편집국장이 쓴 『성장이라는 착각』을 읽으면서, 삼십여 년 전 대학로 시네마테크에 모였던 사람들이 생각났다. 좋은 영화를 보기 위해 의식적으로 노력했던 사람들이다. 나처럼 졸고 나온 사람이 많았을 듯하지만, 새로운 미적 체험을 한 이들도 있었을 것이다. 어떤 쪽이든 영화라는 콘텐츠에 대해 수동적인 수용자에 머무는 것이 아니라 미적 경험의 적극적인 확장을 추구했다는 점에서 의미가 있다. 이런 풍토에서 박찬욱이 나오고, 봉준호가 나왔다고 생각한다.

이 책은 자본주의에 대한 비판적 성찰들로 가득 차 있다. 기후변화와 에너지 위기부터 금융 과잉과 경제 불평등, 선진국과 개발도상국 간의 차별 등에 대한 이야기가 종횡무진 펼쳐진다. 이런 문제점들에 대해 저자가 제시하는 대안은 '탈성장'이다. 성장에 대한 욕심이 지구를 병들게 하고, 사회적으로도 많은 부작용을 만들어내고 있다는 진단을 내린다.

글을 읽으면서 기시감이 들었다. 타르코프스키의 〈희생〉을 볼 때와 비슷한 느낌이었다. 다분히 가치지향적인 주장이었지만, 실현 가능성에는 고개가 갸우뚱해지는 느낌이랄까. 인간 사회에서 가치지향적 변화는 두 가지 힘에 의해 추동(推動)된다고 생각한다. 먼저 점진적 변화에 대해 이야기해보자. 점진적 변화는 대체로 풍요의 산물이다. '곳간에서 인심 난다'라는 옛말이 의미하는 것처럼 물질적 여유가 진보적 대안에 대한 수용도를 높이는 경우가 많다. 미국 서부의 PC(정치적 올바름)주의와 유럽의 환경주의 정당의 부상은 풍요로움이라는 물적 토대 위에서 가능했다고 본다. 한국에서 예술영화 전용관이라 부를 수 있는 시네마테크의 전성기는 1990년대 중반, IMF 외환 위기 직전 시기였다. 경제가 한없이 부풀어 오를 것이라는 집단적 기대가 있었고, 자식 세대의 삶은 부모 세대보다 더 나아질 것이라는 확신이 있었다. 물질적 풍요는 세상을 넓게 살펴볼 수 있는 여유를 만들어줬고, 이런 환경에서 대안적 예술 장르에 대한 수용도 높아질 수 있었던 게 아닌가 싶다.

요즘 환경은 가치지향적 이상주의자들에게 우호적이지 않다. 글로벌 경제 전반적으로 성장이 둔화하면서 세상은 오히려 보수적으로 바뀌고 있다. PC주의는 과도한 '도덕적 경직성'으로 비판받고 있고, 유럽에서는 친환경주의 정당들이 차지했던 자리를 이념 스펙트럼의 극단에 가까운 우파 정당이 대체하고 있다. 이 책에서는 기후변화를 인류가 직면해 있는 현실적 위험으로 평가하고 있지만, 미국에서는 이를 '환경주의자들의 사기'로 폄하하는 대통령이 권좌에 올랐다. 특히 영토 재편이 매개가 되는 국가 간 무력 충돌이 가시화되고 있다는 점은 치명적이다. 러시아의 우크라이나 침공이 3년 넘게 지속되고 있다. 서로 죽고 죽이는 싸움이 전개되고 있는 상황에서 국가 간 공조가 필요한 친환경 정책은 사치다. 금융시장에서도 주주뿐만 아니라 다양한 사회 구성원들의 이해를 투자에 녹여내고자 했던 ESG(환경·사회·지배구조) 투자 열기가 현저히 꺾이고 있다.

급진적 변화는 기존 사회 구조의 모순이 극단적으로 확대됐을 때 그 부작용으로 현실화되곤 했다. 국민을 빈곤과 전쟁으로 내몰았던 제정 러시아의 사회경제적 모순은 러시아 혁명의 토양이 됐고, 자유방임 자본주의가 불러온 대공황은 이후 뉴딜이라는 시장에 대한 공적 통제가 가미된 혼합 자본주의를 불러왔다.

점진적 변화는 여의치 않은 환경이고, 급격한 변화 역시 기존 시스템의 붕괴를 의미한다는 점에서 쉽게 입에 올릴 일은 아니다. 그럼에도 이 책에서 제시하고 있는 각종 대안적 담론들은 깊이 생각할 만한 가치가 있다. 이상이 현실에서 실제 구현되지는 않더라도, 최소한 세상이 나빠지는 것을 막는 힘으로 작동할 수는 있기 때문이다. 거대 담론이 아니더라도 일본에서 나타나고 있는 숲 공유 운동인 '커먼 포레스트 재팬'은 한국에서도 시행될 수 있을 만한 캠페인이고, 자원 절감을 위한 공유경제는 이미 현실에서 뿌리를 내리고 있다.

한편으론 저성장에 대한 '인정' 혹은 '수용'도 우리 사회에 요구되는 덕목이라고 생각한다. 한국 경제는 IMF 외환위기 직전까지의 두 자릿수대 성장의 고성장기에 이어 GDP 성장률 3~6%대의 중속 성장기를 지나 이제는 1%대의 저성장이 '노멀'이 되는 세상의 입구까지 와 있다. 자본 스톡이 커질수록 경제적 자본의 투입 대비 산출을 의미하는 '한계 생산성'을 체감할 수밖에 없고, 앞서간 선진국들과 마찬가지로 우리도 구조적 저성장 국면에 접어들었다고 본다.

현실로 대두되고 있는 저성장 경제는 구성원들에게 '욕망의 절제'를 요구한다. 이 책에서 말하는 탈성장과는 결이 조금 다르지만, 저성장 역시 가치지향적 존재로서의 인간을 요구한다. 욕망하나, 채워지지 않을 가능성이 높은 물적 욕구를 규범적 가치로 메꾸지 못하는 삶은 불행할 것이기 때문이다. 다시 인간은 가치지향적 동물이다.

머리말

삶의 질을 어떻게 높일 것인가

한국은 지난 50년간 전 세계에서 가장 빠른 속도로 경제를 발전시킨 나라였다. 2021년, 유엔은 한국을 선진국으로 공식 인정했다. 한국은 천연자원이 없어도 대대적인 인적 자원 투자로 성공을 거뒀다. 낮은 원자재 가격과 중국 시장 확대에 힘입어 활황을 맛봤으며, 저금리를 이용해 부채를 지렛대 삼아 경제 규모도 팽창했다. 세계 각국은 한국을 경제 모범생이라고 평가했다. 하지만 수출과 산업구조, 금융 등 경제 전 영역에서 익숙했던 질서가 무너지면서 성장 시대가 저물고 있다. 2023년 국내총생산(GDP) 성장률은 1.4%에 그쳤는데, 앞으로 1%대를 유지할 수 있을지도 장담하기 어렵다. 기저효과 덕분에 2024년 2.2%(잠정치)로 다소 상승했던 성장률은 2025년 다시 1.8%(정부 전망)로 떨어질 것이라고 한다. 한국은행과 한국개발연구원(KDI)은 각각 1.5%, 1.6%를 전망했다. 대형 글로벌 투자은행 여덟 곳이 예측한 2025년 성장률은 1.7%였다. JP모건은 투자은행 중 가장 낮은 1.3% 성장을 예측했다. 한국 인구 감소 속도는 세계 최고 수준이다. 이에 따라 2030년대부터 잠재성장률이 0%대로 떨어지고, 2050년대 이후 마이너스로 추락할 것이라는 우려가 이어진다.

누리엘 루비니(Nouriel Roubini) 뉴욕대 스턴대학원 명예교수는 2023년 펴낸 『초거대 위협』에서 부채, 생산인구 감소, 저금리, 금융 불안 등 10가지 위협을 제시했다. 한국은 사실상 그가 언급한 모든 위협에 직면하고 있다. 루비니 교수는 경향신문과 인터뷰하면서 "(초거대 위협을 해결하려면) 교육과 건강 관리, 연금 등 공공 서비스나 부의 불균형을 최소화하려는 정책을 제공하는 정부 역할이 중요하다"면서 "인류의 미래가 디스토피아 또는 유토피아 시나리오에 도달할지는 국가 및 국제적 정책 조치에 달려 있다"라고 말했다.

1년 전에 비해 GDP가 얼마나 늘었는지 따지는 성장률은 국가 간 경쟁의 성적표가 됐다. 성장률이 높아야만 그 정부가 좋은 성과를 거둔 것으로 여기는 셈이다. 한국 정부도 낮은 성장률에서 벗어나기 위해 고심하고 있다. 한국은 2023년 3분기 0.7(2023년 0.72명)까지 떨어진 세계 최저 합계 출산율(여성 한 명이 가임 기간인 15~49세에 낳을 것으로 기대되는 평균 출생아 수)과 급속한 고령화, 적은 이민자 등 저성장의 요건을 모두 갖추고 있다. 노동생산성을 획기적으로 증가시킬 기적적인 방안을 마련하지 않는 한 생산량을 늘리기란 거의 불가능해 보인다.

전문가들이 내놓는 저성장 탈피 해법은 대동소이하다. 말 그대로 생산물의 총합인 GDP를 늘리려면 보다 많은 상품을 생산해 판매해야 한다. 잠재성장률을 높이고 수출을 늘리는 게 기본이다. 신성장동력을 발굴하고, 산업구조를 기술·지식 집약형으로 바꿔야 한다. 한국산 제품 경쟁력을 강화하고 수출 시장과 품목을 다변화해야 한다. 기업은 고용과 투자를 확대하고, 정부는 세제 혜택 및 규제 완화로 적극 지원한다.

그렇게 해서라도 고성장 가도를 달리게 된다면 뭐가 달라질까? 생산이 증가하면 일자리가 늘어나고 임금도 올라갈 수 있다. 하지만 GDP가 늘었다고 해서 삶의 질이 나아진다거나 시민의 행복감까지 높아진다고 볼 수는 없다.

경제학자들의 연구를 보면 소득과 행복은 별다른 상관관계가 없다. '이스털린 역설(Easterlin Paradox)'은 1인당 국민총생산(GNP)과 행복도의 관련성을 찾을 수 없다는 결론을 담고 있다. 미국 경제학자 리처드 이스털린(Richard Easterlin)이 1974년 주장한 개념이다. 개인의 소득이 늘어날수록 행복감도 높아지는 경향이 있지만 시간이 지남에 따라 소득이 늘어도 행복은 일정 수준에서 미미하게 증가하거나 정체, 또는 후퇴함을 의미한다. 노벨 경제학상 수상자인 앵거스 디턴(Angus Stewart Deaton) 프린스턴대 교수는 미국 시민을 대상으로 한 연구에서 '소득이 많아질수록 삶에 대한 만족도는 높아지지만, 행복감은 연봉 7만 5,000달러를 넘어서면 멈춘다'는 결과를 도출했다. 빈곤에서 벗어나 안정적인 소득을 얻기까지는 행복도가 높아지지만, 이후에는 소득이 늘어나도 행복과 이어지지 않는다.

유엔이 발행한 「세계 행복보고서」를 보면 2024년 한국 순위는 전체 143개국 중 52위였다. GDP 기준 세계 10위권 선진국에 진입했음에도 행복 순위는 한참 떨어진다. 행복보고서가 처음 나온 2012년 한국 순위는 11위였으나 2016년 이후 줄곧 50위권이다. 한국의 1인당 GDP는

2012년 2만 4,000달러에서 2023년 3만 5,563달러로 증가했다. 그 기간 행복보고서에서 한국의 점수는 큰 변동이 없었다. 소득이 늘어도 시민의 행복은 늘지 않고 있다.

성장에 대한 집착을 버려야 할 때가 됐다. 2019년 노벨 경제학상을 공동 수상한 아비지트 배너지(Abhijit V. Banerjee)·에스테르 뒤플로(Esther Duflo) MIT 경제학과 교수 부부는 『힘든 시대를 위한 좋은 경제학 Good Economics for Hard Times』(2019)에서 경제학자들이 유용한 답을 제시할 수 있는 가장 중요한 질문에 대해 "어떻게 이 나라를 부유하게 만들 것인가가 아니라 평범한 시민의 삶의 질을 어떻게 높일 것인가여야 한다"라고 말했다. 과잉 생산이 불가피한 성장 추구는 환경오염과 기후변화를 부추겨 지구를 병들게 하고 불평등을 심화시킨다. 성장하지 못하면 곧 망할 것처럼 호들갑 떨 필요는 없다. 성장에서 벗어나 시민이 행복해질 방안을 찾아야 한다. 최근의 저성장 국면은 성장 패러다임의 변화를 꾀할 기회다. 분배에 더 많은 가치를 부여하고 공공재를 확충해 불평등을 완화하는 데 힘써야 한다. 성장이라는 괴물의 노예로 살아갈 수는 없다.

전 세계가 성장에만 매달린 결과, 지구 환경과 경제 현장에는 언제 터질지 모르는 폭탄이 난무하고 있다. 서구 학자들은 현재 지배적 경제 시스템인 자본주의가 한계에 이르러 모순을 드러내고 있다고 지적한다. 자본을 확대 재생산해 이익을 늘려가며 성장하는 자본주의는 무분별한 채굴로 지구 천연자원 고갈을 초래한다. 화석연료를 비롯한 자원의 채굴과 사용을 줄이지 못하면 인류는 조만간 생사의 기로에 놓일 수밖에 없다.

탄소를 내뿜는 내연기관 자동차를 한결 환경친화적인 전기차로 바꾸는 등 기술 혁신이 문제를 해결할 것이라고 주장하는 사람들도 있다. 재생에너지와 탄소 저감 등 친환경 기술에 대대적으로 투자하는 '그린 뉴딜'이 한 예다. 그러나 성장을 전제로 한 그린 뉴딜은 자본가에게 새로운 이익 추구의 기회가 될 뿐이라는 비판을 받는다. 지금까지 과정을 보면 기후변화는 기술 혁신보다 훨씬 빠른 속도로 지구를 망치고 있다. 영국 환경경제학자 팀 잭슨(Tim Jackson) 서리대 교수는 『성장 없는 번영』(2013)에서 "자본주의 아래에서 진행되는 기술 혁신이 기후변화를 멈춰줄 것이라는 단순한 상정은 환상일 뿐"이라고 단언했다.

'자본주의의 꽃'이라는 금융은 증식을 거듭하는 괴물이다. 한국 GDP는 1990년 200조 원에서 2021년 2,072조 원으로 10배가량 늘었다. 반면 금융시장 규모는 같은 기간 158조 원에서 5,662조 원으로 36배 급증했다. 2004년 서울에서 30평대 아파트 한 채를 마련하려면 노동자 월급 18년 치를 고스란히 모아야 했다. 2022년에는 36년 치로 늘었는데, 이는 금융시장 확대에 따른 자산 거품 영향과 무관하지 않다. 과거 금융은 실물경제에 필요한 자금을 조달해 산업의 혈맥으로 불렸다. 지금은 각종 파생상품으로 이익을 최대화하는 수단으로 변질됐다. 투자 기회 확대라는 명분이 있지만, 금융을 통해 늘어나는 부는 대부분 거대 자산가에게 돌아갈 뿐이다.

서구에서 탈성장과 새로운 경제체제 논의가 활발한 이유는 성장이 정점에 도달한 후 시간이 지날수록 자본주의의 모순이 불거지기 때문이다. 프랑스 경제학자 토마 피케티(Thomas Piketty) 파리경제대 교수는 칼럼집 『피케티의 사회주의 시급하다』(2021)에서 자본주의가 불평등을 심화하고 지구 자원을 고갈시키고 있다고 진단했다. 피케티 교수는 자본주의를 극복할 새 방식으로 "참여적이고 지방 분권화된, 연방제 방식이며 민주적이고, 또 환경친화적이고 다양한 문화가 혼종돼 있으며, 여성 존중의 사상을 담은 사회주의"를 제시했다.

『저렴한 것들의 세계사』(2020)를 쓴 라즈 파텔(Raj Patel) 미국 텍사스대 연구교수는 자연·돈·노동·돌봄·식량·에너지·생명 등 7가지 '저렴한 것들' 덕분에 자본주의 체제가 유지됐다고 주장한다. 저렴하다는 의미에 대해 파텔 교수는 "적은 보상을 주고 동원하는 폭력"이라고 규정했다. 그 결과 인류가 직면한 것은 극단적인 불평등과 기후변화, 금융 불안 등이다. 자연과 인간에 턱없이 적게 보상하며 유지해 온 폭력적 성장은 지속 가능하지 않다. 최대의 이익을 내기 위해 최소의 비용만을 지불한 관행을 바꿔야 한다.

탈성장은 선진국 또는 비슷한 수준으로 산업화한 국가들의 경제성장이 지속 가능하지 않다는 사실에서 출발한다. 환경 문제를 연구하는 싱크탱크인 로마클럽에서 1972년 발간한 보고서 「성장의 한계」는 경제를 끊임없이 확장하는 동시에 환경오염을 대폭 줄일 수는 없다고 밝혔다. 성장 없이도 잘 살 수 있고, 그 과정에서 사회를 더욱 공정하고 민주적으로 만들 수 있다는 게 탈성장이다. 이는 정치, 경제, 사회 시스템을 근본적으로 재편해야 가능하다.

◦ 토마 피케티, 『피케티의 사회주의 시급하다』(원제: *Vivement le socialisme!/ Time for Socialism: Dispatches from a World on Fire*, 2016-2021), 이민주 옮김, 은행나무, 2021.

탈성장은 '도발'이나 '유토피아적 환상'으로 치부되기도 하지만, 실행할 수 있는 현실 프로젝트이다. 2021년 발표된 기후변화에 관한 정부 간 협의체(IPCC) 6차 보고서도 성장과 불평등에 따른 구조적 문제를 대거 지적했다. 암스테르담, 바르셀로나 등 유럽 일부 도시들은 이미 탈성장 정책을 채택하고 있다.

『지속 불가능 자본주의』(2021)의 저자 사이토 고헤이(Kohei Saito) 일본 도쿄대 교수는 2023년 경향 포럼에서 "자본주의는 너무 오랫동안 경제적 불평등과 환경 파괴라는 실패를 보여왔다"라고 말했다. 사이토 교수는 "탈성장은 성장을 멈추라는 것보다는 빈곤을 없애기 위해 제3 세계에 투자하고 자원을 필요로 하는 사람들과 공유해야 한다는 개념"이라며 "탈성장은 GDP로 측정할 수 없는 다른 가치인 전통적인 지식, 자연 보전, 양성평등, 필수재 등에 대한 접근성 등을 중시해야 한다"고 설명했다.

세계가 칭찬하는 '기적적인 성장'을 이룬 한국에서 성장은 종교처럼 받아들여져 왔다. 성장을 위해 환율을 방어하고, 기업에는 특혜를 쏟아부었다. 성장을 위해서라면 노동자 몇 명의 목숨쯤은 가벼이 여기기도 한 것 같다. 여기서 탈성장을 논의했다가는 이단으로 몰려 처단받을 지경에 몰릴 수도 있다. 그래서 비교적 언로(言路)가 트였다는 언론사에서도 탈성장을 입에 올리기란 쉽지 않다. 성장에 매달린 한국은 지금 어떤 상태인가. 보수는 물론 진보 정부조차 지상과제로 여겼던 성장은 빈부 격차만 심화시켰다. 기업 이익 증대를 위한 무분별한 화석연료 사용은 '기후 악당'이라는 오명까지 쓰게 했다. 성장으로 국가 전체의 부가 늘어난 것은 명백한 사실이다. 하지만 분배는 제대로 이뤄지지 않았다. 돈을 최고 가치로 여기는 천박한 사회로 전락하고 있다. 수단과 방법을 가리지 않고 부자 될 꿈을 꾼다. 고교 성적 최상위권 학생 상당수는 장래 희망이 의사라고 한다. 전 대통령 배우자는 불법 주식투자와 부동산 투기 의혹을 받는다. '사촌이 땅을 사면 배가 아프다'라는 속담은 한국인의 평등 의식을 반영한다. 전통적으로 공동체 중심 사회였던 한국은 집단 내 조화와 균형을 중시했다. 남(부자)의 성공을 (가난한) 나의 실패로 여긴다. 허물어진 균형은 사회 갈등을 유발한다.

성장을 끝내야 할 시점이 됐다. 탈성장을 공론장으로 끌어내고, 자본주의의 모순을 극복할 대안을 논의해야 한다. 이제부터라도 무엇이 문제이고, 어떻게 해결할지 의견을 모으는 것이 중요하다.

목차

추천사　**인간은 가치지향적 동물이다**　5
머리말　**삶의 질을 어떻게 높일 것인가**　10

1장　**불가능한 성장: 현재 지구와 인류가 처한 상황**　20

　　　저성장 국면에 접어든 글로벌 경제　28
　　　국내총생산(GDP)의 한계와 국민 행복의 관계　38
　　　성장 시대 자본주의의 역할　44
　　　향후 정체 또는 역성장이 불가피한 상황　55
　　　녹색성장, 지속 가능 성장, 기술 혁신 등 성장주도론자의 주장　61
　　　성장주도론의 실현 가능성　70

2장　**불필요한 성장: 자본주의를 통해 성장한 경제의 위기**　80

　　　기후변화와 에너지 위기　89
　　　경제 불평등 심화　109
　　　자본주의의 핵심인 금융의 위기　119
　　　지금 상태로 지구를 파헤친다면 얼마나 지속 가능한가　129
　　　탄소중립은 이룰 수 있는 목표인가　138
　　　급격하게 부를 늘려가는 상위 1%의 탐욕　152
　　　착취되는 저개발국가와 노동자의 현실　164
　　　돌봄 위기를 어떻게 헤쳐나가야 하나　176
　　　고액 자산가의 돈벌이 수단으로 전락한 금융산업의 현실과 대안　185

3장 성장을 넘어: 30년 후 미래 194

성장을 넘어 모두가 잘살 수 있는 다양한 논의 195
50년 전부터 탈성장을 주창한 유럽의 움직임 206
탈성장을 공격하는 보수 211
한국에서 움트고 있는 탈성장 222
자본주의 질주를 멈추라는 경고 232
노동시간 단축과 기본소득 도입 242
자급경제, 지역화, 공유경제, 생태주의 254
덜 쓰고도 행복해질 방법 268
탈성장 시대 개인과 기업의 역할 280
30년 뒤 펼쳐질 미래 294

맺음말 성장, 인간이 만들어낸 퇴행 306

참고자료 313

1장 불가능한 성장:

현재 지구와 인류가 처한 상황

경제성장률은 GDP가 전년에 비해서 얼마나 늘어났는지를 나타내는 지표다. 생산량을 늘리려면 어떻게 해야 할까? 더 많은 원재료와 노동력을 투입하고, 설비도 확충해야 한다. 얼마나 팔려나갈지 생각하지 않고 무턱대고 생산하기만 했다가는 재고가 쌓여서 낭패를 볼 수 있다. 생산된 물품을 소비할 시장 역시 안정적이어야 한다. 한국은 2023년 기준 합계출산율이 0.72명으로 전 세계 최하위권 저출산 국가이다. 인구가 늘지도 줄지도 않는 상태를 유지하기 위한 합계출산율은 2.1명이다. 이를 '인구 대체 수준'이라고도 하며, 현재 인구 규모를 유지하기 위한 출산율을 의미한다. 한국의 합계출산율은 1982년 2.39에서 이듬해 2.06으로 떨어진 뒤 30년 넘게 인구 대체 수준 미만에 머무르고 있다.

한국은 세계에서 출산율 하락 속도도 가장 빠른 편이다. 통계청이 자료를 집계하기 시작한 1970년 출생아 수는 100만 6,645명, 출산율은 4.53명이었다. 2년 뒤인 1972년부터 출생아 수는 100만 명 아래로 내려갔다. 출산율은 1974년(3.77명) 3명대로 내려갔고, 불과 3년 만인 1977년(2.99명) 3명대마저 깨졌다. 1984년(1.74명) 2명대가 무너지더니 2018년(0.98명)에는 한 명 밑으로 추락했다.

  외국에서는 저출산과 고령화가 급속히 진행 중인 한국에 대해 '생존'을 걱정한다. 2023년 말 미국 《뉴욕타임스》는 칼럼 '한국은 소멸하는가 Is South Korea Disappearing?'에서 한국의 저출산 문제가 국가의 소멸로 이어질 수 있다고 전망했다. 칼럼은 한국의 인구 감소가 "14세기 흑사병이 유럽에 몰고 온 인구 감소를 능가하는 것"이라면서 "불가피한 노인 세대의 방치, 광활한 유령도시와 황폐해진 고층빌딩, 고령층 부양 부담에 미래가 보이지 않는 젊은 세대의 해외 이민이 나타날 것"이라고 경고했다.

  미국 뉴스채널 CNN은 '한국군에 새로운 적이 생겼다: 인구 셈법'이라는 기사를 내보냈다. CNN은 "한국은 북한 핵·미사일 위협을 경계하기 위해 약 50만 명의 병력을 유지하고 있지만, 여성 1인당 0.78명의 합계출산율을 기록하는 상황에서 '인구 셈법'이 한국의 가장 큰 적이 될 수 있다"고 짚었다. 이에 앞서 독일 유튜브 채널 쿠르츠게작트(Kurzgesagt)는 2023년 10월 '한국은 왜 망해가고 있나(Why Korea is

---

°   Ross Douthat, "Is South Korea Disappearing?", *The New York Times*, 2023. 12. 2.
°°   Gawon Bae, "South Korea's military has a new enemy: Population math", *CNN*, 2023. 12. 29.
°°°   구독자 수 2,340만 명인 채널로, 2023년 '한눈에 보는 세상- 쿠르츠게작트'라는 이름으로 한국에도 공식 채널을 개설하였다.

Dying Out)'라는 제목의 영상을 올렸다. 2024년 1월 기준 755만 명이 시청한 이 영상은 2100년 한국 인구가 2,400만 명으로 급감할 수 있다고 경고한다. 2023년 말 한국 인구는 5,171만 명인데, 73년 만에 절반 넘게 줄어든다는 예측이다. 100년 안에 한국 청년인구가 94% 감소해 '노인의 나라'가 된다는 끔찍한 예언도 등장했다. 2023년 노벨 경제학상은 남녀 임금 격차를 연구해온 클로디아 골딘(Claudia Goldin) 미국 하버드대 경제학과 교수에게 돌아갔다. 골딘 교수는 수상 소식이 알려진 직후 기자회견에서 "한국의 합계출산율이 (지난해 1분기) 0.86명인 것을 잘 안다"고 말해 한국의 저출산이 전 세계적인 관심사가 됐음을 입증했다. 그렇다면 인구 규모가 쪼그라드는 와중에도 경제 성장을 이어갈 수 있을까? 생산을 담당하는 노동력이 줄고 소비해야 할 인구도 감소하니 성장이 줄어드는 게 당연하다. 경제 성장은 소비와 투자가 증가해 이뤄지므로 인구가 줄면 소비 감소가 불가피하다. 소비 감소는 기업 수요와 생산에 나쁜 영향을 미치는 악순환을 초래해 결국 성장률을 떨어뜨린다. 간접적인 영향도 있다. 한국에서처럼 출산율이 낮아지고 노령층이 증가하는 인구 구조에서는 사회보장 부담이 늘어날 수 있다. 노령 인구의 의료비와 연금 등 사회복지비용을 충당하기 위해 정부는 지출을 늘려야 하는데, 이는 경제 성장을 제약하는 요인이 된다.

인구 감소를 기술 혁신으로 대체할 수 있다는 주장도 있지만 대대적인 투자가 필요하다. 가뜩이나 인구가 줄어드는 상황에서 기술 혁신과 생산성 향상을 위해 과감한 투자에 나설 수 있을지는 의문이다.

° "Why Humans Are Vanishing", *Kurzgesagt–In a Nutshel.*

글로벌 통계 사이트 아워월드인데이터(Our World in Data)가 1950년과 2016년 각국의 1인당 GDP를 정리한 표를 보면, 각국 경제가 대부분 플러스 성장했음을 확인할 수 있다. 세계 평균 1인당 GDP는 1950년 3,300달러에서 2018년 1만 5,200달러로 증가했다. 4.4배 더 부유해졌다. 30배 이상 부자가 된 나라는 적도 기니(37.8배), 한국(32.2배), 대만(30.4배) 등 3개국뿐이다. 다만 적도 기니는 소수 부자에게만 부가 집중되는 빈부 격차가 매우 심해 나라가 부자가 됐다고 하기는 어렵다. 9개국은 역성장했는데, 짐바브웨, 아프가니스탄, 콩고민주공화국 등은 1950년대 1인당 GDP가 한국보다 많은 나라였다.

아워월드인데이터는 과거에 사람들의 건강 상태가 전반적으로 좋지 않고, 힘들고 단조로운 노동 환경과 영양실조에 갇혀 있었으나, 경제 성장 덕분에 벗어날 수 있게 됐다고 밝혔다. 그러나 이제 경제 성장은 속도만이 중요한 게 아니라고 강조한다.

방향을 고민해야 하는 시점이 됐다. 생산량이 얼마나 빨리 많이 늘었는가를 따지는 건 더는 의미가 없다. 환경에 대한 영향을 줄일 수 있어야 하며, 노인과 환자를 위한 더 나은 돌봄, 더 나은 교육, 육류를 대체할 식품, 향상된 에너지 기술 등을 포용하는 성장이라야 의미를 가질 수 있다. 많은 전문가가 해마다 GDP가 일정 수준 이상 성장하는 시나리오는 실현 불가능하다고 지적한다. 세계화한 경제와 그에 따른 환경적 영향을 분석해온 경제학자 마티아스 슈멜처(Matthias Schmelzer) 독일 플렌스부르크대 연구교수도 그의 책 『미래는 탈성장: 자본주의 너머의 세계로 가는 안내서』에서 이 같은 입장을 밝혔다. 그는 세계 경제가 매년 일정 수준 성장하는 것은 정상이 아니라고 주장했다. 환상일 뿐 아니라 악몽이라는 의미다.

<1950년과 2016년의 국가별 1인당 GDP>

1인당 GDP는 국제 달러로 표시, 이는 인플레이션에 따른 가격 변화 및 국가간 가격 차이를 조정했음을 뜻함, 모든 국가 데이터는 1950년과 2016년 자료가 공개된 것으로 집계함.

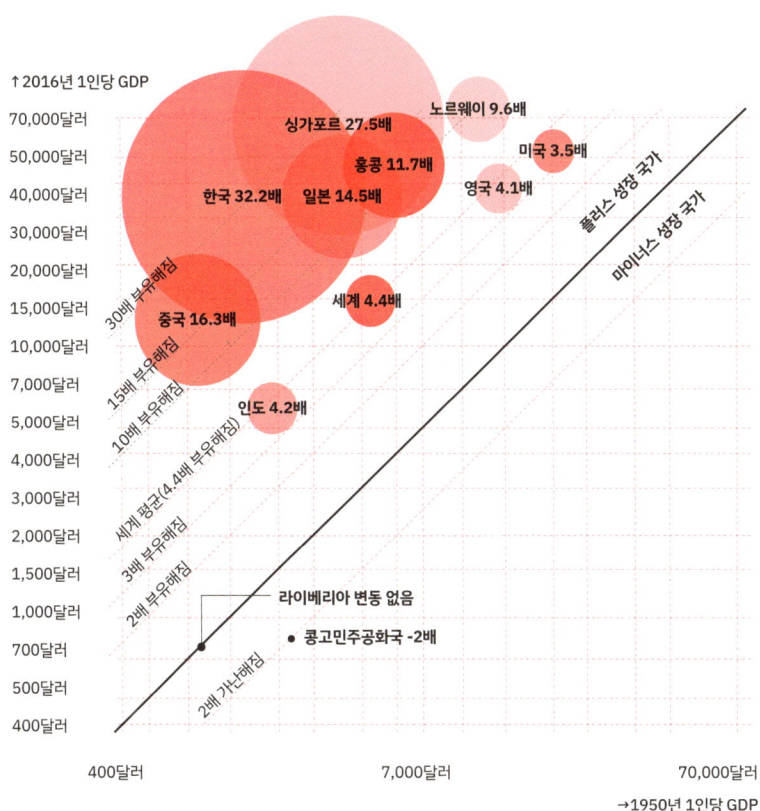

- ° Maddison Project Database, 2018.
- °° Max Roser, "Which countries achieved economic growth? And why does it matter?", Our World in Data, 2019.6.25.

매년 GDP가 3%씩 성장한다고 가정했을 때, 이를 합하면 24년마다 경제 규모는 2배가 된다. 2300년 무렵이면 지금보다 세계 경제가 8배 더 커지게 된다. 이런 성장은 지구의 생태적, 사회적 한계를 무너뜨릴 수밖에 없다. 박이은실 여성문화이론연구소 운영위원은 경제 성장을 멈추지 않는다면 자원 고갈과 환경 파괴, 식량 부족 등으로 인해 인류 존속 자체가 위협받게 될 것이라는 1972년 유엔 산하 연구팀 보고서를 인용해 경고했다.° 그러나 이 경고는 무시됐고, 대신 '전 지구적 자본주의화'가 진행됐다. 1980년 이후 세계적으로 1인당 생산은 30% 넘게 증가했다. 날마다 새로운 상품이 생산되니 멀쩡한 물건도 유행이 지났다고 쓰레기가 됐다. 일회용 물건도 날로 늘어났다.

대부분의 선진국에서 GDP는 증가했지만 '참진보지수(GPI, Genuine Progress Indicator)'나 '지속가능경제복지지수(ISEW, Index of Sustainable Economic Welfare)' 같은 복지 지표는 1970년부터 정체 상태이다. 반면 GDP는 1970년 이후에도 꾸준히 증가세를 보인다. ISEW는 1989년, GPI는 1995년 처음 나왔다. 경제 활동의 질적 측면과 지속 가능성을 평가함으로써 GDP의 한계를 보완하려는 지표다. ISEW는 소득 불평등을 수치화하고 사치성 소비는 제외하며, 환경 비용을 반영한다. GPI는 ISEW를 보완해서 발전시킨 형태로 환경과 사회적 요소를 더 폭넓게 반영한다.

한국의 자살률은 2021년 기준 인구 10만 명당 26명으로 경제협력개발기구(OECD) 평균보다 2배 높았고, 남녀 임금 격차는 OECD 평

° 박이은실, "경제 성장이 더 이상 정답이 아닌 시대에 우리는 산다", 경향신문, 2023. 6. 26.

균보다 3배 더 컸다. 최상위 소득계층 10%가 한국 사회 전체 소득의 34.4%를 가져가는 등 불평등 정도는 가파르게 증가하고 있다. 박이은실 운영위원은 "안정적인 보금자리, 생명을 먹여 살리는 음식, 신선한 물, 깨끗한 공기, 따뜻한 옷, 공동체, 사랑과 보살핌이야말로 번영과 행복의 필수 요소"라며 "이를 위해서는 상품이 아니라 삶이 생산돼야 한다"고 밝혔다.

환경 파괴와 자원 고갈, 식량 부족 등이 지구와 인류의 존속을 위협할 것이라는 우려는 오래전부터 나왔다. 2025년 초 미국 로스앤젤레스(LA)를 덮친 대형 산불은 사상 최대 규모였다. 도심 $10km^2$를 포함해 총 $153km^2$가 불에 탔다. 여의도 면적($4.5km^2$)의 34배 규모다. 경제 손실은 3,000억 달러(약 430조 원)로 추정됐다.

2024년 5월 이후 LA 지역의 강수량은 평년의 4%에 불과할 정도로 건조했다. 이는 지구 온난화에 따라 북반구 중위도 지역에서 빈번하게 발생하는 가뭄, 폭우, 한파 등 이상기후의 한 사례이다. 성장에 매달리는 인류가 스스로를 파멸로 몰아넣고 있다. 재난 와중에도 자본주의는 추악한 민낯을 드러냈다. 주택과 상가 1만 2,000여 채가 불에 타 수만 명의 이재민이 발생하자, 일부 집주인들은 임대료를 발 빠르게 올렸다. 공급보다 수요가 많아질 것을 예상해 가격을 올린 것이다. LA 다운타운 방 3개짜리 아파트는 산불 이후 임대료가 50%가량 상승했다. 자본주의는 물질적 가치만을 성장의 척도로 여긴다. 돈을 많이 벌수록 행복해진다고 믿는다. 돈에 대한 집착과 탐욕이 갈수록 심해져 남의 불행조차 돈벌이 기회로 삼는 세태가 일반화하고 있다.

GDP 증가에 국한한 성장의 개념을 바꿔야 한다. 물질적 풍요가 아니라도 행복해질 수 있다는 사실을 깨달아야 한다. 인간과 자연이 공존하고 지속할 방안이 필요하다. 더 공평한 사회를 만들고, 사회적 관계 속에서 만족감을 얻을 수 있다면 행복감은 높아진다.

저성장 국면에 접어든 글로벌 경제

3.0%.

국제통화기금(IMF)이 2023년 4월 전망한 5년 뒤 중기 세계 경제성장률이다. IMF가 중기 세계 경제성장률에 관한 지표를 집계하기 시작한 1990년 이후 가장 낮은 수치다. 2000~2019년 세계 연평균 경제성장률 3.8%를 크게 밑돌게 된다는 뜻이다. 그나마 개발도상국은 3%대 후반의 성장을 기록하지만 선진국 성장률은 1%대 후반, 한국은 2%대 초반으로 예측했다. 2023년 세계 경제는 2.8% 성장한 것으로 집계됐는데, 2024년에도 사실상 제자리걸음했다. IMF는 2024년 GDP 성장률을 2.9%, OECD는 2.7%, 국제 신용평가사 피치는 2.1%를 추정한다.

일반적으로 성장률이 3% 아래로 내려가면 저성장, 5%를 웃돌면 고성장이라고 평가한다. 1961년 이후 세계 경제성장률 추이를 보면 6%대에서 점차 낮아져 최근 3% 안팎으로 떨어진 사실을 확인할 수 있다. 세계 경제가 장기 침체 국면에 접어들 가능성이 높아지면서, 인류가 새로운 방식으로 공존과 번영을 모색해야 한다는 목소리가 커

° Pierre-Olivier Gourinchas, "Global Economic Recovery Endures but the Road Is Getting Rocky", *IMF Blog*, 2023. 4. 11.

°° "World GDP Growth Rate 1961-2024", macrotrends.

<중기 성장 전망(IMF 2023 세계 경제 전망)>

2024년 전망한 5년 뒤 세계 성장률 전망치 3%는 1990년 이후 가장 낮은 전망치임.
5년 뒤 세계 성장률 전망치(구매력 평가 기반으로 산출)

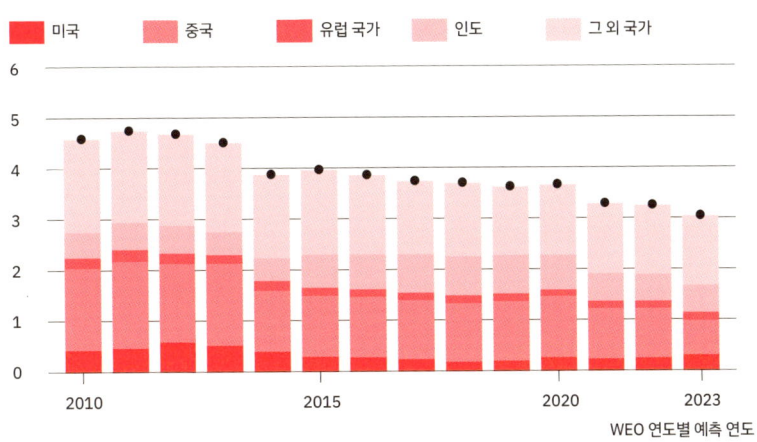

<1960~2024년 세계 GDP 성장률>

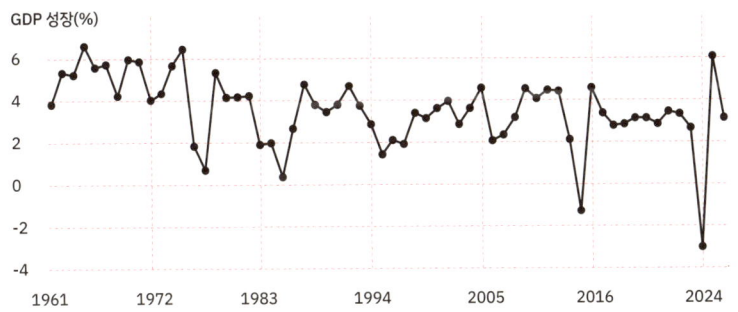

° 세계은행(World Bank) 자료, 2024.

지고 있다. 선진국을 중심으로 최근 50년간 거듭해온 고성장 추세를 더는 기대하기 어렵다는 의미다. 혹시라도 무리하게 성장에 매진했다가는 인류와 지구가 재앙을 맞을 수 있다고 우려하기도 한다. 넷플릭스 드라마 〈오징어 게임〉에서 주인공이 "이러다가는 다 죽어!"라고 했던 호소와 다르지 않다. 지난 수 세기 성장을 추구한 결과 초래한 기후변화와 양극화 등 부작용이 너무 크기 때문이다.

최근 세계 경제가 둔화하면서 불안정한 상황에 빠진 데 대해 잭슨 교수는 코로나19와 팬데믹 회복 국면과 관련 있는 것으로 봤다. 또 지난 30~40년간 깊이 뿌리내린 신자유주의적 경제 개발 방식에도 그 원인이 있다고 진단했다. 그는 "경제가 무엇을 위해 존재하는지 성찰해야 한다. 경제와 사회 간의 관계, 사회 내 자산의 소유권 구조, 실물 경세의 역할이 무엇인지 되돌아봐야 한다. 만약 잘못 받아들이면 심각한 피해와 사상자를 양산할 것이다. 경제가 붕괴해 정부가 서민을 보호할 수 없다면 사회 불안 위험은 매우 심하게 증가한다"라고 말했다. 성장에만 매진해온 신자유주의적 경제 개발 방식을 재고해야 한다는 뜻이다.

잭슨 교수는 경제 정책의 우선순위는 평범한 사람들이 충분한 임금을 받으며 건강한 상태로 생활할 수 있는 복지에 둬야 한다고 주장했다. 그러나 정부는 평범한 사람들의 삶보다 주식시장의 안정을 선호하는 경향이 있고 바로 이것이 우리가 직면한 주요 위험이라고 지적했다. 동시에 평범한 사람들이 살아가는 조건이 더 엄격해지고, 사회보장이 더 후퇴하고 사회 복지, 건강 보호 시스템이 더 악화하면 삶의 질에 재앙을 초래한다고 강조했다. 물론 '성장 시대는 끝났다'는 견해에 대한 반론도 있다. 루비니 교수는 "미국이나 유럽, 한국과 같은 성숙한 경제 모델에 도달한 국가들은 낮은 잠재성장률을 보인다. 인구의 노령화가 잠재적 성장을 축소시키고, 성장이 과거와 같지 않다는 걸 의미한다"라고 말하면서도 생산력을 높인다면 여전히 왕성한 성장을 이어갈 수 있다고 주장한다. 루비니 교수는 노동 기술, 기술 혁신, 기술의 혁신에 대한 투자, 크게 성장할 미래 산업에서 경쟁적 비교우위를 갖추는지에 따라 생산력 제고가 달려 있기 때문에 어떤 국가들은 이미 고임금과 인구 노령화에도 불구하고 비교적 높은 성장률을 유지한다고 분석했다. 물리적 자본과 인적 자본, 제도, 기술, 혁신, 지식에 투자한다면 여전히 좋은 잠재적 성장을 할 수 있다는 설명도 덧붙였다. 성장은 일정 기간 생산된 재화와 용역이 비교 기간에 비해 증가했다는 뜻이다.

물건과 서비스가 늘었으니, 사람이 사는 데 한결 편리해졌다고 볼 수 있다. 실제로 성장은 인류에 커다란 변화를 가져왔다. 가난한 사람이 줄어들었고, 병들어 죽는 사람도 적어졌다. 세계은행(World Bank) 통계를 보면 1981년 전 세계 인구의 43.6%인 19억 7,243만 명이 하루 2.15달러 이하로 살아가는 빈곤층이었다. 당시 한국이 포함된 동아

◦ 김경학·이창준, "팀 잭슨, 불평등·기후위기 주범은 복지보다 주식시장 우선한 정부", 경향신문, 2023. 6. 15.

◦◦ 김경학·이창준, "'닥터 둠' 누리엘 루비니, 추악한 미래로 인류 파멸되지 않으려면…", 경향신문, 2023. 6. 8.

◦◦◦ "Poverty & Inequality Indicators", Poverty and Inequality Platform: *THE WORLD BANK*.

시아와 태평양 빈곤층은 11억 5,110만 명으로 빈곤율이 83.5%에 달했다. 빈곤층은 2019년 7억 64만 명으로 64.5% 감소했는데, 전 세계 인구 비중도 9.1%로 낮아졌다. 빈곤층이 밀집했던 동아시아·태평양은 약 40년 만에 빈곤율이 1.17%로 낮아져 가장 눈부신 성장을 기록한 것으로 나타났다.

경제 성장이 전 세계 빈곤층의 절대 감소를 가져온 것은 사실이다. 전체와 평균을 놓고 보면 그렇지만, 국가별로 보면 사정이 다양하다. 1인당 GDP가 마이너스 성장한 사례가 있는 것처럼 비교 기간 중 오히려 빈곤층이 늘어난 국가도 적지 않다. 아프리카 나이지리아는 1985년 빈곤층 인구가 3,996만 명에서 2018년 6,045만 명으로 50% 넘게 늘었다. 마다가스카르의 빈곤층 인구는 1980년 424만 명에서 2012년 1,804만 명으로 세 배 넘게 폭증했다. 아프리카 우간다도 1989년 995만 명이었던 빈곤층 인구가 2019년 1,868만 명으로 두 배 가까이 급증했다. 전 세계 경제가 성장하는 과정에서 소외된 국가가 적지 않다. 성장은 상품이 풍부해지는 데 그치지 않는다. 건강과 교육의 질이 높아지고, 사회기반시설도 확충된다. 하지만 성장은 동시에 불평등이 얼마나 심화되고 있는지를 보여주는 역사이기도 하다. 아워월드인데이터 설립자인 맥스 로저(Max Roser) 박사는 지난 200년은 인류 역사상 처음으로 사회가 지속적인 경제 성장을 달성한 시기라고 언급하면서 전 세계 빈곤의 감소는 역사상 가장 중요한 성과 중 하나라고 설명했다. 세계 경제 생산의 연평균 성장률은 기원후 1,000년 동안 0.01%에 불과했다.⁹ 1년에 0.01%씩 성장한다면 총생산이

---

⁹ Global GDP over the long run, *Our World in Data*.

두 배로 늘어나는 데 7,000년이 걸린다. 경제가 본격적으로 성장 가도를 달린 것은 1800년대 이후였다. 그전까지 1인당 소득과 가계의 부는 낮은 상태에 머물 수밖에 없었다. 인구 대부분이 농업에 종사했기 때문에 과잉 생산이 특징인 현재와 같은 자본주의적 성장의 의미를 찾기 어려웠다. 인류가 농업을 한 것은 약 1만 년 전이다. 20만 년 전부터 지구에 살기 시작한 현생 인류 호모 사피엔스는 대부분 기간을 수렵과 채집, 유목 생활을 했다. 농업을 하면서 떠돌이 생활에서 벗어난 뒤에도 인류에게 경제 성장이라는 의미는 없었다.

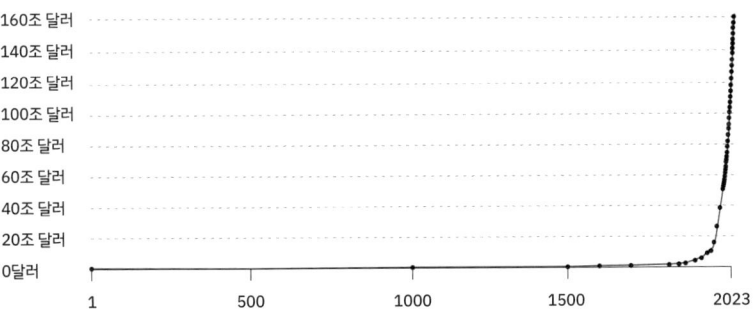

<장기적 글로벌 GDP>
과거 추정치는 인플레이션에 따라 조정

◦ 세계은행(World Bank), 메디슨프로젝트 데이터베이스 자료, 2023.

슈멜처 박사는 그의 저서를 통해 경제 성장은 오직 식민주의의 시작, 자본주의 기업의 부상, 산업화와 함께 시작됐을 뿐이라고 언급했다. 대부분의 인류 역사에서 공동체의 관계와 자기 재생산은 끊임없이 자본을 축적한다는 자본주의 논리에 기초한 것이 아니라, 상호 의무와 권력, 부의 체계에 기반했다는 해석이다.°

아메리카 대륙을 침탈하기 시작한 16세기 유럽이 자본주의 성장의 씨앗을 틔웠다. 신대륙에서 원자재를 조달하기 위한 무역회사가 생겼고, 이는 나중에 자본의 축적을 목적으로 한 주식회사로 발전했다.

전 세계 국가의 하루 평균 소득을 정리한 그래프를 보자.°° 각 막대의 높이는 한 국가의 하루 평균 소득, 너비는 그 나라의 인구 규모를 나타낸다. 소득에 따라 맨 왼쪽의 가장 가난한 나라부터 가장 오른쪽의 가장 부유한 나라까지 순서대로 정렬했다. 고소득 국가인 덴마크에 사는 사람은 86%가 하루 평균 30달러 이상을 번다. 반면 에티오피아에서 태어나 하루 30달러 넘게 번다면 상위 1% 안에 드는 초고소득층이다. 세계 인구의 85%가 하루 평균 소득 30달러 미만인 나라에서 살고 있다. 많은 나라의 평균 소득이 매우 낮은 만큼 빈곤을 줄이기 위해 실질적인 경제 성장이 필요하다.

덴마크 국민의 하루 평균 소득은 55달러이고, 에티오피아는 3.3달러로 16.7배 격차가 난다. 덴마크보다 가난한 모든 나라의 평균 소득을 덴마크 수준으로 늘리고, 더 부자인 나라의 소득을 감소시켜 덴마

° 마티아스 슈멜처·안드레아 베터·아론 반신티안, 『미래는 탈성장: 자본주의 너머의 세계로 가는 안내서』, 김현우·이보아 옮김, 나름북스, 2023. p.91.

°° Max Roser, "How much economic growth is necessary to reduce global poverty substantially?", *Our World in Data*, 2021. 3. 15.

크 수준에 맞춘다면 전 세계는 얼마나 성장해야 할까? 로저 박사는 세계 빈곤을 덴마크의 빈곤 수준으로 낮추는 데 필요한 최소 성장률이 410%라고 계산했다. 즉 지금보다 세계 경제가 5.1배 성장해야 한다는 것이다. 빈곤을 줄이는 것만이 유일한 목표가 될 수는 없다. 로저 박사는 "인류가 환경에 미치는 매우 큰 영향을 줄이는 것도 중요하다"고 강조한다. 빈곤 퇴치와 환경 보전이라는 두 가지 목표를 동시에 달성하기란 매우 어렵지만 인류가 달성해야 할 목표임은 분명하다.

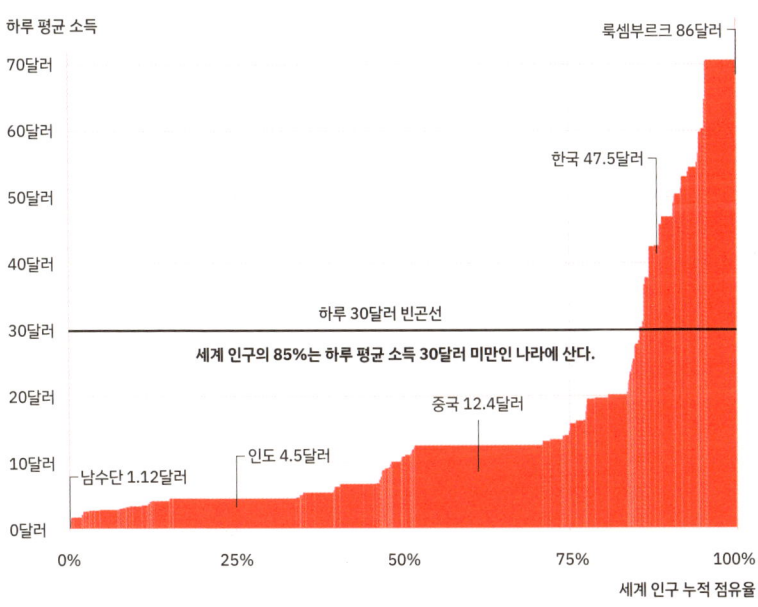

- Our World in Data, 세계은행 자료, 2017.

용어 풀이

국제통화기금과 세계은행

+ − × ÷ =

국제통화기금(IMF)과 세계은행(World Bank)은 세계 경제와 성장에 영향을 미치는 국제금융기관이며, 목적과 기능은 약간 다르다.

IMF의 주요 목적은 국제 통화 시스템의 안정성을 유지하는 것이다. 특히 글로벌 금융위기가 닥쳤을 때 재정적으로 어려움에 처한 국가들에 긴급 자금을 빌려주는 역할을 한다. IMF가 자금을 지원할 때는 대출받는 국가에 경제 정책 조정을 요구한다. 재정뿐 아니라 통화 정책의 방향을 제시하고, 정부뿐 아니라 민간 부문의 구조조정에도 영향을 미친다.

세계은행의 활동은 주로 저개발 국가에 대한 장기적인 경제 발전을 촉진하는 데 목적이 있다. 빈곤을 줄이고 지속 가능한 성장을 꾀하며 기반 시설을 확충하고 사회 서비스를 개선하기 위한 프로젝트를 지원한다. IMF가 긴급 자금 대출을 하는 것처럼, 세계은행도 저개발 국가에 프로젝트 대출을 제공한다. 돈을 빌린 해당 국가 정부 및 비정부 기관들이 세계은행의 지침에 따라야 하는 것은 당연하다.

IMF 회원국은 북한과 대만, 바티칸 등을 제외한 190개국에 이른다. 2025년 1월 기준 6,608억 SDR 규모의 기금을 보유 중이다. IMF에서 발행하는 가상의 화폐 단위인 SDR(특별인출권, Special Drawing Rights)은 미국 달러화(43.4%)와 유로화(29.3%) 중국 위안화(12.3%), 일본 엔화(7.6%), 영국 파운드화(7.4%) 등의 통화 바스켓으로 구성돼 있다. SDR는 가맹국 재정이 악화했을 때 담보 없이 필요한 만큼의 외화를 인출할 권리이다. SDR 가치는 시기에 따라 달라지는데 2025년 1월 미국 달러화 기준으로는 약 8,580억 달러로 평가된다.

한국은 달러화 부족과 기업 연쇄 도산으로 곤경에 처했던 1997년 IMF로부터 195억 달러 구제금융을 받았다. 당시 IMF는 자금을 빌려주는 조건으로 대대적인 구조조정과 경제체질 개선을 요구했고, 한국은 받아들여야만 했다. 한국은 IMF가 빌려준 자금을 바탕으로 위기에서 벗어나 경제를 회복했다. 그 결과, 한국은 4년 만에 구제금융을 모두 상환하고 IMF 그늘에서 벗어났다.

'외환 위기'를 'IMF 사태'라고 일컫기도 하는데, 이는 IMF의 한국 정부에 대한 간섭이 적지 않았기 때문이다.

IMF는 '후원자'와 '약탈자'의 양면성을 갖고 있다는 평가를 받는다. 국가 부도 위기에 몰린 정부에 최후의 수단을 제공하기도 하지만, 부유한 선진국들이 결정권을 쥐고 가난한 국가들을 그들의 체제에 가두려 하기 때문이다. 출자 지분에 따라 투표권을 부여하며 지분율 17.4%로 1위인 미국은 투표권도 16.5%로 1위다. 미국 의견에 절대적으로 찬성하는 일본과 캐나다, 멕시코 등의 지분을 더하면 27%에 이른다. 유럽 국가들의 투표권도 30%에 근접해 IMF는 사실상 미국과 유럽의 지배를 받는다. 선진국들은 위기에 맞닥뜨린 저개발국에 돈을 빌려주고 자신들의 시스템을 이식하고는 안정적으로 이익을 챙기는 수단으로 IMF를 이용할 수 있다.

노벨 경제학상 수상자인 조셉 스티글리츠(Joseph Stiglitz) 미국 컬럼비아대 교수는 이들 국제 금융기관을 강도 높게 비판한다. 세계은행 부총재를 지낸 스티글리츠 교수는 IMF와 세계은행의 자유시장 경제 원칙과 구조조정 프로그램이 해당 국가에 사회적 불평등을 증가시키고 불안정성을 초래한다고 주장했다. 그는 한국의 1997년 외환 위기 때도 세계은행과 미국 재무부가 강요한 고금리와 긴축정책이 오히려 경제위기를 가중하고 있다고 비판하다가 세계은행 부총재 자리에서 물러나기도 했다.

앞서 언급한 것처럼 한국은 IMF에서 받은 구제금융을 4년 만에 모두 상환했다. 아이러니하게도 국제 금융기구의 정책에 비판적이었던 스티글리츠 교수는 한국 정부로부터 당시 세계은행 부총재로서 외환 위기 극복에 도움을 준 공로로 2002년 은탑산업훈장을 받았다. 외환 위기 때 IMF 총재였던 미셸 캉드쉬(Michel Camdessus)에게는 한 단계 높은 금탑산업훈장이 주어졌다.

국내총생산(GDP)의 한계와 국민 행복의 관계

GDP는 대표적인 성장 지표다. 1930년대 대공황을 겪은 뒤 미국이 경제 현황을 파악하기 위해 도입한 경제지표로 각국이 80년 넘게 사용하고 있다. GDP는 한 국가에서 일정 기간에 생산한 재화와 서비스의 가치를 모두 합한 지표이다. 전년보다 GDP가 얼마나 늘었는가를 따지는 성장률은 곧 경제 성적표로 인식된다. 성장률을 높이는 가장 효과적인 방법은 생산량을 늘리는 것이다. 따라서 고성장 과정에서는 과잉 생산, 저개발국가 노동력 착취, 빈부 격차 심화 등의 문제를 일으킬 우려가 크다.

국민의 소득과 자산규모를 가장 먼저 파악한 나라는 17세기 후반 영국이었다. 당시 영국 왕실은 프랑스, 네덜란드 등과 전쟁을 치르고 있었는데, 전쟁 비용을 조달하기 위해 세금을 더 부과해야만 했다. 영국 왕실은 잉글랜드와 웨일스 지방 국민의 소득과 자산을 파악해 증세의 근거로 활용한 것으로 알려졌다.

미국 상무부는 GDP에 대해 20세기 최고의 발명품이라는 찬사를 내놓았다. '국민의 모든 경제 활동을 측정해 경제의 작동 원리를 파악함으로써 국가의 복지 수준을 높일 수 있다'라는 명분이었다. 하지만 GDP는 정치적 목적에 의해 만들어졌다. GDP가 경제 정책에 활발하게 사용되기 시작한 것도 역시 전쟁 때문이었다. 독일과의 전쟁을 앞두고 있던 영국이 1940년 GDP 개발에 나섰다. 제2차 세계대전 기간에 경제를 효율적으로 관리하고 자원 배분을 최적화하기 위해서였다. 무기 생산능력 등 경제 규모에 대한 통계가 필요했다. 당시 GDP 통계의 기초를 다진 인물은 거시경제학을 정립했다는 평가를 받는 경제학자 존 메이너드 케인스(John Maynard Keynes)였다.

경제 발전에 GDP 통계를 본격적으로 사용한 때는 미국이 제2차 세계대전 이후 유럽경제 재건을 위한 마셜 플랜을 실시하면서부터이다. 전후 상황에서는 재화 공급이 상당히 부족했기 때문에 유휴 자원이 시장 수요에 맞게 효율적으로 활용되는지 파악할 필요가 있었다. GDP가 각국의 경제 발전에 도움이 된다고 인식되자 1953년에는 UN이 국가 간 편제 방식의 통일을 위해 국민계정편제 지침서를 발표하기에 이르렀다.

GDP는 중앙은행이 통화 정책을 펼치는 데 매우 유용하게 쓰인다. 경기가 과열돼 GDP 성장률이 잠재성장률을 크게 웃돌면 중앙은행은 금리를 인상해 소비와 투자를 억제한다. 경기가 침체하면 반대로 금리를 내려 경기 활성화를 꾀한다.

세계 경제가 장기 저성장 국면에 들어갈 것이라는 전망이 확산하면서 GDP를 대체할 다른 지표를 개발해야 한다는 목소리가 커지고 있다. 저성장 시대에 성장 지표인 GDP에 집중하면 잘못된 정책 목표에 매몰될 가능성이 커질 수 있다. 복지 수요가 점차 높아지고 있지만 GDP는 복지의 가치를 제대로 가늠하지 못해 특정 사회의 생활 수준을 똑바로 평가할 수 없다.

국제통화기금 통계를 보면 2022년 국가별 GDP 순위는 미국과 중국, 일본이 1~3위였다. 유엔이 발표하는 국가 행복지수는 2023년까지 3년 평균 기준으로 핀란드가 1위, 덴마크와 아이슬란드가 각각 2, 3위였다. 미국은 15위, 일본 47위, 중국은 64위에 그쳤다. GDP 4, 5위

◦ 한국은행 경제교육기획팀, "지금 우리에게 GDP란 무엇인가?", 한국은행 홈페이지, 2015. 7. 3.

인 독일과 인도의 행복지수는 각각 16위와 126위였다. 한국은 GDP가 13위였지만 행복지수는 57위에 그쳤다.

한 국가의 생활 수준을 가늠하는 데 쓰이는 GDP가 실제 국민 삶의 질을 제대로 설명하지 못한다는 지적은 오래전부터 제기됐다. 생산량만 집계하는 GDP는 삶의 질에 영향을 미치는 다양한 요소를 반영하지 못한다. 생산 과정에서 발생하는 공해 및 범죄 증가, 생산 과정 외 일상에서 일어나는 여가 활동 등은 GDP로 파악할 수 없다. 기술 발달로 같은 가격에 재화와 서비스 질이 개선되는 소비자 편익을 누락한다는 점도 GDP의 한계다.

특히 최근에는 장기 저성장 시대에 접어들 가능성이 커졌다. 따라서 성장이 한계에 이른 선진국 사이에서는 GDP의 효용성이 더 떨어지고 있다. 경제 규모만을 가늠케 하는 GDP가 그간 경제 정책의 성과 지표로 작용하면서 대부분 국가는 단순 경제 규모 확장에만 정책의 초점을 맞췄다. 그런데 저성장 시대에도 여전히 GDP 성장에만 정책을 집중한다면 불가능한 목표에 사회적 자원을 대거 투입하는 등 오류를 저지를 우려가 크다.

최근 GDP 지표의 한계가 부각되면서 대안 지표에 대한 논의가 활발히 진행되고 있다. 시민의 주관적인 행복도를 수치화해 계산한 행복지수가 대표적이다. 유엔이 산하 자문기구인 지속가능발전해법네트워크(SDSN)를 통해 해마다 발표하는 국가 행복지수나 영국 신경제재단(NEF)이 집계하는 지구촌 행복지수(HPI, Happy Planet Index) 등이 그 예다. 부탄은 자체적으로 국민총행복지수(GNH)를 집계해서 발표한다. 삶의 질에 영향을 미치는 다양한 외부 요소를 계량화하려는 시도 역시 다방면으로 전개되고 있다.

미국 비영리단체 '사회발전명령(Social Progress Imperative)'은 영양 상태와 위생, 치안, 자유와 인권 등 다양한 사회 요소를 측정해 사회의 발전 수준을 나타내는 사회발전지수(SPI, Social Progress Index)를 매년 발표한다.

다만 전문가들은 이 같은 지표들이 아직 GDP의 완전한 대안이 되기에는 부족한 부분이 있다고 설명한다. 정규철 한국개발연구원(KDI) 경제전망실장은 "대안 지표에는 여러 주관 요소가 반영될 가능성도 있어 경제 상황에 대한 주된 척도로 쓰긴 어려울 것이며 주 지표라기보다는 보조 지표로서 목적에 맞게 참고할 수 있을 것"이라고 말했다.

팀 잭슨 영국 서리대 교수는 궁극적으로 모든 것이 어떻게 진행되고 있는지를 포괄하는 단 하나의 숫자는 있을 수 없다고 봤다. 항상 우상향하는 하나의 지표를 찾는 것은 일종의 '성장 신화'라고 생각한다면서 이는 지표를 통해 사회가 항상 진보하고 있음을 보여줘야 한다는 강박이라고 지적했다. 잭슨 교수는 2023년 6월 경향신문과의 인터뷰에서 행복이나 지속 가능한 경제는 때때로 대규모로 성장하지 않는 기간을 거칠 수도 있고 매우 빠르게 성장할 수도 있으며, 성장하지 않더라도 안정적인 경제가 필요할 때도 있다고 첨언했다. GDP는 자동차의 RPM, 즉 분당 회전수와 같다고 비유하면서, RPM만으로는 자동차의 속력을 알 수 없으며 그 차가 도로 위에 있는지 아니면 도로 밖에 있는지도 알 수 없다고 덧붙였다.°

° 김경학·이창준, "팀 잭슨, 불평등·기후위기 주범은 복지보다 주식시장 우선한 정부", 경향신문, 2023. 6. 15.

루비니 교수도 GDP나 GDP 성장률은 성장 척도를 완전하게 측정하지 못한다며 잭슨 교수의 주장에 동의했다. GDP가 경제 성장에 따른 평등과 관련된 요소 등을 고려하지 않기 때문이다. 예를 들어, 세계은행은 인간 개발 지표들을 측정하는데, 여기에는 기후변화를 돌보고, 사회적 결속력을 갖추고, 소득과 부의 불평등을 제한적으로 유지하고, 안정적으로 관리하는 기관을 보유하고, 사람들의 기술과 교육에 투자하고, 남겨진 사람들을 돕기 위한 좋은 사회 안전망을 가지고 있는 등의 요소를 포함한다.° 환경운동가이자 인도의 사상가인 반다나 시바 박사는 물리학자로서 '성장의 정량화'를 이해할 수 없다고 비판한다. 시바 박사는 인도의 가장 최근 통계를 인용해 실질 GDP의 60%가 슈퍼 리치(super rich)°°에게 돌아간다고 분석했다. GDP가 늘어날 때 슈퍼 리치는 더 부자가 되지만, 빈곤한 사람들은 더 가난해진다. 그는 당장 부자 나라라고 하는 미국이나 캐나다 대도시에만 가도 '누워있는 사람을 넘어가야 한다'는 말을 실감할 정도로 홈리스(homeless)°°°가 많다고 말했다. 지금의 성장 패러다임은 자연이나 사회에서 실제로 일어나는 일을 반영하지 못한다는 점에서 매우 비과학적이라고 전제한 시바 박사는 근본적인 변화가 필요하다고 강조하면서 "자연의 경제가 없었다면 우리가 어떻게 숨을 쉬고 먹을 수 있겠는가. 여성의 경제도 마찬가지다. 그러나 UN에서 집계하는 GDP는 여성의 경제를 포함하지 않는다. 무언가를 생산하고 만들어내야만 경

° 　김경학·이창준, "'닥터 둠' 누리엘 루비니, 추악한 미래로 인류 파멸되지 않으려면⋯", 경향신문, 2023. 6. 8.
°° 　금융 자산 30억 원 이상을 가진 부자를 이르는 말이다.
°°° 　집이 없는 사람을 뜻한다.

<GDP 대체 주요 지표>

지표명	집계 기관	내용
국가행복지수	유엔 (UN)	주관적 행복에 대한 3개년 설문조사 데이터를 분석해 산출
지구촌행복지수	신경제재단 (NEF)	행복 수준 및 환경오염 수준 등을 수치화해 산출
사회발전지수	사회발전명령 (SPI)	영양 상태와 위생, 치안, 자유와 인권 등 다양한 사회 요소를 수치화해 산출
인간개발지수	유엔개발계획 (UNDP)	소득, 교육, 수명 등 지표를 통해 인간 발전 및 선진화 정도를 평가
더 나은 삶의 지수	경제협력개발기구 (OECD)	교육과 안전, 고용, 삶의 만족도 등 생활에 영향을 미치는 11개 지표를 수치화

<지표별 국가 순위(2022년 기준)>

국가	GDP(명목)	유엔 국가행복지수	사회발전지수
미국	1	15	25
중국	2	64	94
일본	3	47	9
독일	4	16	8
인도	5	126	110
영국	6	19	19
프랑스	7	21	20
러시아	8	70	59
캐나다	9	13	10
이탈리아	10	33	22
한국	13	57	17
이스라엘	27	4	31
노르웨이	29	7	1
덴마크	40	2	2
핀란드	47	1	3

◦ 국제통화기금(IMF), 유엔, SPI, 2022.

제의 일부로 간주한다"고 언급했다. 시바 박사는 이제는 좋은 삶이 무엇인가에 대한 기준을 마련해야 한다고 강조한다. 그는 한 방향으로만 이뤄지는 기존 성장 시스템을 바꿔야 한다고 비판했다. 예컨대 석탄이나 철광석을 캐내는 프로젝트는 해당 지역 공동체가 얼마나 파괴되는지 거의 측정하지 않는다. 매장량이 어느 정도이고, 앞으로 언제까지 뽑아낼 수 있으며, 경제적 가치는 얼마라고 홍보할 뿐이다. 그것이 GDP 성장에 기여한다고 여기기 때문이다. 하지만 그 과정에서 자연을 파괴해 지구에 상처를 준다. 고통받는 지역 공동체의 목소리까지 종합적으로 반영하는 지표는 없다.°

성장 시대 자본주의의 역할

표준국어대사전은 자본주의를 '생산 수단을 자본으로 소유한 자본가가 이윤 획득을 위해 생산 활동을 하도록 보장하는 사회 경제 체제'라고 정의하고 있다. 애덤 스미스(Adam Smith)는 흔히 '자본주의의 아버지'로 불린다. 그러나 정작 본인은 '자본주의(capitalism)'라는 용어를 쓴 적이 없다. 애덤 스미스가 『국부론 *The Wealth of Nations*』을 펴냈을 때는 1776년이었다.

자본주의는 프랑스 언론인이자 사회운동가인 루이 블랑(Louis Blanc)이 1851년 쓴 논문 「노동의 조직 *Organisation du travail*」에 처음 등장한 용어로 알려져 있다. 루이 블랑은 이 책에서 '자본주의'란 어

° 김경학·이창준, "반다나 시바, 개인 제트기 타는 사람들이 녹색 해법 제시하고 있다", 경향신문, 2023. 6. 27.

떤 이들이 다른 사람들을 배제함으로써 자본을 전용하는 것이라고 정의했다. 애덤 스미스가 자본주의 이론을 정립한 사실을 부인할 수는 없다. 애덤 스미스는 『국부론』에 시장경제와 개인의 이기심이 경제 발전과 사회적 번영을 촉진한다고 썼다. 시장은 자유롭게 운영하는 게 중요한데, 자본주의는 경쟁과 자유 경쟁을 강조한다. 애덤 스미스는 특정 분야에서 전문화된 노동자들이 더 효율적으로 생산하고 경제를 발전시킬 수 있다고 주장했다. 이 역시 분업과 생산성을 강조한 자본주의의 특징이다. 정부 개입을 최소화하고 시장이 스스로 균형을 맞추도록 하는 개념인 '보이지 않는 손'도 현대 자본주의 경제체제의 기반을 이루는 이론이다.

자본주의라는 용어를 확장하고 발전시킨 이는 독일 경제학자이자 사회주의 철학자인 카를 마르크스(Karl Marx)이다. 주요 저작인 『자본론 Das Kapital』에서 마르크스는 자본주의 경제 체제와 그에 따른 사회 구조를 분석하고 비판한다. 마르크스의 이론은 현대 사회학과 경제학에 큰 영향을 미치고 있다. '자본(capital)'이나 자본 소유자를 의미하는 '자본주의자(capitalist)'라는 용어는 '자본주의'보다 앞서 등장했다. 미국 유명 출판사이자 브리태니커의 자회사인 메리엄 웹스터(Merriam-Webster)는 'capital'이 머리를 뜻하는 라틴어 'caput'과 같은 의미의 형용사 'capitalis' 파생됐다고 설명하고 있다. 원래 '큰 타박상' '큰 상처' 등 머리에 영향을 미치는 것을 가리키는 단어로 사용됐다는 뜻이다. 'capital'이 '문장 첫머리의 문자'를 의미하는 것도 같은 맥락이다. 라틴어에서 'capitalis'는 '최고' 또는 '주요'를 의미한다. 이는

○   "9 Financial Words With Surprising Origins", *Merriam-Webster*.

15세기에 도시, 지역, 저택 또는 수도원과 같은 중요한 사물을 설명할 때 영어로 채택됐다. 유럽에서는 12~13세기 자금, 상품 재고, 화폐 금액 또는 이자가 붙는 화폐를 지칭하는 용어로 'capital'을 사용했다. 이후 무역회사의 자본이란 의미로 확장됐다. 17세기 중반에는 자본 소유자를 일컫는 'capitalist'라는 말이 등장하기에 이르렀다. 당시 논문이나 소설 속에 등장하는 자본주의자는 일반적으로 탐욕적인 인물로 그려졌다. 소유한 자본을 통해 부를 불려가는 행위에 대해 사람들은 과거부터 비판적으로 바라봤다고 할 수 있다.

자본주의 경제 시스템에서는 잉여나 이윤을 추구하는 행위를 부정적으로 바라보고, 착취와 다르지 않다고 비판한다. 이러한 비판은 자본주의 역사만큼이나 오래됐다. 그러나 잉여는 자본을 움직이는 동력이라고 긍정적으로 평가하는 주장도 제기된다. 잉여는 여유의 다른 이름이라는 입장에서다.

프랑스 영화 〈택시〉에는 24시간 운행하는 택시가 나온다. 기사 한 명이 운전하는 사이 다른 한 명이 트렁크에서 쉬다가 맞교대를 하는 방식이다. 기사들은 한국인이었다. 1998년 나온 영화로 당시 대표적인 장시간 노동 국가였던 한국의 비인간적인 문화를 비꼬았다. 2010년대 중반까지 해외 언론은 한국의 장시간 노동에 대해 'Workaholic Society(일중독 사회-이코노미스트)' 'The Most Overworked Nation in the World(세계에서 과로가 가장 심한 국가-BBC)' 'Workweek Is Never Over(주중 근무는 끝나지 않는다-뉴욕타임스)' 'South Korea's Work Culture Is Killing People(사람을 죽이는 한국의 노동문화-가디언)' 등으로 비판했다.

영화 속 허구이기는 하지만 그들은 24시간 운행을 얼마나 지속할 수 있을까. 돈을 더 많이 벌겠다며 짧은 기간 할 수는 있겠지만 이내 체력이 고갈돼 결코 오래 지속할 수 없다. 노동하는 시간 이외에 여유가 있어야 재충전하고 한 단계 도약할 수 있다. 사람뿐 아니라 기업도 여유가 필요하다. 적자 면하는 데만 급급하다면 연구나 투자, 신제품 개발을 하기 어렵다.

유럽의 18~19세기는 천재적인 예술가들이 대거 등장한 시기였다. 프란시스코 고야(Francisco Goya), 장 프랑수아 밀레(Jean-Francois Millet), 에드가 드가(Edgar Degas), 구스타프 클림트(Gustav Klimt) 등이 대표적이다. 산업혁명과 함께 자본주의가 본격적으로 자라난 시기였다. 산업혁명을 통해 자본을 축적한 왕족과 귀족, 부유한 상인이 예술을 후원할 여유가 많아졌다. 경제적으로 안정된 예술가들이 창작의 자유를 가지고 혁신적인 작업에 매진할 환경이 마련됐다. 이른바 사회적 잉여가 커지면서 문화예술 수준을 끌어올렸다. 잉여는 예술뿐 아니라 과학기술, 인문학 등 인류 지식과 지혜, 교양을 높이는 데 기여한다.

현대 자본가는 자신의 이익을 늘리는 데만 치중한다는 비판을 받는다. 이는 자본주의의 가장 최신 형태인 신자유주의가 확산한 상황과 관련이 있다. 규제 완화와 민영화, 자유 경쟁 등이 특징인 신자유주의는 자본가에게 더 큰 이익을 안겨주는 시스템이었다. 자유화와 규제 완화는 독과점과 자본 집중을 초래했다. 이 과정에서 노동자의 권리는 약화했고, 불평등이 심해지면서 자본주의의 단점이 드러났다. 18~19세기 예술을 살찌웠던 사회적 잉여는 찾아보기 어려워졌다. 현대 자본가들도 예술작품을 좋아하는데, 증식한 부를 대물림하는 수단으로 수집하는 경우가 대부분이다.

미국의 비상장 투자은행(IB) 스티븐스(Stephens Inc)가 운영하는 웹사이트 '디스이즈캐피탈리즘(thisiscapitalism)'은 자본주의가 사람들을 빈곤에서 벗어나게 하고, 일자리를 창출하며, 지역사회를 안정시키는 힘에서 타의 추종을 불허하는 것으로 입증됐다고 단언한다.° 미국에서 만개한 자본주의에 대해 아메리칸드림과 '동의어'라는 표현을 쓰기도 했다. 모든 개인이 자신의 삶을 개선하고 열정을 추구하며 목표를 달성할 기회를 마련한다는 측면에서 그렇다는 의미이다.

제2차 세계대전이 끝난 뒤부터 1970년대 초반까지 미국과 유럽의 경제가 고성장한 시기를 가리켜 '자본주의 황금시대'라고 일컫는다. 국제연합(UN)은 이 시기를 "높은 수준의 경제 및 생산성 성장을 달성하며 경제적 번영을 누리던 시기"라고 규정했다.°°

미국은 대공황 종식에 이어 세계대전을 맞았다. 이는 미국 경제가 크게 도약하는 기반이 됐다. 전쟁이 끝난 뒤 돌아온 군인들이 노동시장에 다시 투입되고, 여성은 주부로서의 전통적 역할로 돌아오면서 중산층과 교외 지역이 부상했다. 대공황 당시 거의 25%에 달했던 실업률은 전쟁이 끝날 무렵 2.2%로 급감했다.

° "About this is capitalism", *THIS IS CAPITALISM*.
°° UN Department of Economic and Social Affairs, "golden age of capitalism", *UN*, 2017. 8. 23.

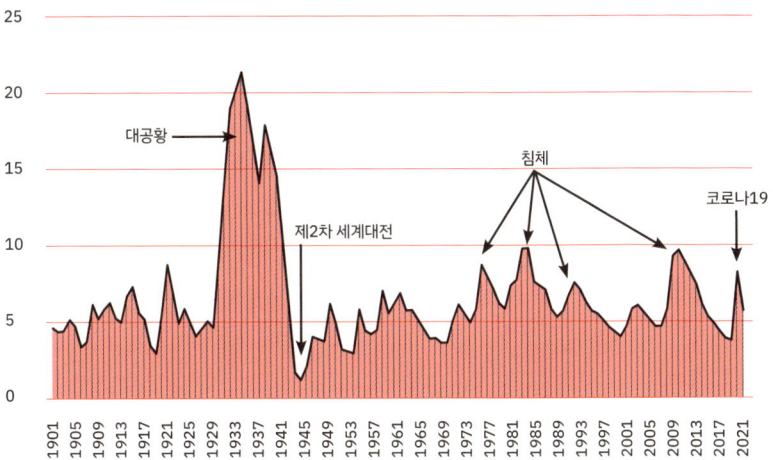

<1901~2021년 미국 실업률 추이>
과거 추정치는 인플레이션에 따라 조정

'디스이즈캐피탈리즘'은 이에 대해 자본주의 황금시대라고 불리는 전후 기간에는 중산층이 성장하고 기반 시설에 대한 지출이 증가했으며 자동차 및 가전제품과 같은 품목에 대한 억눌린 수요, 주택 및 건설 붐이 일어났다고 분석했다.

사실 1950년 이전까지 각국은 경제 성장에 별다른 관심이 없었다. 제2차 세계대전이 끝나자, 약소국들의 탈식민지화 운동이 일어났고 자본주의와 사회주의가 대립하는 냉전이 한창이었다. 미국과 유럽은 자신들이 우월하다는 증거를 보여줘야 했다.

∘ 세계은행(World Bank), 메디슨프로젝트 데이터베이스 자료, 2023.
∘∘ Patricia O'Connell, "World War II and The Golden Age of Capitalism", *THIS IS CAPITALISM*, 2019. 6. 12.

냉전은 성장을 향한 경쟁을 더욱 부추겼고, 성장은 자본주의와 사회주의 경제의 생산성을 비교하는 척도가 됐다. 국가들은 평등, 해방, 일자리가 아니라 그들이 생산할 수 있는 상품과 서비스의 양을 늘리기 위한 경쟁에 뛰어들었다. 1950년대 후반에 이르러 성장은 경제 정책의 중심 목표이자 가장 중요한 지표가 됐고, 성장과 복지를 하나로 묶어 시장 거래의 지속적인 확장과 동일시하게 됐다. 이런 상황에서 GDP는 국가의 근대성, 번영, 생활 수준, 개발, 위신을 나타내는 최초의 일반적인 지표가 됐다.° 이 밖에도 산업혁명 이후 기술 발전과 생산성이 급격히 향상된 19세기 후반~20세기 초반, 신자유주의 정책 도입에 따라 기업의 이익률이 높아지고 글로벌 경제가 성장한 1980~90년대, 정보기술(IT) 산업의 발전과 함께 인터넷과 모바일 기술 보급으로 성장률이 높아진 2000년대 초반 등도 자본주의 고성장 시기로 꼽힌다.

　생산이 크게 늘어 경제가 빠르게 성장한 고성장 시대에 자본주의는 시장을 통해 자본의 축적과 투자를 촉진하는 주요 경제 시스템으로 작용했다. 기업은 성장을 위해 투자를 늘리고 새로운 기술을 도입하는데, 시장 메커니즘을 통해 이 같은 투자와 생산이 이뤄지게 된다. 그래서 자본주의는 기업 활동을 보장해 시장경쟁을 촉진하고 경제성장을 이끌었다는 평가를 받는다. 일자리를 늘리는 데도 이바지했고, 경쟁을 통해 다양한 상품이 시장에 나오게 함으로써 소비자 만족도를 높였다.

° 마티아스 슈멜처·안드레아 베터·아론 반신티안, 『미래는 탈성장: 자본주의 너머의 세계로 가는 안내서』, 김현우·이보아 옮김, 나름북스, 2023. p.61.

경제 성장은 자본주의를 안정시키는 데도 기여했다. 소득이 늘어난 시민들이 집과 차를 살 수 있게 됐고, 지금보다 더 잘살 수 있을 것이라는 약속은 갈등을 수면 아래로 가라앉게 했다. 물질적 풍요는 다시 경제 성장을 가속화하는 원동력이 돼 무한 선순환이 이뤄질 것이라는 헛된 기대를 품게 했다. 하지만 성장 이후 더 나은 삶이 기다리고 있다는 선전은 현실과 동떨어진 희망 고문이었다. 이는 부자와 빈자 국가, 그 내부 시민들의 불균형과 불평등을 정당화하는 수단이 됐다. 자본주의는 장점 못지않게 단점이 많은 시스템이다. 기업의 이익이 일부에 집중되는 부의 불평등이 심화할 수 있고, 이익 극대화만 고려하는 기업이 환경을 파괴하는 일도 자주 발생한다. 복잡한 구조의 금융산업은 금융위기를 초래할 우려도 크다.

스티글리츠 교수는 자본주의 황금시대에 대해 다른 견해를 내놓는다. 자본주의 황금시대는 물론 아메리칸드림 모두 '팩트'가 아니라 만들어진 '신화'라는 것이다. 스티글리츠 교수는 1943년 태어나 인디애나주 산업도시 게리(Gary)에서 자랐다. 사실상 10~20대에 자본주의 황금기를 경험한 셈이다. 그러나 스티글리츠 교수는 당시를 '깊어지는 불평등을 목격한 시기'로 기억했다. 그는 미국 정치매체인 《폴리티코매거진 *Politico Magazine*》에 쓴 칼럼에서 "(게리는) 차별과 빈곤, 높은 실업률에 시달리는 도시였다. 나는 자본주의 황금시대에 살고 있다는 사실을 깨닫지 못했다. 굴뚝은 공기 중에 독극물을 쏟아부었고, 주기적인 해고로 인해 많은 가족이 생계를 걱정했다. 어렸을 때부터 배웠던 자유시장은 번영하고 행복하며 건강한 사회를 유지하기 위한 공식이 아니라는 것이 분명했다"고 했다. 자본주의 황금시대가 끝난 1970년대 이후 성장이 상대적으로 더뎌지면서 불평등은 더 깊어졌다. 성장의 과실이 대부분 소수의 글로벌 엘리트에게 집중된 탓이다. 중요한 것은 끊임없는 성장과 소비 지향적인 라이프 스타일이 전 세계적으로 확산하면서 훨씬 더 확연하게 파괴적인 생태적, 사회적 영향을 낳고 있다는 점이다.

성장 시대에 자본주의가 큰 역할을 한 것은 사실이다. 그러나 역설적으로 성장에 집착하는 바람에 자본주의가 추락하고 있다는 평가도 나온다. 성장에 집착하느라 지구 환경을 파괴해 자원을 고갈시켰다. 불평등을 확대해 시민들의 불만을 고조시킨다. 이익을 극대화하는 자본주의의 구조적인 요인 때문에 성장이 멈추면 자본주의 시스템은 유지하기 어렵다.

팀 잭슨 영국 서리대 교수는 생산성 향상과 이윤 극대화를 추구하는 자본주의 시스템은 우리가 돌봄 경제를 유지하고, 사회 복지에 투자하고, 삶의 질 향상에 기여하고, 환경을 지키는 일을 어렵게 한다고 지적했다. 현재의 자본주의 시스템을 뜯어고치지 않는다면, 인류의 지속 가능한 삶을 담보할 수 없다는 뜻이다.

° Joseph E. Stiglitz, "The Myth of America's Golden Age", *POLITICO MAGAZINE*, 2014. 7.

°° 마티아스 슈멜처·안드레아 베터·아론 반신티안, 『미래는 탈성장: 자본주의 너머의 세계로 가는 안내서』, 김현우·이보아 옮김, 나름북스, 2023, p.77.

°°° 김경학·이창준, "경제정책 우선순위는 시민들이 건강한 생활 누릴 복지에 둬야", 경향신문, 2023. 6. 14.

── 용어 풀이 ──
보이지 않는 손

＋－×÷＝

경제학 원론뿐 아니라 언론 보도에서도 자주 등장하는 말인 '보이지 않는 손(Invisible Hand)'이 원래 지닌 의미는 이와 다르다. 기획재정부 시사경제용어사전은 애덤 스미스(Adam Smith)가 그의 저서 『국부론』에서 가격의 자원 배분 기능을 비유한 표현이라고 정의했다.

자유방임주의 경제체제에서 가격은 생산 자원을 경제의 여러 부문에 효율적으로 배분하는 역할을 한다. 어떤 상품이 공급에 비해 수요가 크면 가격이 상승하고, 이는 생산 자원을 더 투입할 필요가 있다는 신호로 작용한다. 반면 수요가 공급에 비해 작다면 가격이 하락하고, 이는 생산 자원을 다른 산업으로 이동하게 만든다.

많은 경제학자들은 보이지 않는 손을 완전 경쟁시장의 효율성 또는 최상의 경제적 결과를 가져오는 자유시장 시스템 등의 모호한 개념으로 해석한다. 생산과 소비가 개인의 자유에 맡겨져 있는 자본주의 시스템에서는 경제에 필요한 물자의 종류와 수량, 생산 방법, 생산물의 분배 등의 결정을 보이지 않는 손이 해결해준다고 본다.

그러나 스미스는 시장경제를 지지하려는 목적으로 보이지 않는 손을 언급한 것이 아니었다. 돈 매튜스(Don Matthews) 미국 코스탈 조지아 대학 경제학부 교수는 '보이지 않는 손'이 아닌 '시장의 보이지 않는 손'으로 인식하는 것은 잘못이라고 지적한다. 스미스는 당시 개인의 이익 추구가 의도치 않게 사회의 공익에 긍정적 결과를 낳는 것을 지칭했을 뿐이다.

국부론이 나온 지 150년이 넘도록 주목받지 못하던 보이지 않는 손은 시카고 대학 경제학과 교수였던 폴 새뮤얼슨(Paul Samuelson)에 의해 화려하게 부활한다. 1948년 경제학 기본 교과서에서 스미스의 보이지 않는 손을 '신비로운 원리'라고 칭송했다. 새뮤얼슨은 "각 개인이 자신의 이기적인 이익을 추구하면서 마치 보이지 않는 손

○ 시사경제용어사전, 기획재정부.

에 이끌리듯이 모든 사람의 이익을 최상으로 달성하도록 이끌리므로, 정부가 자유경쟁을 방해해서는 안 된다"고 했다. 새뮤얼슨의 경제학 교과서는 20개 이상 언어로 번역돼 190여 개국에 1,000만 권 이상 팔린 세계적 베스트셀러이다.

한국도 경제학 교과서에 따라 '보이지 않는 손'에 대한 해석을 달리한다. 50여 년 전인 1974년 초판이 나온 뒤 지난해까지 12판이 나온 율곡출판사의 베스트셀러 『경제학원론』은 보이지 않는 손에 대해, 경제사회에는 시장이라는 '보이지 않는 손'이 있어서 그 손이 개개인의 사익 추구를 공익 증진으로 유도한다고 정의했다. 문맥상으로는 시장을 보이지 않는 손과 동일시함으로써 '시장이 공익 증진을 유도한다'라는 의미로 풀이할 수 있다.

1985년 초판 이후 2025년 8판을 낸 박영사의 『현대 경제학원론』은 다른 견해를 내놓았다. 스미스의 보이지 않는 손은 정부가 시장에 개입하지 않고 자유 방임하면 만사형통이라는 최소 정부론과 시장만능주의로 일부(신자유주의) 학자들에 의해 해석되어 왔으며, 이는 잘못된 확대 해석이라고 지적했다.

율곡출판사 교과서의 저자는 서울대 경제학과 교수를 지낸 고 조순 전 한국은행 총재와 제자인 정운찬 전 국무총리, 조 전 총재 및 정 전 총리의 제자인 전성인 홍익대 교수, 정 전 총리의 제자인 김영식 서울대 교수이다. 서울대 스승과 제자들이 뭉쳐 책을 집필했으니 '한 점, 한 획'을 수정하기가 쉽지 않았을 것으로 보인다. 비슷한 형질의 생물끼리 교배하면 열성 유전자가 발현해 결국 그 집단은 퇴화한다는 '동종교배 퇴화'를 떠올리게 한다. 반면 박영사 교과서 저자들(김대식·노영기·안국식·이종철)은 연세대, 중앙대, 서울대 등으로 출신 대학이 다양하다. 다만 중앙대 교수를 역임했다는 공통점이 있기는 하다. 율곡출판사의 『경제학원론』 이후 10년 뒤 책이 나왔으니 앞서 출간됐던 교과서들을 보완할 시간이 넉넉했을 테고, 새로운 해석이나 주장을 반영하기도 한결 수월했을 것이다.

° Don Mathews, "The Invisible Hand that Never Was", College of Coastal Georgia, 2023.4.26.

향후 정체 또는 역성장이 불가피한 상황

「성장의 한계 The Limits to Growth」(1972)가 나온 지 52년이 훌쩍 지났다. 「성장의 한계」는 전 세계 전·현직 국가 원수와 정치인, 관료, 과학자 등 글로벌 리더들의 모임인 로마클럽이 매사추세츠공대(MIT)에 의뢰해 발간한 첫 번째 보고서다. 보고서는 컴퓨터 시뮬레이션 결과 지속적인 경제 성장 및 인구 증가는 지구의 자원을 고갈시키고 2070년까지 세계 경제 붕괴로 이어진다는 섬뜩한 내용을 담고 있다.

글로벌 학술지 《네이처 Nature》는 「성장의 한계」에 대해 '최후의 심판'의 또 다른 냄새라며 비판적으로 평가했다. 무속인이나 사이비 종교인이 전하는 이단에 가깝다는 비난도 나왔다. 과학자들은 산업화로 공기와 물이 오염되는 사실은 인정하지만, 그런 피해는 기술 발전으로 해결 가능하기 때문에 지구를 구할 수 있다고 판단했다. 그러나 수석 저자 도넬라 메도즈(Donella H. Meadows)는 「성장의 한계」를 작성한 배경에 대해 "파멸을 예측하기 위해 쓴 게 아니라 사람들이 지구의 법칙에 부합하는 생활 방식을 찾도록 도전하기 위해 썼다"라고 했다. 메도즈와 다른 저자들은 당초 견해를 굽히지 않으면서 빠른 시기에 조치한다면 지구의 생태학적, 경제적 안정이 가능할 것이라고 밝혔다.

앞으로 경제 성장이 역성장 또는 제로성장에 그칠 것이라는 전망

° Dennis Meadows, Donella Meadows, Jørgen Randers, William W. Behrens III, 「The Limits to Growth(LTG)」, *Reports to the Club of Rome*, 1972.

°° NATURE EDITORIAL, "Are there limits to economic growth? It's time to call time on a 50-year argument", *NATURE*, 2022. 3. 16.

은 여러 가지 근거에 바탕을 두고 있다. 생산에 투입할 자원과 노동력이 한계에 이르고, 기술 발전도 일정 수준에 오르면 속도가 매우 더뎌지기 때문이다. 지구에서 채굴하는 금속 광물, 화석 에너지, 비금속 광물은 2020년 기준 611억t에 이르는 것으로 추산된다. 2002년 393억t에서 20년도 안 돼 55% 급증했다. 인류는 장기적으로 지구를 유지할 수 있는 양보다 75% 더 많이 추출하고 있다.°

산업혁명 이후, 자원은 스스로 보충되는 속도보다 훨씬 빠르게 소비돼 고갈되고 있다. 인류의 삶이 풍요롭고 편리해지면서 원자재 수요도 비약적으로 증가했다. 인류는 오직 지구에서만 자원을 얻는데, 지구는 끊임없이 증가하는 인류의 수요를 따라잡을 수 없다.

2025년 1월 기준 전 세계 인구는 81억 명가량이니, 한 사람이 1년에 7.5t, 매일 평균 20kg이 넘는 자원을 사용하는 셈이다. 사람이 태어나서 죽을 때까지 납 360kg, 아연 340kg, 구리 680kg, 알루미늄 1,630kg, 철 1만 4,800kg, 돌·모래·자갈·시멘트 56만kg이 필요하다. 물론 선진국에 살고 있다면 훨씬 더 많은 양을 사용한다. 스코틀랜드 국립 박물관은 스마트폰에 들어가는 광물이 알루미늄, 베릴륨, 석탄, 구리, 금, 철, 석회석, 실리카, 은, 활석, 규회석 등 42종에 이른다는 자료를 내놓기도 했다.°° 텔레비전과 컴퓨터에도 30종 이상의 광물이 들어간다. 문제는 지구의 자원이 조만간 바닥을 드러낼 것이라는 점이다.

지구는 70%가 물로 이뤄져 있지만 70% 중 담수는 2.5%뿐이다. 담

° Tonnes of resources mined from Earth, *THE WORLD COUNTS*, 실시간 통계.
°° Walcott Rachel, "Mineralogy of the Mobile phone", *NATIONAL MUSEUMS SCOTLAND*, 2023.

수는 대부분 얼음이나 영구적인 눈의 형태로 존재한다. 실제로 사용할 수 있는 양은 그보다 훨씬 적다. 유엔식량농업기구(FAO)는 2025년 기준 18억 명이 절대적 물 부족 국가 또는 지역에 거주하는 것으로 추산했다. 가장 많이 사용되는 화석연료이자 재생 불가능한 에너지원인 석탄은 2025~2048년 추출이 정점에 이를 것으로 예측된다. 2010년 기준 더 뽑아낼 수 있는 석유 매장량은 46년 치, 천연가스는 58년 치에 그쳤다. 광물 원자재뿐 아니라 참치와 같은 생선도 남획으로 인해 멸종 위기에 처했다.

전 세계 인구는 기원전 5000년 2,000만 명 안팎으로 추정된다. 완만한 증가세를 보이던 인구는 18세기 중반 산업혁명을 기점으로 급증했다. 1650년 5억 5,000만 명에서 1850년 11억 7,000만 명으로 2세기 동안 2배가 됐는데, 1950년은 24억 9,000만 명으로 1세기 만에 2.1배가 됐다. 50억 명이 된 것은 1987년으로, 2배가 되는 데 걸린 기간은 37년뿐이었다. 이후 1999년 60억 명, 2011년 70억 명을 넘어섰다. 2020년 이후 인구 증가율이 1% 밑으로 떨어졌어도 세계 인구는 꾸준히 늘어나고 있다. 2022년 11월 80억 명을 돌파했고, 2030년 85억 명, 2050년 97억 명으로 증가할 것으로 예측된다. 2080년대에는 104억 명의 인구가 정점에 이르고 2100년까지 그 수준을 유지할 것이라는 게 UN의 분석이다.

전 세계 인구가 증가하고 있지만 나라별 격차는 크다. 현재 인구를

° major processing by Our World in Data, "Population by country, available from 10,000 BCE to 2023", *Our World in Data*, 2024. 7. 15.

°° UN Department of Economic and Social Affairs, "World population to reach 8 billion on 15 November 2022", *UN*, 2022. 11.

유지하는 데 필요한 합계출산율은 2.1명이다. 이를 인구대체율이라고도 한다. 세계은행 집계를 보면 2021년 기준 세계 평균 합계출산율은 2.27이다. 213개 나라의 합계출산율을 조사했는데, 나이지리아가 6.82명으로 가장 높았고 한국과 홍콩은 각각 0.81명, 0.77명으로 최하위였다. 선진국은 높고 저개발국은 낮은 편이다. 지역별로는 동아시아·태평양 국가 합계출산율이 1.5명으로 가장 낮고, 북아메리카와 중앙유럽·발틱 국가는 1.6명, 유럽·중앙아시아 1.7명 등이다. 반면 아프리카는 4.6명으로 최근과 앞으로의 인구 증가를 주도할 것으로 나타났다.

한국은 2023년 합계출산율이 0.72명으로 떨어졌다. 2024년 0.75명으로 소폭 상승했지만, 여전히 인구대체율의 3분의 1 수준에 불과하다. 경제 활동에 종사할 인구가 급감한다는 점은 심각한 부분이다. 해외에서는 잇따라 합계출산율 기록을 갱신하는 한국에 대해 '소멸하는 중'이라는 경고를 내놓기도 한다. 통계청 추계를 보면 2019년 3,763만 명으로 정점을 찍었던 경제활동인구(15~64세)는 2050년 2,419만 명으로 1,344만 명(36%) 감소한다. 지속적인 인구 감소 추세는 전반적인 소비 축소를 초래할 가능성이 높다. 경제 현장에서 생산 활동에 매진할 노동력은 급속히 감소할 것으로 분석됐다. 반면 65세 이상 노인 인구는 같은 기간 769만 명에서 1,900만 명으로 2배 넘게 불어날 전망이다. 노동력은 줄어드는데 부양해야 할 노인은 늘어난다. 생산량 증가와 소비 확대가 곧 성장을 의미하는 상황에서는 성장

° World Bank Group Gender Data Portal, "Fertility rate, total (births per woman)", *WORLD BANK GROUP*, 2022.

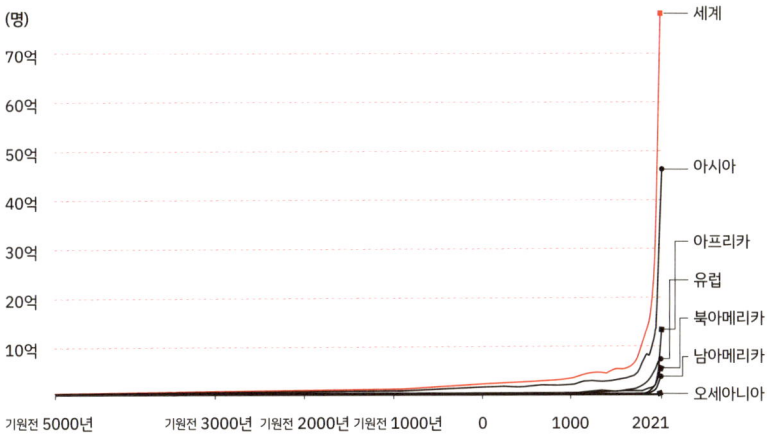

<기원전 5000년 이후 지구 인구 변화>

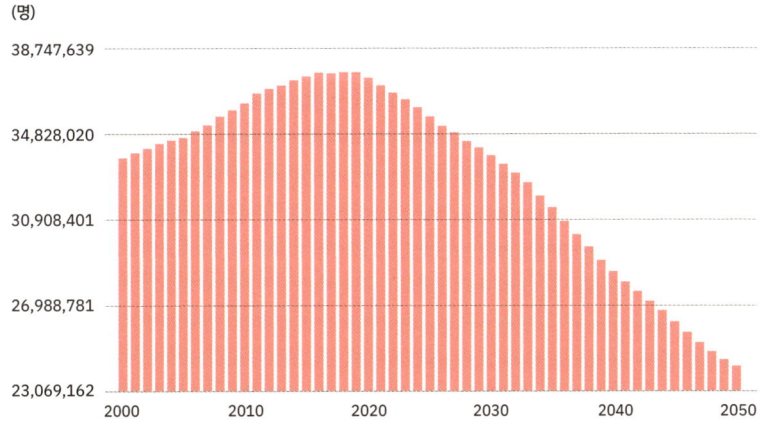

<한국 경제활동인구(15~64세) 추이>

기본 추계: 출산율·기대수명·국제이동·국내이동 중위

° HYDE(2017), UN(2022), Gapminder(2022) 외 자료.

이 뒷걸음질할 수밖에 없다. 한국은 전 세계가 부러워할 만큼 고속으로 경제 성장을 이뤘다. 성장 덕분에 시민의 삶이 개선된 것은 분명한 사실이다. 성장은 1990년대 이전까지 한국에서 좋은 일자리를 많이 만드는 데 기여했지만, 이후에는 그렇지 못하다. 윤홍식 인하대 사회복지학과 교수는 1990년대 이후 성장 방식은 대기업을 글로벌 기업으로 성장시켰고, 한국을 선진국 지위에 올려놓았다고 밝혔다. 국가가 지원하고 재벌 대기업이 추진했던 이른바 '신경영 전략'이 주효했다. 그러나 이 성장 전략은 숙련된 노동을 첨단 자동화 설비로 대체하는 생산 방식이었다. 성장 이면에는 시장에 불안정한 일자리를 양산하고, 기업 규모에 따른 생산성과 임금 격차를 극단적으로 벌어지게 하는 부작용이 있었다. 이 밖에도 경제 성장 과정에서 부의 분배가 제대로 이뤄지지 않는 자본주의 시스템의 특성상 불평등과 사회적 불안정성이 증가할 수 있다. 따라서 정부의 재분배 정책과 같은 개입이 필요하다. 복지 확대 등 재정 부담이 커지면서 성장을 둔화시킬 수 있다. 정부와 기업, 가계의 부채 증가는 현대 자본주의 시스템에서 일반적인 현상이 됐다. 빚이 늘어나면 이자 비용도 증가해 투자와 소비가 제약될 수밖에 없다. 글로벌 정치적 불안정성과 무역 전쟁, 금융위기 등 돌발적 상황과 불확실성도 투자와 소비를 묶어 성장을 저해하는 요인이다.

◦ 윤홍식, "성장 방식을 바꿔야 민생이 산다", 한겨레, 2024. 1. 8.

녹색성장, 지속 가능 성장, 기술 혁신 등 성장주도론자의 주장

지구가 처한 위기는 절박하다. 조만간 고갈될 자원이 수두룩하며, 지구 생태계를 파괴한 결과로 심각한 기후변화가 발생했다. 사람들은 갈수록 심해지는 불평등 사회에 살고 있다. 지속 가능한 발전(Sustainable Development)이란 현재 세대가 경제 성장을 이루면서도 미래 세대의 발전 가능성을 보호하는 형태의 발전이다. 후손들이 사용할 경제·사회·환경 자원을 낭비하거나 기능을 떨어뜨리지 않으면서 현재 세대에서 '경제 성장' '사회 안정과 통합' '환경 보전'이라는 목표를 추구한다.

2015년 제70차 UN 총회에서 192개 회원국은 빈곤·기아 퇴치, 불평등 감소, 기후변화 대응, 육상·해상 오염 저감, 혁신적 기술개발과 경제 성장 등 17개 지속가능발전목표(SDGs, Sustainable Development Goals)를 만장일치로 채택했다. 2030년까지 전 세계가 함께 추구하는 인류 공동의 목표라고 할 수 있다. 유엔개발계획(UNDP), 유엔환경계획(UNEP), 세계은행(World Bank) 등 국제기구들도 SDGs 달성을 기관의 임무 중 하나로 설정했다. 세계 각국도 상황에 맞게 SDGs 달성 계획을 세워놓고 있다.

연초마다 스위스 휴양지 다보스에 전 세계 정치·경제 지도자들이 한자리에 모인다. '다보스포럼'으로 알려진 세계경제포럼(World Economic Forum)이 열리기 때문이다. 세계 각국의 정상, 장관, 국제기구 수장, 재계 및 금융계 최고 경영자들이 모여 각종 정보를 교환하

◦ SUSTAINABLE DEVELOPMENT GOALS, "17 Goals to Transform Our World", *UN*, 2015.

고 세계 경제 발전 방안을 논의한다. 한국은 2023년 다보스포럼에 윤석열 전 대통령이 직접 참석했고, 2024년에는 한덕수 국무총리가 다녀왔다. 2024년 말 계엄 사태 이후 혼돈에 빠진 한국은 2025년 포럼에 김동연 경기도지사가 정치인 중에서는 유일하게 참석했다. 다보스포럼은 2025년 회의에 앞서 「2025 글로벌 위험 보고서 Global Risk Report 2025」를 내놨다. 향후 2년간 전 세계가 직면한 가장 큰 위험으로 '잘못되거나 허위인 정보'를 꼽았다. 이어 극단적인 기후변화, 국가 간 무력 충돌, 사회적 양극화, 사이버 스파이 및 전쟁 등이 뒤를 이었다. 앞으로 10년간 장기 위험으로는 극단적인 기후변화, 생물 다양성 손실과 생태계 붕괴, 지구 시스템의 중대한 변화, 천연자원 부족, 잘못되거나 허위인 정보 등의 순으로 집계됐다. 이번 보고서에는 전 세계 기업, 정부, 국제기구, 학계, 시민사회 전문가 900명이 참여했다. 특이한 점은 2년 내 직면할 위험 중 환경은 2위(극단적인 기후변화), 6위(공해) 등 2건이었으나, 10년간 위험에서는 환경이 1~4위와 10위(공해) 등 5개를 차지했다는 사실이다. 글로벌 리더들도 지구 환경 문제가 심각하다고 생각하지만, 당장이 아닌 먼 미래에 벌어질 일이라고 비교적 안이하게 여기기 때문이다.

기후변화 적응을 지원하는 국제 비영리 단체 GCA(Global Center on Adaptation)는 이번 보고서에 대해 "환경 파괴와 지정학적 불안정성, 사회적 분열 등 인류가 직면한 위험은 국제적인 협력을 통해서만 해결할 수 있다"라고 분석했다. 그러나 2025년 1월 도널드 트럼프 미국 대통령은 취임하자마자 파리기후협정 탈퇴에 서명했다. 온실가스 세계 2위 배출국인 미국이 협정에서 탈퇴함으로써 지구 온난화를

<지속가능발전목표>

1 NO POVERTY — ① 빈곤 종식 
2 ZERO HUNGER — ② 기아 종식 
3 GOOD HEALTH AND WELL-BEING — ③ 건강과 웰빙 
4 QUALITY EDUCATION — ④ 양질의 교육 
5 GENDER EQUALITY — ⑤ 성평등 
6 CLEAN WATER AND SANITATION — ⑥ 깨끗한 물과 위생 
7 AFFORDABLE AND CLEAN ENERGY — ⑦ 지속 가능하고 청정한 에너지 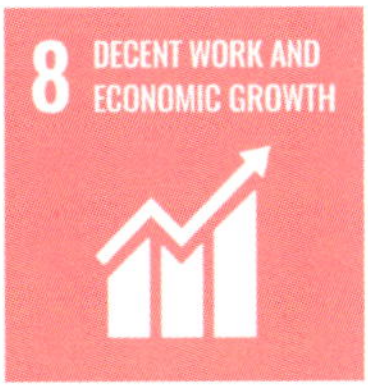
8 DECENT WORK AND ECONOMIC GROWTH — ⑧ 양질의 일자리와 경제 성장 
9 INDUSTRY, INNOVATION AND INFRASTRUCTURE — ⑨ 산업혁신과 인프라 구축 
10 REDUCED INEQUALITIES — ⑩ 불평등 완화 
11 SUSTAINABLE CITIES AND COMMUNITIES — ⑪ 지속 가능한 도시와 커뮤니티 
12 RESPONSIBLE CONSUMPTION AND PRODUCTION — ⑫ 책임 소비와 생산 
13 CLIMATE ACTION — ⑬ 기후행동 
14 LIFE BELOW WATER — ⑭ 해양 생태 보호 
15 LIFE ON LAND — ⑮ 육상 생태 보호 
16 PEACE, JUSTICE AND STRONG INSTITUTIONS — ⑯ 평화, 정의 및 강력한 제도

17 PARTNERSHIPS FOR THE GOALS — ⑰ 목표 달성을 위한 연대

막기 위한 국제 협력은 보다 더 어려워졌다. 지구와 인류가 위험에 처했으니 다보스포럼에 모인 세계 지도자들은 어떻게 해결해나갈지를 논의한다. 그런데 다보스포럼에 참석하는 지도자가 어떤 사람들인가. 부유한 나라의 정상이나 고위 관료, 세계 순위 1,000위 이내에 드는 기업의 최고경영자(CEO) 등 이른바 '가진 자들'이다. 이들이 논의하는 해법은 유엔이 주창하는 지속 가능한 발전과 맥을 같이한다. 지속 가능한 성장이나 녹색성장, 기술 혁신 등 '녹색 자본주의'를 이어가야 한다는 것이다. 녹색 자본주의는 환경 보호와 지속 가능성을 중요시하면서 경제 성장을 추구한다. 신재생 에너지, 친환경 기술, 자원 효율성 등을 강조하며, 생태계 보전과 사회적 공정성에도 주목한다. 다만 현재 시스템을 근본적으로 바꿀 필요는 없다고 생각한다. 과학과 기술을 더 발전시키고, 효율성을 높인다면 문제를 해결할 수 있다고 본다. 예컨대 화석연료 자동차는 전기자동차로 교체하고, 석탄과 가스를 태워 얻는 전기도 재생에너지와 원자력으로 바꾸면 된다는 것이다. 여기에는 새로운 시장이 열린다는 기대도 있다. 다보스포럼에 자리 잡은 녹색 자본주의는 국제기구와 각국 정부에 의해 그린 뉴딜, 지속 가능한 성장, 녹색 혁명 등의 이름표를 달고 정책으로 실현되기도 한다.

그린 뉴딜은 1930년대 대공황 이후 미국 프랭클린 루스벨트 대통령이 추진한 뉴딜에서 아이디어를 얻어 각국이 추진하는 정책이다. 화석연료 소비를 급진적으로 줄이고 재생가능 경제로 전환하면서 형편이 어려운 사람들의 생활 조건을 개선하기 위해 국가가 나선다. 진보 지식인의 대부로 평가받는 노엄 촘스키(Noam Chomsky) MIT대

<2025년 10대 리스크>

위험 영역: 경제, 환경, 지정학, 사회, 기술

단기(2년)

1	잘못이거나 허위인 정보(기술)	-
2	극단적 기후변화(환경)	-
3	국가간 무력 충돌(사회)	▲2
4	사회적 양극화(기술)	▼1
5	사이버 스파이와 전쟁(지정학)	▼1
6	오염(사회)	▲4
7	불평등(경제)	신규
8	비자발적 이주(사회)	-
9	지정학적 대결(경제)	신규
10	인권과 시민 자유 침해(환경)	신규

장기(10년)

1	극단적 기후변화(환경)	-
2	생물 다양성 상실과 생태계 붕괴(환경)	-
3	지구 시스템의 치명적 변화(환경)	-
4	천연자원 부족(환경)	-
5	잘못이거나 허위인 정보(기술)	-
6	AI 기술 부작용(기술)	-
7	불평등(사회)	신규
8	사회적 양극화(기술)	▲2
9	사이버 스파이와 전쟁(사회)	▼1
10	오염(환경)	-

명예교수는 그린 뉴딜이 지구뿐 아니라 자본주의를 구할 수 있다고 말한다. 지구를 구하려면 화석연료 소비 중단과 청정에너지 투자가 핵심인 그린 뉴딜이 반드시 필요하다는 주장이다. 또 자기 파괴적인 성향에 빠진 자본주의가 탈출구로 그린 뉴딜을 활용할 수 있다고 봤다. 지구와 인류에 손상을 덜 주는 환경친화적이면서(그린), 성장을 담보할 수 있는(뉴딜) 전략이 가능하다. 나아가 그린 뉴딜은 자본주의의 아주 느슨한 형태인 사회 조직으로 발전할 수 있다. 그런 의미에서 그린 뉴딜이 위기에 처한 자본주의를 구할 수 있다는 것이다.

루비니 교수는 '닥터 둠'이라는 별명을 갖고 있지만 미래에 대해 비관적이지만은 않다. 그는 경향신문과의 인터뷰에서 기후변화를 멈추지 않으면 파멸적인 생태학적 피해가 발생할 수 있으므로 전 세계가 나서 해결해야 한다고 응답했다. 다만 여전히 많은 극빈층이 존재하기 때문에 성장이 필요하며, 탈성장 '코뮤니즘'에는 동의하지 않지만 녹색성장을 지지한다고 덧붙였다. 신재생에너지와 같은 기술의 발전으로 친환경적인 성장이 가능하며, 선진국들이 이를 선도해야 한다는 게 루비니 교수의 지론이다. 경제 성장은 인공지능과 기계학습의 혁명으로 인해 크게 개선될 것이며 급진적인 변화와 생산성 향상으로 인한 혜택이 발생할 것으로 기대하기도 했다. 기술 혁신은 불평등을 악화시킬 수 있으므로 승자에 대한 과세 및 교육 등의 정책을 통해 모두가 디지털 시대에서 혜택을 받을 수 있도록 해야 한다는 조언도 빼놓지 않았다. 탈성장 코뮤니즘보다는 기술을 통한 성장이 더

° 김경학·이창준, "'닥터 둠' 누리엘 루비니, 추악한 미래로 인류 파멸되지 않으려면…", 경향신문, 2023. 6. 8.

지속 가능하며, AI 등 기술을 통해서 저성장 문제를 해결할 수 있다고 봤다. 루비니 교수는 다보스포럼과 같은 글로벌 협의체에 대해 긍정적이다. 그는 넷제로(net-zero)로 전환하기 위해 국제 협력이 필요하다고 주장한다. 강대국 패권주의와 조율하는 일은 어려운 과제이며 누적 온실가스 배출의 90%는 선진국에서 발생했지만, 이제는 신흥국인 인도나 중국에서 발생하는 비중이 50%로 증가했다고 분석했다. 개인, 국가, 국제적인 해법이 모두 필요하며 기후변화, 팬데믹, 경제, 금융 안정, 자유무역 등은 모두 국경을 넘어 영향을 미치기 때문에 개별 국가에서 해결할 수 없고 이해 관계에 있는 국가들의 협의와 이를 조정하는 시스템이 필요하다고 강조했다. 그는 기업들은 지속 가능한 성장을 위해서 정부 정책이 뒷받침돼야 한다고 주장한다. 항상 주장하듯 과감한 규제 완화가 필요하다는 입장이다.

조경엽 한국경제연구원 경제연구실장이 경향신문에 기고한 글 일부를 인용해본다.

> 저성장이 구조적으로 고착화되면서 일본의 '잃어버린 30년'을 답습할 가능성이 높아지고 있다. (중략) 기업 규제 강화, 노조에 경도된 노동정책 등으로 기업가 정신을 발휘해 리스크를 짊어지고 혁신에 매진할 인센티브가 소실되어갔다. 기업의 성장과 활동에 대한 전방위적인 규제와 처벌 수위가 높아짐에 따라 경영 리스크는 높아지고, 기업가 정신은 위축되고, 저성장은 고착화되고 있다. (중략) 글로벌 혁신 경쟁 시대에는 노동, 자본 등 전통적인 생산요소보다 기업가정신이 국가경쟁력을 결정하는 핵심 요인으로 작용한다. (중략) 기업 환경을 결정짓는 한국의 제도 경쟁력은 OECD 37개국 중

26위를 기록하고 있다.

낮은 기업 제도 경쟁력이 급변하는 4차 산업혁명 시대의 기업과 산업의 성장을 가로막고 있다. (중략) 기업가정신을 재점화하고 저성장을 극복하기 위해서는 규제개혁, 노동개혁, 교육개혁 등 제도 개혁을 과감하게 추진해야 한다.

지속 가능한 발전과 기술 혁신, 녹색 자본주의가 지구와 인류를 구할 수 있을 것이라는 믿음이 널리 확산돼 굳어지지는 않았다. 반론도 만만치 않다. 유엔이나 다보스포럼에서 얘기하는 지속 가능한 발전이나 녹색 자본주의는 선진국과 저개발국 간의 사실상 경제 식민지 관계를 지속시킨다고 비판받는다. 예컨대 리튬으로 이차 전지와 전기차를 만드는 선진국과 리튬을 채굴해 파는 저개발국의 불평등 관계가 여전한 상태라면, 재생에너지와 전기 저장 기술이 획기적으로 발전하더라도 녹색 자본주의는 식민주의를 고착할 뿐이다.

사회 정의와 변화를 위한 기독교적 참여를 강조하는 민중교회 설립자 김희룡 목사는 녹색 자본주의에 대해 싸구려 은총이자 그린워싱(위장환경주의)이라고 일갈한다. 성장 담론이 지배하는 세상에서 결코 환영받을 수 없는 가난하고 굶주린 자들을 복 있는 자들로 규정한 예수를 탈성장 옹호자라고 일컬었다. 김 목사는 그의 저서에서 독일의 신학자 디트리히 본회퍼(Dietrich Bonhoeffer)에 관해 언급했다. 디트리히 본회퍼는 죄책감에서의 면책만을 제공하는 것은 '싸구려 은

◦ 조경엽, "저성장 시대, 국가경쟁력 결정하는 '기업가 정신'…재점화 위해서는 제도개혁 필요", 경향신문, 2023. 6. 7.

총'이고, 죄로부터의 근원적 해방을 선사하는 것은 '값진 은총'이며, 우리가 추구할 것은 '값진 은총'이라고 했다. 임박한 기후 위기와 재앙 앞에서 싸구려 은총은 그린워싱에 해당하기 때문에 성장의 욕망에 면책을 줌으로써 성장 담론이라는 근원적인 죄와의 단절을 방해한다고 설명했다.° 시바 박사는 기후 위기 해결책을 제시하는 글로벌 기업을 그린워싱의 주범으로 지목한다. 지난 100년 동안 화석연료를 쓰면서 대기를 오염시켰고 급격한 기후변화를 야기한 이들이 지금 유전공학이나 지구공학의 이름으로 기후 위기의 해결책을 제시한다. 날씨, 식량, 지구 생태계를 통제하면서 자신들이 만든 기후 위기를 통해 오히려 이익을 얻고자 한다. 이른바 '녹색 제국주의'나 '그린워싱'이라고 할 수 있다. 그들은 '나는 계속 개인 제트기를 탈 것이고, 거기서 발생하는 탄소를 줄이려면 당신들이 노력해야 한다'고 한다.

진정한 기후 위기 해결은 유기농법이나 생물 다양성 확보를 통해 가능하다. 녹색성장은 위기를 이용해 더 많은 돈을 벌겠다는 기존 방식을 바꿔 추진해야 한다. 시바 박사는 진정한 녹색성장을 이루려면 자연과 함께해야 한다고 주장한다. 지금의 방식은 생태계를 오염시키는 사람들이 자기들이 만든 위기를 통해 더 많은 돈을 벌려는 방식이기 때문이다. 그는 실제 생태학적 해결책을 자연 속에서 전개해야 한다고 설명했다.°°

° 공규동·김영준·김현우·김희룡 외, 『탈성장을 상상하라』, 모시는사람들, 2023. p.252.
°° 김경학·이창준, "반다나 시바, 개인 제트기 타는 사람들이 녹색 해법 제시하고 있다", 경향신문, 2023. 6. 27.

성장주도론의 실현 가능성

지속 가능한 발전은 기득권 보수주의자들이 외치는 구호인 '앞으로도 지금처럼'과 다르지 않다. 부자들은 기존 시스템이 무너지거나 바뀌는 걸 원치 않는다. 자신들의 위치가 달라질 수 있기 때문이다. 성장을 계속해야만 기득권을 유지할 수 있다고 믿는다. 사이토 교수는 국제사회가 미래지향적 경제 모델로 삼은 녹색성장과 SDGs에 대해 충분하지 않고 '오히려 후퇴하는 것'이라고 주장한다. 그는 2023 경향포럼 기조연설에서 에코백 사용처럼 친환경적인 행동을 취하고는 '우리가 무언가를 했다'면서 만족한다는 게 문제라고 꼬집었다. 이는 시스템적인 문제점을 망각하는 것이라며 기업들은 심지어 SDGs를 새 마케팅과 브랜딩 수단으로 활용하지만 사실은 무수히 많은 제조 상품을 만들면서 기존 방식대로 그대로 활동하고 있다고 했다.

기술 혁신과 생산성 및 효율 향상이 자원 고갈과 지구 황폐화를 막아 지속 가능한 발전을 이룰 수 있을까? 과거 성장의 발자취를 따라가보면 사실은 다르다. 값싼 노동력과 새로운 자원 개발 덕에 생산성이 향상됐다. 기술 혁신은 더욱 다양한 자원의 채굴을 부추기고 있다. 효율성이 높아짐에도 에너지와 원자재 소비는 오히려 늘어난다. 저개발국에 대한 착취는 갈수록 심해져 불평등을 심화시킨다.

농업은 생산성 향상이 두드러진 분야 중 하나다. 최근에는 드론, 무인 콤바인 등 농업에도 인공지능 기술을 사용하고 있다. 기술 개발로 생산성이 높아지면 식량 위기를 해결할 수 있다는 장밋빛 전망도 나온다. 그러나 기술은 모든 것을 상품으로 만들어서 사람들에게 환상

• 유새슬, "탈성장이 말 안 된다고? 나은 아이디어 있나", 경향신문, 2023. 6. 28.

만 심어줄 뿐이라는 주장도 나온다. 시바 박사가 경향신문과 인터뷰한 내용을 살펴보자.

"농업 기술이 생산성을 늘렸을까. 그렇지 않다. 생물 다양성을 확보하는 것이 화학비료를 통해 한 가지 품종을 기르는 것보다 생산성이 더 높다. 그럼 기술이 발달하면 더 좋은 품질의 수확물을 얻을 수 있을까. 역시 그렇지 않다. 종자에 대한 최신 연구를 보면 생물 다양성이 확보된 씨앗이 더 영양소가 풍부했다. 기술을 추상적으로 생각하는 사람은 기술이 도구라는 사실을 종종 잊는다. 유리컵은 물을 담는 도구지, 물을 만들지 않는다. 물은 자연에서, 샘에서, 우물에서 나온다. 특히 세계화 이후에는 원래 있던 것을 바꿔주기만 하는 도구를 무언가를 만들어내는 도구로 포장하려는 시도가 늘 있어 왔다. 유전공학이 우려스러운 점도 이 지점이다. 유전공학으로 새로운 종자를 만든다면 (종자) 기업들은 로열티를 받아도 된다. 하지만 기업들은 종자를 만들지 않는다. 그저 원래 있던 종자에 독성 유전자 하나를 결합시킬 뿐이다. 화려한 상품보다 자연의 공생과 조화가 더 중요하다. 협력하면 더 풍요로워질 수 있지만 경쟁하면 더 부족해지기 때문이다."

고도의 경제 성장을 통해 악화하는 이상기후와 부의 양극화를 해결할 수 있다는 주장에 대해 시바 박사는 '녹색 제국주의'라고 일침을 가했다. 날씨, 식량, 지구 생태계를 통제하면서 자신들이 만든 기후

◦ 김경학·이창준, "반다나 시바, 개인 제트기 타는 사람들이 녹색 해법 제시하고 있다", 경향신문, 2023. 6. 27.

위기를 통해 오히려 이익을 얻으려고 한다는 것이다. '그린워싱'이 그 예다. 유전공학이나 지구공학의 이름으로 기후 위기의 해결책을 제시하는 거부들은 개인 제트기를 타고 다니고 비료 공장을 소유하고 있다. 그들은 "나는 계속 개인 제트기를 탈 것이고, 거기서 발생하는 탄소를 줄이려면 당신들이 노력해야 한다"라고 얘기한다.

지금과 같은 방식으로는 녹색성장이 불가능하다. 자연과 함께해야 한다. 지금은 생태계를 오염시키는 사람들이 자기들이 만든 위기를 통해 더 많은 돈을 벌려고 나서는 꼴이다. 실제 생태학적 해결책은 자연 속에서 전개해야 한다. 기술 개선으로 인한 절감은 종종 수요 증가로 상쇄된다. 예를 들어, 연비가 효율적으로 개선된 엔진을 개발했다고 하자. 사람들은 더 많은 거리를 운전하고, 자동차는 편의장치를 추가해 더 무거워진다. 게다가 절약한 연료비는 탄소 배출이 많은 다른 소비에 지출될 가능성이 크다. 결국 기술 발전이 에너지 사용이나 이산화탄소 배출 감소로 이어지지는 않는다.°

화석연료를 쓰는 내연기관 자동차를 대체할 것으로 각광받는 전기차는 어떤가. 화석연료 자동차에 비해 친환경적인 것은 맞지만, 절대적으로 환경친화적인 제품은 아니다. 전기차로 바꾸기만 하면 탄소 배출을 줄여 지구를 지키는 일에 동참하는 거라고 스스로 위안하는 태도는 경계해야 한다. 국제에너지기구(IEA, International Energy Agency)에 따르면, 2021년 기준 전 세계 탄소 배출량의 37%를 운송

° 마티아스 슈멜처·안드레아 베터·아론 반신티안, 『미래는 탈성장: 자본주의 너머의 세계로 가는 안내서』, 김현우·이보아 옮김, 나름북스, 2023. p.110.

부문이 차지할 만큼 자동차는 주요한 탄소 배출원이다.

전기차, 하이브리드차, 내연기관차의 생산부터 주행, 폐차에 이르는 라이프 사이클에서 탄소를 얼마나 배출하는지 정리한 그래픽이 있다.° 각 차량은 16년간 24만km를 운행하고 폐차하는 것으로 가정했다. 비교 단위는 온실가스 배출량을 나타내는 단위인 이산화탄소 환산톤(tCO_2e)을 사용했다. tCO_2e은 이산화탄소(CO_2)와 메탄(CH_4), 이산화질소(N_2O), 수소불화탄소(HFCs), 과불화탄소(PFCs), 육불화황(SF_6) 등 6대 온실가스를 각각 지구온난화지수를 고려해 이산화탄소 배출량으로 환산한 t 단위값이다. 메탄 1t을 배출했다면 $25tCO_2e$, 이산화질소 1t은 $298tCO_2e$으로 계산된다. 전기차의 탄소 배출량이 가장 적은 것은 당연하다. 하지만 총량으로 비교하면 하이브리드차의 83%, 내연기관차의 71%를 배출하는 것으로 나타났다. 특히 단계별로는 배터리와 자동차 생산 과정에서는 별다른 차이가 없었고, 연료(전기) 생산 단계에서는 오히려 전기차의 탄소 배출량이 더 많았다.

탄소 배출량 못지않게 심각한 문제가 있다. 전기차에 들어가는 배터리가 환경오염과 인권침해 문제를 일으킨다는 점이다. 리튬이온 배터리는 코발트, 리튬, 희토류 등 원자재로 만들어진다. 이 같은 광물을 채굴해서 추출, 제련하는 과정에서 수질 및 대기 오염물질이 배출된다. 전 세계 코발트 공급량의 70%가 콩고민주공화국에서 채굴되고, 그중 상당량이 어린이를 포함한 광부들이 원시적 장비만으로 캐내는 소규모 '수공 광산'에서 나온다. 배터리 제조업체들은 수공 광

° Selin Oğuz, "Life Cycle Emissions: EVs vs. Combustion Engine Vehicles", *ELEMENTS*, 2023. 6. 23.

산 코발트를 없애겠다고 약속하고 있지만 이 약속이 언제 지켜질지 알 수 없다. 배터리에 들어가는 코발트를 줄이거나 아예 없애는 기술을 개발하겠다고도 했지만, 이 역시 아직 상용화하지 못했다. 현실적인 방안은 배터리 제조업체들이 환경오염을 최소화하고 광부들의 안전한 작업환경을 조성하기 위해 코발트 수공 광산에 대대적으로 지원하는 것이다. 기업이 책임감 있게 행동한다면 전기차의 부상이 콩고와 같은 저개발국에 좋은 기회가 될 수 있다. 그렇게 하지 않으면 환경은 물론이고 수많은 광부의 생명이 위험에 처하게 될 것이다.°

배터리 생산은 극도로 물 집약적인 공정이다. 전기차를 생산하는 데는 기존 내연기관차에 비해 50%가량 더 많은 물이 소요된다. 전 세계의 리튬은 호주나 아르헨티나, 볼리비아, 칠레 안데스 지역의 염전에서 뽑아낸다. 보통 자동차 배터리 100개를 만들 수 있는 양인 리튬 1t을 생산하려면 약 200만t의 물이 필요하다. 칠레, 아르헨티나, 볼리비아로 구성된 '남미 리튬 삼각지대'는 집중적인 리튬 추출로 인해 심각한 물 고갈을 겪고 있다. 리튬은 주로 염전 지하 호수나 염수 층에 있는 염수(saline water)에 녹아있다. 리튬을 추출하려면 염수를 지상으로 끌어올려 증발시켜야 한다. 그 과정에서 엄청난 양의 지하수를 뽑아 올린다. 그 바람에 농부와 목동이 사용할 물은 줄어들 수밖에 없다. 칠레에서만 이 지역 물의 65%가 리튬 추출에 사용됐다.°°

° Hiroko Tabuchi·Brad Plumer, "How Green Are Electric Vehicles?", *THE NEW YORK TIMES*, 2021. 3. 2.
°° Lakshmi R.B., "The Environmental Impact of Battery Production for Electric Vehicles", *EARTH.ORG*, 2023. 1. 11.

<차종별 라이프 사이클 배출량 비교>

구분		배터리 전기차	하이브리드 전기차	내연기관 차량
생산 (tCO$_2$e)	배터리 제조	5	1	0
	차량 제작	9	9	10
운행 (tCO$_2$e)	연료/전기 생산	26	12	13
	테일파이프 배기량	0	24	32
	유지	1	2	2
폐차	재활용	-2	-1	-1
총		39tCO$_2$e	47tCO$_2$e	56tCO$_2$e

 뿐만 아니라 전기차는 화재와 붕괴 위험이 있는 재난 위험 요소이기도 하다. 국립재난안전연구원은 2023년 10월 공개한 「잠재 재난 위험 분석 보고서」를 통해 기후변화와 기술 발달의 영향으로 향후 발생할 가능성이 크지만 저평가된 재난 위험 요소로 용오름(토네이도), 비브리오 패혈증과 함께 전기차를 꼽았다. 전기차는 1만 대당 화재 발생 비율이 2022년 1.12건으로 내연기관차(1.84건)보다 적은 편이지만, 2017년(0.4건)과 비교할 때 증가하는 추세다. 리튬이온배터리 내부 물질의 전기화학적 특성 때문에 화재가 일어나면 순식간에 온도가 올라가고 쉽게 불을 끌 수 없어 위험하다고 한다. 전기차량과 배터리가 노후화되면 화재 발생 빈도는 더 커질 수 있다.

 전기차 사례를 통해 기술 혁신에 따라 에너지와 원자재 소비가 오

° 중형(전기·하이브리드·내연기관) 차량의 2021년 수명 주기 배출량 비교, 16년간 24만km 운행한 것으로 가정, Visual Capitalist 자료.

°° 국립재난안전연구원, 「잠재 재난위험 분석 보고서: 전기자동차 등장에 따른 대형 화재, 붕괴 위험(2023-01)」, 행정안전부, 2023.

히려 증가하는 측면이 있다는 사실을 확인할 수 있다. 테슬라, BYD 등 전기차와 배터리 제조 기업들은 최근 가파른 성장 가도를 달리고 있다. 지구 자원을 과도하게 사용한다는 '사실'을 숨긴 채 친환경과 지속 가능이라는 겉만 번드레한 '명분'을 앞세운 덕분이다. 잭슨 교수는 무한한 성장은 있을 수 없으며, 성장 신화를 깨야 한다고 주장하는 학자다. 경향신문과의 인터뷰에서도 이러한 입장을 밝혔다. 그는 녹색성장과 지속 가능한 성장에 대해서도 비판적이다. 그는 사람들이 흔히 말하는 '지속 가능한 성장'은 모호한 측면이 있다고 지적했다.

우리는 성장을 선택함으로써 이것이 지구에 피해를 준다는 사실을 알고 있다. 하지만 피해가 적거나 없는 성장을 찾아낸 것처럼 포장한 뒤 '지속 가능하다'라고 말하곤 한다. 지속 가능한 성장, 녹색성장 또는 스마트 성장 등은 어떤 방법이 있을 것이라고 짐작할 수 있다. 상상할 수 있으나 현실화하기는 사실상 불가능해 이들을 '염원(Aspirational) 전략'이라고 칭해야 할 것이다.※ 지속 가능한 성장은 성장을 계속하려는 기득권층의 열망이고, 조직에 깊숙하게 새긴 염원이다. 잭슨 교수는 염원이라는 것은 동시에 우리가 지금 보고 있는 성장이 매우 지속 불가능하다는 인식이기도 하다고 설명했다. 중요한 것은 그런 방식의 성장이 실제 우리에게 도움이 되느냐, 안 되느냐다. 잭슨 교수는 아직 도움이 되는 성장은 보지 못했다고 단언했다.

OECD는 최근 20세기 대부분 경제 성장이 진보와 동의어라는 암묵적인 가정, 즉 GDP가 증가하면 삶이 나아져야 한다는 가정이 지배

※ 김경학·이창준, "경제정책 우선순위는 시민들이 건강한 생활 누릴 복지에 둬야", 경향신문, 2023. 6. 14.

적이었다고 언급했다. 그러나 지구 북반구의 경제 성장은 더 이상 삶의 질을 향상하지 못한다. 성장은 그 자체로 바람직하지 않다. 삶의 질은 오히려 성장이 필요하지 않은 다른 요인에 의해 달라진다. 평등과 민주적 참여, 여가, 재평가한 돌봄 노동, 과시적이고 비합리적인 소비 습관의 극복 등이 그 요인이다.° 최신 기술이자 혁명으로 평가받는 인공지능(AI)은 성장을 이어갈 수 있을까. 반다나 시바 박사는 기술이 획기적으로 도약할 때마다 오히려 사회에 문제가 발생했다고 지적했다.

"인공적인 것으로 자연을 대체하려고 할 때마다 사회에 문제가 발생했다. 유기농법 대신 합성비료를 쓰기 시작하면서 토양은 황폐화하고 온실가스가 생겨났으며, 물은 오염됐다. GMO가 낳은 재앙은 우리 모두 익히 알고 있다. 인공지능은 오직 분석적인 형태로만 존재한다. 협력이나 연민, 돌봄 의식은 없다. 그저 계산하고 기계에 저장할 뿐이다. 그럼 기계는 몇 가지 단계만 학습한다. 챗 GPT는 모든 문서를 읽고 그걸 잘라붙이기하는 기계일 뿐이다. 그게 인간의 지능을 대체할 수 있을까. 그렇지 않다. 인공비료나 GMO처럼 대체하는 척, 더 우월한 척만 할 뿐이다. 그 도구를 제대로 쓰기 위해서는 우리의 인간의 지능이 필요하다. 그래야 인공지능의 노예가 되지 않는다."°°

° 마티아스 슈멜처·안드레아 베터·아론 반신티안, 『미래는 탈성장: 자본주의 너머의 세계로 가는 안내서』, 김현우·이보아 옮김, 나름북스, 2023, p.117.
°° 김경학·이창준, "반다나 시바, 개인 제트기 타는 사람들이 녹색 해법 제시하고 있다", 경향신문, 2023. 6. 27.

사우디아라비아가 건설을 추진하고 있는 제로 탄소 도시 '네옴시티'에 대해서도 시바 박사는 비판적이다. 어떤 경우에서든 탄소가 발생하는 만큼 제로 탄소는 비과학적인 용어라고 전제한 시바 박사는 "나무와 흙, 인간은 탄소로 이뤄져 있다. 이는 살아있는 탄소다. 우리가 진짜 줄여야 할 것은 죽은 탄소, 즉 화석연료에서 나오는 탄소다. 살아있는 탄소와 죽은 탄소의 간극을 줄이고, 살아있는 탄소를 더 늘리는 방향으로 가야 한다"고 강조했다. 어찌 됐든 성장론자들은 그린 뉴딜이든 지속 가능한 발전이든 성장만 이어간다면 시스템을 유지할 뿐 아니라 더 나은 보상을 받을 수 있으리라고 믿는다. 몇 년 전 리처드 하스(Richard N. Haass) 미국 외교협회장과 인터뷰한 적이 있다. 군산복합체가 국가 경제에 큰 영향력을 행사하는 미국으로서는 한국이 분단 상태를 유지해야만 더 이익이 될 거라는 견해가 한국 내에 있다며 이에 대해 어떻게 생각하느냐고 묻자, 하스 회장은 "터무니없는 이야기"라고 손사래를 쳤다. 아시아·태평양 안보에 한국이 중요한 위치에 있으며, 미국과 한국의 우호 관계는 역사가 매우 깊다는 등의 판에 박힌 설명도 했다.

  모든 일에는 그럴듯한 명분이 있고, 그 명분 뒤에 숨은 누군가는 실리를 챙기기 마련이다. 한반도 분단이 누군가에게는 사업의 기회가 되는 것처럼, 끊임없는 성장의 이면에는 과실이 떨어지길 기다리는 독사가 똬리를 틀고 있다.

2장
불필요한 성장:

자본주의를 통해 성장한 경제의 위기

경제는 자본주의를 등에 업고 성장했다. 그리고 경제 성장은 이제 한계에 이르렀다는 비판에 직면했다. 더는 성장이 불필요하며, 탈성장을 고민해야 한다는 주장이 확산하고 있다. 자본주의 경제 시스템에서 기업은 이익 극대화를 위해 생산량을 늘린다. 이 과정에서 자원 투입량과 오염물질 배출량도 함께 증가한다. 자본주의 시스템에서는 새로운 자원의 개발과 소비가 이뤄져야만 성장을 이어갈 수 있다. 자본주의는 지구 환경과 기후변화를 악화할 수밖에 없는 시스템이다. 성장 지상주의에서 벗어나야만 지구와 인류를 구할 수 있다.

  제1차 산업혁명 이후 세계 경제는 생산량이 과잉 상태에 이를 정도로 급속한 성장을 거듭했다. 그 성장 이면에는 저렴한 노동력과 오염된 지구의 희생이 있었다. 임금을 헐값으로 받으면서 생산 현장에 투입된 저개발국 노동자와 자원개발 명목으로 파헤쳐지고 더럽혀진 지구 덕분에 성장할 수 있었다.

전병옥 고려사이버대 융합정보대학원 객원교수는 저서 『탈성장을 상상하라』(2023)를 통해 지구의 희생만 놓고 보면, 인류가 자랑하는 경제 성장이 그렇게 대단하게 보이지 않는다고 말했다. 경제 성장을 위한 자본은 창조적인 노력의 결과물이 아니었다. 사회적 노동과 천연자원이 경제 자본으로 모습만 바꾼 것에 불과하다고 설명했다. 현재까지의 과학기술은 경제 성장의 작동 방식, 즉 자원 착취와 환경오염을 원활하게 만드는 역할을 했을 뿐이다. 전 교수는 이것 빼고 저것 빼면 우리가 과연 성장한 것인지 의문이 들 수밖에 없으며, 특히 기후 위기가 본격화된 현 시기에 과거의 성장 방식은 더는 유효하지 않기 때문에 끝내야 한다고 주장했다. 신자유주의 경제학의 금과옥조처럼, '더 이상 공짜 점심은 없다'라고 덧붙였다.°

노엄 촘스키 교수는 성장을 지속해야 한다는 본질적 강박을 안은, 자본주의와 같은 영리 목적 생산에 기반한 사회경제 체제는 지속할 수 없다고 단언한다. 촘스키 교수는 품위 있는 삶이란 무엇인지 묻는다. 주종 관계가 용인돼야 할까? 오래전 소스타인 베블렌(Thorstein Veblen)이 분석한 대로 현대 사회의 특징인 소유욕을 만들어내느라 여념이 없는 거대 기업들이 소비자 의식에 주입한 강박인 상품 활용 극대화가 개인의 목표가 돼야 할까? 촘스키 교수는 분명 이보다 숭고하고 보다 성취감을 주는 열망들이 있다고 말했다.°° 언론인이자 환경운동가인 나오미 클라인(Naomi Klein) 역시 저서를 통해 온건하고 점

° 공규동·김영준·김현우·김희룡 외, 『탈성장을 상상하라』, 모시는사람들, 2023. p.178.
°° 노엄 촘스키·로버트 폴린, 『기후 위기와 글로벌 그린 뉴딜』, 현암사, 2021. p.126.

진적인 방식의 변화만으로는 기후 위기와 환경 파괴를 막기 어렵다고 비판했다. 끊임없는 성장과 새로운 이윤 확보 기회를 추구하는 자본주의는 지구에 부정적 영향을 줄 수밖에 없다. 지구 자원은 한정돼 있고, 생태계도 쉽게 파괴될 수 있기 때문이다. 자본주의 성장 모델은 기후변화와 자연재해 등 인간과 지구에 심각한 재난을 초래한다. 각국이 모여 탄소 배출 감축과 재생에너지 확대 등을 논의하지만, 기술적 해결책이나 점진적 개혁으로는 한계가 있다. 사회와 경제 시스템 자체를 재구성하려는 노력이 필요하다. 환경운동은 지금보다 훨씬 더 적극적이고 혁신적인 방향으로 나아가야 한다.°

현재 자본주의 시스템은 부족한 게 없는데도 뭔가 더 필요한 것을 찾도록 유도한다. 필요한 물건이나 서비스를 원하는 시간, 장소에서 가질 수 있다. 우리 주변에는 손쉽게 이용할 수 있는 편의점이 즐비하고, 스마트폰 터치와 마우스 클릭 몇 번으로 음식은 물론 필요한 물품을 문 앞에 배달받을 수 있다.

미즈노 가즈오(Kazuo Mizuno) 일본 호세이대 교수는 "탈성장을 논하는 게 너무 이르다고 생각한다면 지금보다 더 빠른 사회를 진정 원하는지 생각해보면 되지 않을까 싶다"고 말했다.°° 편의점을 지금보다 몇 배 이상 늘린다든지, 극단적으로 말하면 인터넷으로 주문한 택배가 '어제' 도착해 있기를 진정 원하는지 생각해보라는 것이다. 어쩌면 인공지능은 소비자가 원하는 물건이 어제 도착해 있는 환경을 만

° 나오미 클라인, 『이것이 모든 것을 바꾼다』, 이순희 옮김, 열린책들, 2016. p.50.
°° 김경학·이창준, "미즈노 가즈오, 오늘 주문한 택배가 어제 도착해 있기를 진정 바라는가", 경향신문, 2023. 6. 20.

들고 싶어 할 수도 있다. 소비자 행동 패턴을 분석한 결과에 따라 이 시기에 이런 물건을 원할 테니 1시간 전 현관 앞에 미리 갖다 두는 방식이다. 이런 '초스피드' 사회를 정말 원하는지 논의해본다면 보다 높은 성장률을 원하는 이들이 진짜 바라는 것이 무엇인지 명확히 파악할 수 있을 것이다. 성장에 따른 이익을 무엇을 위해 쓸지도 논의할 필요가 있다. 뭔가를 하거나 사는 등 이익을 쓰는 목적은 생각하지 않았을 수도 있다. 혹시 자본의 자기 증식만을 목적으로 성장을 외치는 것은 아닐까. 사실 그럴 가능성이 높다. 왜 성장이 필요한지 깊이 생각하는 절차가 필요하다. 경제가 성장하지 않으면 나라가 망할 것처럼 떠들던 때가 있었다. 최소한 3%, 은행 이자만큼은 성장해야 한다고 했다. 그러나 코로나19 바이러스가 창궐했을 때 우리는 이 같은 성장 신화가 무너지는 것을 목격했다. 많은 자영업자와 중소기업이 직원을 줄이고 폐업하는 등 어려움을 겪었다. 그럼에도 미약하나마 경제 활동은 이어졌다. 나라는 망하지 않았고, 세계 경제가 붕괴하는 일은 없었다. 하다못해 20년 전, 아니 10년 전으로 경제가 퇴보하지도 않았다. 배달업이나 마스크 제조업 등 일부 업종은 오히려 급성장했다. 일본의 경우 잃어버린 30년 동안 다국적 기업이 그 지위를 잃었고, 국민들은 허리띠를 더욱 졸라맸다. 지금 한국은 어떤가, 망하지도 않았고 국제사회에서 위상이 눈에 띄게 쇠락하지도 않았다. 그런데도 경제 성장이 안 되면 나라가 망한다는 우려가 여전히 존재한다. 이유는, 우리가 이미 성장주의에 중독돼 있기 때문이다.[o]

---

[o] 공규동·김영준·김현우·김희룡 외, 『탈성장을 상상하라』, 모시는사람들, 2023. p.178.

사람들은 탈성장이 경기 침체와 같은 의미가 아닐까 걱정한다. 경기가 후퇴해 일자리를 잃는 사람이 속출해 길거리에는 실업자가 넘쳐나게 된다. 실질임금이 크게 줄어 쓸 돈이 모자라 생계를 걱정해야 하는 가구도 늘어날 것이라는 우려다. 이에 대해 사이토 고헤이 도쿄대 교수는 탈성장은 성장하지 않더라도 사람들이 생활할 수 있는 사회를 만들자는 것이라고 강변한다. 탈성장은 경기 침체나 리세션(Recession), 즉 경기 후퇴와는 전혀 다른 개념이라는 주장이다. 현재 (자본주의) 사회 시스템은 성장을 전제로 설계돼 있다. 모든 투자는 수익을 요구하고, 수익을 내려면 성장해야 한다. 리세션은 성장을 추구하지만 성장하지 못하는 상황이다. 반면 탈성장은 딱히 성장하지 않아도 누릴 수 있는 필수적인 요소를 중시하는 사회다. 예컨대 교육은 경제적 성장이 크게 뒷받침할 필요가 없다. 수도시설이나 의료 서비스도 고도의 성장이 필요하진 않다.

영국의 브렉시트나 미국의 자국 우선주의 등은 신자유주의와는 정반대의 움직임이다. 자본주의가 가장 발전된 형태인 신자유주의는 분업과 세계화를 내세웠다. 자본주의 시스템이 성숙했다는 평가를 받던 나라들에서도 현행 자본주의가 제대로 작동하지 못하는 시기에 이른 것이다. 부의 편중이 점차 심해지는 이들 선진국에서는 중산층이 점점 추락하고 있다. 약물과 알코올 중독이 늘어나고, 절망사도 증가하는 추세다. 절망사(death of despair)는 막다른 상황에 처해 내몰린 죽음을 일컫는다. 노벨 경제학장 수상자 앵거스 디턴 교수

◦ 김경학·이창준, "성장 계속해도 풍요로워지지 않는 사회, 이상하지 않은가", 경향신문, 2023. 6. 21.

가 책 『절망의 죽음과 자본주의의 미래 Death of despair and the future of capitalism』(2021)에서 쓴 용어다. 미즈노 교수는 "원인을 제대로 규명해 대처하지 않는다면 근대사회는 전복될 수 있다고 생각한다. 문제는 그다음에 올 사회에 대한 준비가 되어 있지 않다는 것"이라면서 "만약 준비돼 있지 않은 상태에서 전복이 일어나면 큰 혼란에 빠질 수 있다. 언제일지 몰라도 지금부터 차근차근 다양한 모델을 준비해야 한다"고 말했다.°

세상의 종말이 다가오고 있는데도 자본주의에 대한 믿음이 지나쳐 지금까지 제대로 대처하지 못한 것은 아닐까. 라즈 파텔 텍사스대 교수는 "자본주의 종말보다 세상의 종말을 상상하기 더 쉽다는 이야기가 있다. 우리가 상상력이 부족해서가 아니다. 애초에 대안적 미래들은 숨겨지고 금기시돼 왔기 때문에 우리는 상호 협력적이고 배려하는 사회를 상상조차 할 수 없게 됐다"고 말했다. 그는 "(종말에 대해) 우리가 상상할 수 있는 건 영화 〈매드맥스〉에서나 등장할 법한 황폐화된 지구의 모습뿐이다. 황무지 같은 미래를 막을 방법은 자본주의 너머를 함께 꿈꿀 수 있을 때 찾을 수 있다"면서 자본주의 이후 사회를 고민해야 한다고 지적했다.°°

지구의 황폐화는 이미 한창 진행 중이다. 기후변화를 완전히 막아낼 방법은 없다는 비관론도 퍼져 있다. 그러나 아직 최악의 상황은 닥치지 않았고, 대비할 시간도 남아있다. 나오미 클라인은 더 늦기 전에

° 김경학·이창준, "미즈노 가즈오, 오늘 주문한 택배가 어제 도착해 있기를 진정 바라는가", 경향신문, 2023. 6. 20.

°° 김경학·이창준, "파텔 교수, '자본세' 저물면 파시즘 대두할 수도…'돌봄 혁명' 위해 기본소득 고민해봐야", 경향신문, 2023. 6. 13.

우리 스스로를 변화시켜야만 재난의 순간에 벌어질, 인간을 상대로 한 인간의 잔혹한 행동을 최대한 막아 낼 수 있다며, 그것만으로도 충분한 가치가 있다고 호소했다.˚ 그러나 촘스키 교수는 이윤 추구를 동력 삼아 굴러가는 자본주의 시스템이 파국에 이르기는 쉽지 않다고 내다봤다. 촘스키 교수는 "뭔지 모를 마법 같은 이유로 이윤 추구가 화석연료 생산은 물론 그보다 훨씬 더 파괴적인 고수익 활동들까지 중단시키는 결과로 이어진다면 이는 순전한 우연일 테고 그렇게 될 가능성은 희박하다"고 전망했다.˚˚

탈성장 정책으로 생산량을 줄인다면 기업 이익도 감소하고, 이는 세수 부족으로 이어져 복지 예산도 축소가 불가피하지 않을까. 사이토 교수는 일본의 사례를 통해 들어 해법을 제시했다. 최근 법인세나 소득세를 큰 폭으로 인하한 일본으로서는 부자나 대기업에 더 많은 세금을 매길 여지가 있다는 것이다. 사이토 교수는 "여전히 불필요한 곳에 돈이 많이 쓰인다. 대표적인 분야가 국방비. 그런 곳보다는 교육처럼 필수 부문에 돈을 더 써야 한다. 또 보조금 형태로 석유업계 등에 상당한 돈이 들어가고 있다. 그런 데 드는 돈을 없애고 필요한 분야에 돈을 쓰면 된다"고 설명했다. 분배는 물론 기존 예산 편성 패러다임을 근본적으로 바꿔야 한다는 주장이다.˚˚˚

현대 자본주의는 정부의 시장 개입에 비판적인 신자유주의를 등에 업고 전성기를 구가했다. 앞으로는 정부의 역할이 보다 확대돼야 한

˚ 나오미 클라인, 『이것이 모든 것을 바꾼다』, 이순희 옮김, 열린책들, 2016. p.54.
˚˚ 노엄 촘스키·로버트 폴린, 『기후 위기와 글로벌 그린 뉴딜』, 현암사, 2021. p.103.
˚˚˚ 김경학·이창준, "성장 계속해도 풍요로워지지 않는 사회, 이상하지 않은가", 경향신문, 2023. 6. 21.

다. 누리엘 루비니 뉴욕대 교수는 미국, 남유럽, 북유럽, 일본에 이르기까지 모든 선진국뿐 아니라 성공한 신흥국 한국도 혼합 경제 체제라고 밝혔다.°

대부분 북유럽 국가는 소득과 부에 대한 높은 세율로 과세하고, 정부가 모든 공공 서비스를 매우 광범위하게 제공한다. 미국은 상대적으로 정부의 역할이 작고 민간 부문의 역할이 더 크지만, 북유럽과는 조금 다른 형태의 혼합 경제 모델이다. 혼합 경제 체제라고 해도 정부의 크기와 지출, 과세 수준에 따라 다양한 모델이 있다. 어떤 모델이 가장 잘 작동하는지는 국가에 따라 달라지기 때문에 하나로 일반화하기는 어렵다. 현재 1인당 소득 수준이 높은 아시아 국가들 역시 어느 정도 혼합 경제 체제로 운영된다고 볼 수 있다.

자본주의의 부정적 측면을 보완하기 위한 대안으로 여러 경제 시스템이 거론되고 있다. 하나의 시스템이 자본주의를 완전히 뒤엎기란 불가능할 것이다. 성장을 멈추자는 주장은 기존 자본주의 성장 시스템이 한계에 이르렀다는 판단에 따라 나왔다. 탈성장은 지구의 환경을 지키고, 모든 사람의 보다 좋은 삶을 보장하기 위해 사회를 변화시키는 것을 뜻한다. 이번 장에서는 자본주의로 인해 지구와 인류가 어떤 위기에 처했는지를 살펴본다.

° 김경학·이창준, "'닥터 둠' 누리엘 루비니, 추악한 미래로 인류 파멸되지 않으려면⋯", 경향신문, 2023. 6. 8.

기후변화와 에너지 위기

인류세는 인류 자체가 지구상에서 지배적인 지질학적 힘이 된 시대를 일컫는다. 이는 지구 역사상 가장 최근의 시기를 설명하는 데 사용되는 비공식적인 지질학적 시간 단위이다. 인류세를 뜻하는 단어 'anthropocene'는 인간(anthropo)과 새로운(cene)을 뜻하는 그리스어에서 유래했으며, 1980년대에 만들어져 2000년 이후 대중화했다. 현재 호모 사피엔스는 지구와 지구 거주자들에게 너무나 큰 영향을 미쳐 지구의 시스템, 환경, 과정, 그리고 생물 다양성에 지속적이고 잠재적으로 돌이킬 수 없는 악영향을 미치고 있다. 지구 역사는 46억 년인데, 현생 인류는 겨우 20만 년 전 나타났을 뿐이다. 하지만 그 짧은 시기에 인류는 모든 유기체가 의존하는 지구의 물리적, 화학적, 생물학적 시스템을 근본적으로 변화시켰다.

지구의 지질학적 사건들을 일어난 순서대로 정리한 지질연대표는 누대(eon)-대(era)-기(period)-세(epoch)로 시대를 구분한다. 지구가 생겼을 때부터 40억 년 넘게 선캄브리아 시대(Precambrian eon)였고, 5억 4,000만 년 전부터 현생 누대(Phanerozoic eon)가 시작됐다. 현재 지구는 신생대(Cenozoic: 1억 년 전부터)-제 4기(Quaternary: 2,500만 년 전부터)-홀로세(Holocene: 100만 년 전부터) 단계에 있다. 그런데 일부 학자들은 이미 홀로세가 끝났고, 인류세에 접어들었다고 주장한다. 인류세 지질의 특징은 플루토늄, 탄소 입자, 고농도 납, 미세 플라스틱 등이 급격히 늘었다는 점이다. 고생대 삼엽충, 중생대 암모나이트가 지구의 대표 화석이었다면, 인류세의 대표 화석은 플라스틱과 닭뼈, 플루토늄이 될지도 모른다. 인구가 급격히 늘어나고 핵실험이 시작된 1950년대를 인류세의 시작이라고 보는 학자도 있다.

지난 60년간 인간의 지구 파괴적 행위는 전례 없는 속도와 규모로 진행됐다. 이 시기는 때때로 '대가속(Great Acceleration)'이라고도 한다. 이산화탄소 배출, 지구 온난화, 해양 산성화, 서식지 파괴, 멸종, 광범위한 천연자원 추출 등은 모두 인간이 지구를 크게 변화시켰다는 신호다.[o] 2000년대 이후에는 대가속을 넘어 초가속(Hyper Acceleration) 시대가 펼쳐지고 있다는 주장도 제기됐다.

지구의 생태적 변화에 책임이 있거나 그것을 만들어낸 것은 추상적인 인류가 아니라 성장과 확장에 기반한 특정한 생산 방식이다. 그래서 일부는 인류세 대신 자본세(capitalocene) 또는 성장세(growthocene)라고 불러야 한다고 주장한다. GDP 성장과 물질적 성장(배출, 물질 처리량, 에너지 사용)은 같은 개념이 아니고 별도로 봐야 한다는 노력에도 불구하고, 이런 파괴적 경향은 계속 증가한다. 지구 시스템은 과학자들이 권고한 한계치를 빠르게 넘어서고 있다.[oo] 파텔 교수는 기후 위기야말로 당장 인류가 시급히 해결해야 할 문제라고 강조했다. 기후 위기는 곧 자본주의의 위기이며, 자본주의가 없었다면 기후 위기 또한 없었을 것이라는 게 파텔 교수의 주장이다.

기후 위기는 자본주의 시스템에서 드러난 여러 문제가 통합돼 나타나는 현상이다. 파시즘과 긴밀하게 연관돼 있고 정치적인 문제이기도 하면서 식량 위기기도 하고, 돌봄에 관한 문제이기도 하다. 단순

- [o] Katie Pavid, "What is the Anthropocene and why does it matter?", *NATIONAL HISTORY MUSEUM*.
- [oo] 마티아스 스멜쳐 외, 『미래는 탈성장』, 김현우 외 옮김, 나름북스, 2023. p.85.

한 이상기후는 애당초 존재하지 않는다. 한파와 폭염이 반복되는 텍사스의 기후 위기를 심각하게 만드는 원인은 바로 텍사스 지역 전기 공급망과 연관된 자본주의 시스템이다. 텍사스는 경쟁을 도입해 소비자에게 더 저렴한 에너지를 제공한다는 명분으로 2002년 전력시장을 민영화했다. 이후 기업들은 단기 수익 증대에 매달리느라 장기적 시설 투자를 외면했다. 신재생에너지나 저장 기술 개발은 미미했다. 미국 최대 화석연료 생산지인 텍사스는 석유와 천연가스에 의존한 전력 생산 시스템을 고수했다. 한파나 폭염 등 극단적 기후변화 상황에 대처하기 어려운 단일 전력 생산 방식이다. 게다가 화석연료는 탄소 배출을 늘리는 기후변화의 주범이다. 2021년 한파 당시 일부 가정은 수천 달러의 청구서를 받는 등 전기료가 급등해 소비자 부담은 오히려 더 늘었다. 이익을 중시하는 자본주의 시스템이 지속 가능한 에너지 전환을 늦추고 기후변화를 가속화하는 사례이다.

파텔 교수는 "(기후 위기는) 이상기후 자체만의 문제가 절대 아니다. 사회 기저에 존재하는 자본주의 시스템이 날씨와 결합해 발생하는 문제"라고 밝혔다. 환경운동가 나오미 클라인은 기후 위기를 향해 치닫는 시스템, 즉 나쁜 에너지를 더 지나치게 많이 사용해 머지않아 작동을 멈출 이 시스템 자체를 변화시키려고 노력해야 한다고 밝혔다.

기후변화의 현실을 보면서 명상하고 농민 직영 상점에서 물건을 구매하고, 자동차를 이용하지 않겠다고 결심할 수 있다. 물론 생활 방식을 바꾸는 것 역시 해법 중 하나이므로 자신이 적절한 대응을 하고

◦ 김경학·이창준, "파텔 교수, '자본세' 저물면 파시즘 대두할 수도…'돌봄 혁명' 위해 기본소득 고민해봐야", 경향신문, 2023. 6. 13.

있다고 자족할 수 있다. 하지만 이 경우 역시 한쪽 눈을 질끈 감고 있는 셈이다.

2023년 지구는 기록상 가장 뜨거운 해였고, 평균 온도는 산업화 이전 시기(1850~1900년) 대비 1.5도 가까이 상승한 것으로 나타났다. 지구 온도 상승 폭이 기후변화 마지노선에 거의 근접한 것이다. 세계기상기구(WMO)가 미국 국립해양대기청(NOAA)과 항공우주국(NASA)의 고다드 우주연구소(NASA GISS), 영국 기상청 등 6개 기관의 세계 해양 네트워크 관측 및 선박·부표의 기후 데이터를 기반으로 2023년 지구 온도를 분석한 결과 산업화 이전에 비해 1.45도(±0.12) 상승했다. 유럽 기후 서비스(ECS, European Climate Service)는 2024년 지구 평균 온도가 산업화 이전 대비 1.5도를 초과한 것이 '사실상 확실'하다고 밝혔다. 기록적인 폭염과 치명적인 폭풍이 잇따른 2024년은 상징적 한계점을 넘는 첫해라는 암울한 진단이다.

2015년 프랑스 파리에서 열린 기후변화협약 당사국총회(COP21)에서 국제사회는 2100년까지 지구 평균 온도 상승 폭을 2도 아래에서 억제하고, 1.5도를 넘지 않게 노력하자고 합의했다. 당시 195개국이 서명한 '파리기후협정(Paris Climate Agreement)'은 지구 온난화를 방지하기 위해 온실가스를 줄이자는 전 지구적 합의안이다. 그러나 2023년 평균 온도 상승 폭 1.45도는 2100년 제한 목표와 0.05도 차에 불과하다. 지구 평균 온도 상승 폭이 1.5도를 넘어서는 시기가 이미

° 나오미 클라인, 『이것이 모든 것을 바꾼다』, 이순희 옮김, 열린책들, 2016. p.20.
°° "WMO confirms that 2023 smashes global temperature record", *WORLD METEOROLOGICAL ORGANIZATION*, 2024. 1. 12.

2024년이었다는 분석도 나온다. 앞서 WMO는 2023~2027년 지구 지표면의 연평균 온도가 최소 1년 이상 기간에 산업화 이전 수준 대비 1.5도 이상 높아질 가능성이 66%라고 예측한 바 있다. 다만 파리협정에 명시된 1.5도 수준을 영구적으로 초과할 것이라는 의미는 아니었다. 기후변화에 관한 정부 간 협의체(IPCC)는 2018년 「기후변화와 관련된 특별보고서」에서 2030~2052년 사이에 지구 평균 온도가 1.5도 상승할 것으로 예측했다.

WMO 조사 결과 2023년에는 온난화 기록들이 전반적으로 경신됐고, 해수면 온도는 연중 대부분 이례적으로 높게 나타났다. 남극의 해빙 면적은 여름인 2월과 겨울인 9월 모두 기록상 가장 크게 줄었고, 세계 곳곳에서 극한 더위로 인한 산불이 빈발했다. 대형 강우와 홍수 등이 인명 피해와 막대한 경제적 손실을 입히기도 했다. 유럽연합(EU) 기후변화 감시기구인 코페르니쿠스 기후변화서비스(C3S)가 관측한 2023년 지구 평균 기온은 14.98도였다. 이전 최고치였던 2016년보다 0.17도 높았다.

2023년은 모든 날의 기온이 산업화 이전보다 1도 이상 따뜻했던 첫해이기도 했다. 6~12월 매달은 전년도의 해당 달보다 따뜻했다. 코페르니쿠스 측은 2023년 기온은 적어도 최근 10만 년 중 가장 높을 가능성이 크다고 설명했다. 2024년 11월까지의 데이터를 토대로 추산한 결과, 2023년을 뛰어넘어 '기록상 가장 따뜻한 해'가 될 것이라고 분석했다. 이제는 지구 온난화가 아니라 지구 가열을 걱정해야 한다.

° "The 2023 Annual Climate Summary- Global Climate Highlights 2023", CLIMATE CHANGE SERVICE, *COPERNICUS*, 2024. 1. 9.

영국 언론 가디언은 2016년쯤부터 지구 온난화(global warming) 대신 지구 가열(global heating)이라는 용어를 사용하고 있다. 지구 온난화라는 용어가 기후변화의 심각성을 전달하는 데 충분하지 못하다고 판단한 것이다. 지구 가열은 지구 온도가 지속해서 상승한다는 사실을 강조하면서, 기후변화로 인한 문제가 더욱 심각해질 것이라는 경고를 담고 있다. 안토니우 구테흐스(Antonio Guterres) 유엔 사무총장은 "과학자들은 우리의 화석연료 중독이 어떤 결과를 낳을지 오랜 기간 경고해왔다"며 "우리의 기후는 지구 곳곳을 강타하는 극단적인 날씨 현상에 대처할 수 있는 것보다 더 빠르게 붕괴하고 있다"고 우려했다. 지구촌 기후변화는 폭염뿐 아니라 이에 따른 가뭄, 홍수, 산불 등을 촉발한다. 지구가 병들어 가고 있다.

가장 더웠던 해는 갈수록 새 기록으로 바뀌고 있다. 2016년 제88회 아카데미 시상식에서 영화 〈레버넌트: 죽음에서 돌아온 자〉로 남우주연상을 받은 레오나르도 디카프리오(Leonardo DiCaprio)의 수상 소감을 다시 꺼내보자.

> "레버넌트는 인간과 자연의 관계를 그려낸 작품입니다. 2015년은 역사상 가장 더웠던 해로 기록됐으며, 우리는 촬영 당시 눈이 있는 곳을 찾기 위해 남쪽 끝으로 내려가야 했습니다.
> 기후변화는 현실입니다. 지금 이 순간에도 일어나고 있습니다.
> 기후변화는 전 인류와 동물이 직면한 가장 긴박한 위협이며, 더 이상 주저하지 말고 전 세계가 힘을 합쳐 이 문제를 해결해야 합니다."

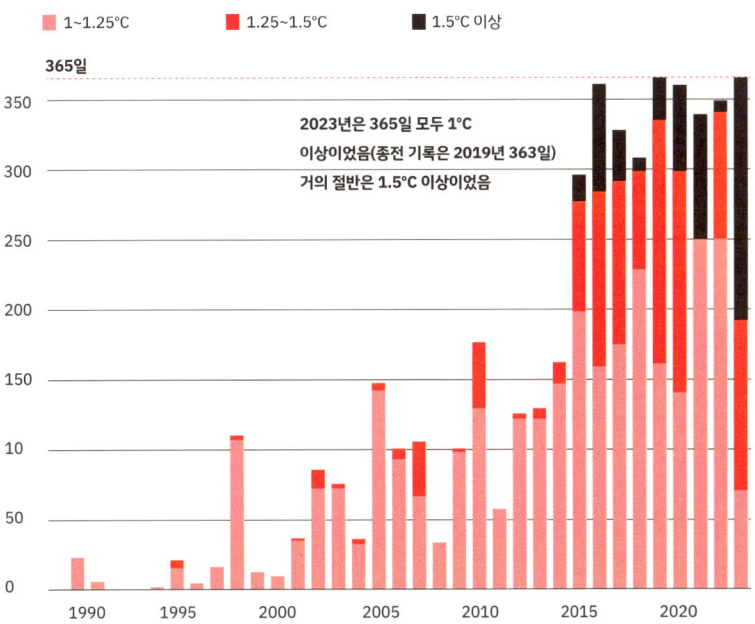

° 유럽중기예보센터(ECMWF) 자료, 2023.

디카프리오가 시상식에서 기후변화의 위협에 대해 언급한 지 10년 가까이 됐지만 달라진 것은 별로 없다. 오히려 기후변화 속도는 갈수록 빨라지고 있다. 사람들은 기후변화에 대처하기 위해 재활용품을 사용하고, 에너지 사용을 줄이는 등 나름대로 노력을 기울인다. 일회용 플라스틱 빨대 대신 금속 빨대를 사용하고, 분리수거를 철저히 해 재활용을 늘리면 기후변화 속도를 늦출 수 있을 것이라는 허황된 믿음이 횡행한다. 전통적인 미디어는 '걱정하지 마. 재활용만 열심히 하면 돼'라는 메시지를 전한다. 양적 성장을 지향하는 자본주의 시스템에서 발생한 문제를 개인적으로 대응해 해결하려는 사례다. 이래서는 근본적인 기후 위기 극복이 불가능하다. 파텔 교수는 "사회적 문제에 지극히 개인적인 해결 방안만을 반복하며 걱정 말라는 분위기는 매우 우려스럽다. 기후변화에 대한 체계적인 해결책을 강구하는 것만이 실질적인 변화를 이끌어낼 수 있는 유일한 방법"이라고 말했다.

기후변화를 일으키는 가장 큰 요인은 사람이다. 인간이 배출하는 이산화탄소 및 기타 온실가스가 지구 온도를 끌어올리고 있다. '아워월드인데이터'의 연도별 지구 평균 기온 및 이산화탄소 배출량 그래픽을 보면 상관관계가 뚜렷하다. 1800년대까지 별다른 변화가 없었던 이산화탄소 배출량은 1850년 제1차 산업혁명을 계기로 늘어나기 시작하다가 1950년대 이후 급격한 증가세를 나타내고 있다. 그 결과 지구 평균 기온도 1960년대 중반 이후 가파르게 상승하고 있다.

○ Hannah Ritchie·Pablo Rosado·Max Roser, "CO₂ and Greenhouse Gas Emissions", *Our World in Data*, 2024.

대기 중 이산화탄소 농도를 줄이려면 모든 국가가 탄소 배출량을 줄여야 한다. 지구를 구하려면 탄소 배출 제로를 실현해야 한다는 공감대가 형성돼 있음에도 세계 각국은 화석연료 사용을 줄이지 않아 탄소 배출량이 여전히 증가세를 보인다. 탄소 배출량은 아직 정점에 이르지도 않았다.

국제기구가 선언문을 만들고, 국가 정상들이 모여 협약에 서명해도 탄소제로 정책은 제대로 이행되지 못한다. 화석연료 관련 기업들이 정치인들에게 영향력을 행사하고, 그 정치인들이 정부 정책을 만들기 때문이다. 팀 잭슨 영국 서리대 교수는 기후변화의 주범은 화석연료 기업에 지원하는 정부라고 단언했다. 잭슨 교수는 "정부는 화석연료 기업이 책임지지 않도록 허용했고, 기업에 책임을 묻지도 않았다. 더 나아가 기업들이 효과적인 로비 활동을 할 수 있도록 허용했고 이는 오늘날까지 계속되고 있다. 그 결과 에너지 시스템을 전환하는 데 필요한 자금보다 정부가 화석연료 기업을 지원하는 보조금이 더 많다. 세금이 잘못된 방향으로 흐르고 있다"고 말했다.˚ 다만 정부가 탄소제로 정책과 같은 진보적 노선을 취하려 해도 쉽지 않은 측면이 있다. 예컨대 프랑스에서는 탄소세를 도입하려다가 대중의 큰 저항에 부딪혀 무산된 바 있다.

『2050 거주불능 지구』(2020)를 쓴 미국 언론인 데이비드 월러스 웰즈(David Wallace-Wells)는 다양한 인지 편향이 기후변화에 대한 사람들의 인식을 왜곡하고 과장한다고 주장한다. 그래서 기후변화가 맹

˚ 김경학·이창준, "경제정책 우선순위는 시민들이 건강한 생활 누릴 복지에 뒤야", 경향신문, 2023. 6. 14.

수처럼 긴박하게 다가오는데도 우리는 늘 가리개를 쓴 채로 볼 수밖에 없다는 것이다. 지구 온난화에 적용할 수 있는 대표적인 인지 편향은 '앵커링 효과(anchoring effect)'다. 다양한 데이터가 존재함에도 자신의 경험만 갖고 지구의 미래와 기후는 문제가 없다고 안심하는 것이다. '방관자 효과(bystander effect)'는 자신이 직접 행동하기보다는 다른 사람이 먼저 행동하기를 기다리는 경향이다. 불안감을 느낄 만한 상황을 회피하기 위해 기후변화와 관련한 최소한의 결과만 받아들이는 경향인 '모호성 효과(ambiguity effect)'도 있다. '자동화 편향(automation bias)'은 자유로운 경제 시스템이 환경오염, 불평등, 분배정의, 분쟁은 물론 지구 온난화마저 자연스럽게 해결해주리라는 헛된 믿음을 갖게 한다. 현재 상황이 얼마나 나쁘든 현상을 유지하는 쪽을 선호하는 것은 '현상 유지 편향(status quo bias)'이다.

기후 위기는 당장 해결책을 마련하지 않으면 안 될 정도로 심각한 상태이다. 노예제 폐지와 여성 투표권 운동은 그들의 주장이 대중적으로 확산하기 전까지 엘리트들조차 위기로 인식하지 않았다는 공통점이 있다. 여권 운동과 아파르트헤이트 철폐 운동도 마찬가지이다. 대표적인 민주주의 국가라는 미국은 1776년 건국 후 140년 넘게 여성 투표권이 없었다. 당시 여성은 투표에 참여하지 못할 뿐 아니라 재산을 소유하거나 계약을 체결할 수도 없었다. 법적으로 전혀 보호받지 못한 것이다. 결혼한 여성은 남편의 소유로 간주됐다. 1800년대 중반부터 여성들이 본격적으로 투표권을 요구하는 운동을 벌여 1920년에

◦ 데이비드 월러스 웰즈, 『2050 거주불능 지구』 김재경 옮김, 추수밭, 2020. p.240.

야 법으로 권리를 보장받았다. 여성 투표권에 대한 요구가 거세지는 와중에도 일부 대통령은 '절대 불가'를 고수했다. 22대(1885~1889년)와 24대(1893~1897년) 두 차례 대통령을 지낸 그로버 클리블랜드(Grover Cleveland)는 "여성의 자연적인 본분은 가정에 있다"라면서 여성의 투표 참여가 기존 사회 질서를 위협한다고 봤다. 여성 운동가들이 백악관 앞에서 시위와 단식투쟁에 나서고 투표권 요구가 확산하자 허용하기에 이르렀다. 한국에서는 2017년 대통령 선거 TV 토론회에서 동성결혼 합법화 여부에 대해 당시 문재인 더불어민주당 후보가 "사회적 합의가 모이지 않았다. 지금은 그럴 수 없는 상황"이라고 사실상 반대한 적이 있다. 진보적이라는 평가를 받던 문재인 후보에 대한 비난이 쏟아졌다. 당시만 해도 동성결혼은 공개적인 논의가 활발하지 못했던 상황이었다. 이후 동성결혼 합법화는 포괄적 차별금지법 제정 추진과 함께 보수와 진보의 치열한 공방 속에서 사회 의제로 자리 잡았다.

나오미 클라인은 "기후변화 역시 마찬가지다. 많은 사람이 외면의 눈길을 거두어 기후변화가 마셜 플랜에 맞먹는 강력한 대응이 필요한 위기임을 선포한다면 기후변화는 위기가 될 것"이라고 말했다. 기후변화를 위기라고 인식한 정치권은 마지못해서라도 이에 필요한 자원을 동원할 방도를 찾을 것이다.

자본주의 시스템의 근간인 시장의 자유경쟁 원칙도 위기 극복을 위해서는 일부 조정할 수 있다. 마셜 플랜은 제2차 세계대전 후 폐허가 된 유럽을 재건하기 위한 미국의 원조 프로그램이다. 당시 소련의 공산주의 확장에 위기감을 느낀 미국은 1948~1952년 약 130억 달러(현재 가치로 1,500억 달러)를 유럽 국가들에 제공했다. 미국은 마셜 플랜이 없었더라면 유럽 상당수 국가가 공산화했을 것으로 여긴다.

기후변화 문제에서 누군가를 특정해 도덕적 책임을 묻기는 어렵다. 몇몇 사람의 판단 착오 탓에 지금의 기후 위기가 발생했다고 볼 수 없기 때문이다. 기후변화는 이미 전 지구상에서 벌어지고 있고, 수십억 명의 사람이 기후 재난 위기에 처해 있다. 다만 상위 10% 부자들이 탄소 배출량의 절반을 차지하는 만큼 상당 부분의 책임은 부자들에게 있다고 볼 수 있다. 나오미 클라인은 근본적으로 현대 지배 이데올로기인 자본주의 때문에 기후변화 해법을 찾기가 어렵다고 진단한다. 우리가 온실가스 감축을 위해 필요한 행동에 선뜻 나서지 않는 이유는, 그것이 근본적으로 탈규제 자본주의와 충돌하기 때문이다. 우리가 위기에서 벗어날 길을 찾으려고 안간힘을 쓰는 내내 이러한 지배 이데올로기가 우리 목을 조이고 있었다. 파멸적인 재앙을 피할 최선의 기회를 열어줄(또한 지구인 절대 다수에게 혜택을 안겨줄) 행동에 나설 수 있다. 그러나 이 행동은 우리 경제와 정치, 주요 언론매체 위에 군림하는 소수 엘리트에게 심각한 위협이 되기 때문에 모두가 옴짝달싹 못 하고 있다.

자본주의는 상대하기 벅찬 괴물이다. 자본주의와 지구의 기후변화 전쟁에서 손쉽게 승리하는 것은 자본주의다. 매번 경제 성장의 필요성을 내세워 기후 행동을 미루고 이미 합의한 온실가스 감축 약속을 깨뜨리면, 자본주의는 이긴다. "MAGA(Make America Great Again, 미국을 다시 위대하게 만들자)"를 외치며 파리기후협정을 내팽개친 도널드 트럼프 미국 대통령처럼.

석유와 가스 채취 산업은 위험성이 높고, 아름다운 바다를 황폐화한다. 하지만 경제 위기에서 벗어날 유일한 방법이라고 사람들을 설득하면, 자본주의는 이긴다. 어차피 우리 앞에는 채취냐 내핍이냐, 오염이냐 가난이냐 하는 암울한 대안만 남아있다고 자포자기할 때마다, 자본주의는 이긴다.°

　2023년 지구 온도는 산업화 이전에 비해 1.45도 상승했다는데, 그렇다면 마지노선으로 삼은 2도 이상 올라간다면 지구에는 어떤 변화가 생겨날까? 데이비스 월러스 웰즈가 주장한 온도 상승에 따른 변화는 심각하다. 기온이 2도 상승하면 빙상이 붕괴하기 시작하고 4억 명 이상의 사람이 물 부족을 겪는다. 적도 지방의 주요 도시가 사람이 살 수 없는 곳으로 변하고 북위도 지역조차 여름마다 폭염으로 수천 명이 목숨을 잃는다. 인도에서는 극심한 폭염이 32배 더 자주 발생하고 기간은 지금보다 5배 더 오래 지속돼 93배 많은 사람이 위험에 노출된다. 여기까지가 우리에게 주어진 최상의 시나리오다.

　기온이 3도 상승하면 남부 유럽은 영구적인 가뭄에 시달리고 중앙아시아는 평균적으로 지금보다 19개월 더 오래 지속되는 건기를, 카리브해 지역은 21개월 더 오래 지속되는 건기를 겪는다. 북부 아프리카에서는 건기가 60개월, 그러니까 5년 증가한다. 매년 들불과 산불로 불타는 지역이 증가해 지중해 지역에서는 2배, 미국에서는 6배 이상 늘어난다. 기온이 4도 상승하면 라틴아메리카에서만 뎅기열 발발 사례가 800만 건 이상 증가하고 식량 위기가 거의 매년 전 세계에 닥친다. 폭염 관련 질병으로 인한 사망자 수가 9% 증가한다. 하천 범람으로 인한 피해도 늘어난다. 방글라데시에서는 30배, 인도에서는

° 나오미 클라인, 『이것이 모든 것을 바꾼다』, 이순희 옮김, 열린책들, 2016. p.24, 45.

20배, 영국에서는 60배 증가한다. 특정 지역에서는 기후가 원인이 되는 폭염과 한파, 가뭄, 홍수 등 여러 종류의 자연재해가 동시에 발생할 수 있으며 전 세계 피해 규모를 돈으로 환산하면 600조 달러(오늘날 전 세계에 존재하는 부의 2배 이상)를 넘을 수 있다. 분쟁과 전쟁 역시 2배 늘어날 수 있다.

사람들은 지금 1.5도와 2도 상승에만 관심을 둔다. 그러나 일부 전문가들은 현재의 이산화탄소 배출량 추세가 그대로 이어질 경우 산업화 이전 대비 최대 6도 상승하는 가열화에 도달하게 된다고 전망한다. 6도면 2024년 현재보다 4.5도가량 더 높아지는 셈이다. 지구의 온도가 6도 상승하면 빙하가 녹을 뿐만 아니라 극지방 영구 동토층에 묻힌 메탄가스가 급속하게 뿜어져 나와 지구상의 동식물을 멸종시킬 수도 있다.

기후변화는 상상할 수 없을 정도로 매우 빠르게 진행되고 있다. 미국 NASA는 이미 지구상 많은 지역에서 온난화가 진행됐다고 분석했다. 산업화 이전 수준보다 1.5도를 넘어섰다고 한다. 인류의 5분의 1 이상이 이미 한 계절에 섭씨 1.5도 이상 뜨거워지는 지역에 살고 있다. 특히 육지 기온은 지구 평면 표면 온도보다 더 빠른 속도로 상승하고 있다. 지구 표면 온도가 2도 상승했을 때를 예측한 NASA 자료를 보면 지구 인구의 37%가 적어도 5년에 한 번씩 극심한 폭염을 겪어야 한다. 1.5도 상승으로 막으면 그 비율은 14%로 줄어든다. 북극 육지

◦ 데이비드 월러스 웰즈, 『2050 거주불능 지구』 김재경 옮김, 추수밭, 2020, p.30.
◦◦ NASA Science Editorial Team, "A Degree of Concern: Why Global Temperatures Matter", *NASA*, 2019. 6. 19.

<평균 온도 이상(전 세계)>

1961~1990년 평균 기온과 비교한 전 세계 평균 육지-해수 온도 이상

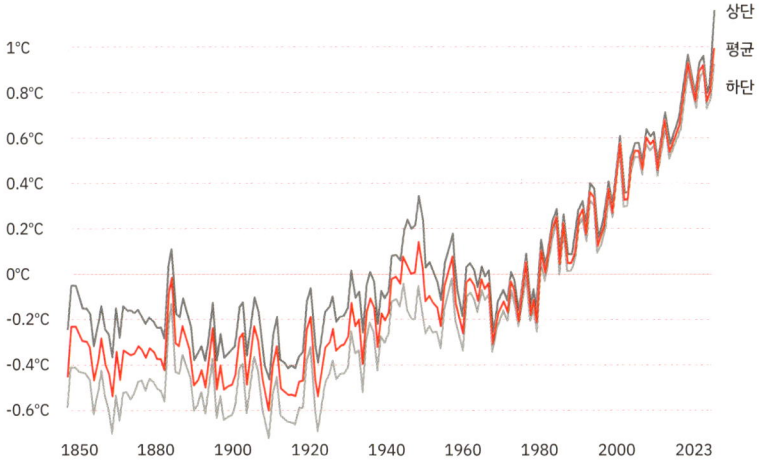

<전 세계 이산화탄소 배출량>

화석연료와 산업에서 배출한 이산화탄소의 양
(농업과 임업 등에서 배출한 것과 국제 항공, 선박 운송 과정에서 배출한 이산화탄소 양은
국가별로 집계하지 않기 때문에 별도로 집계)

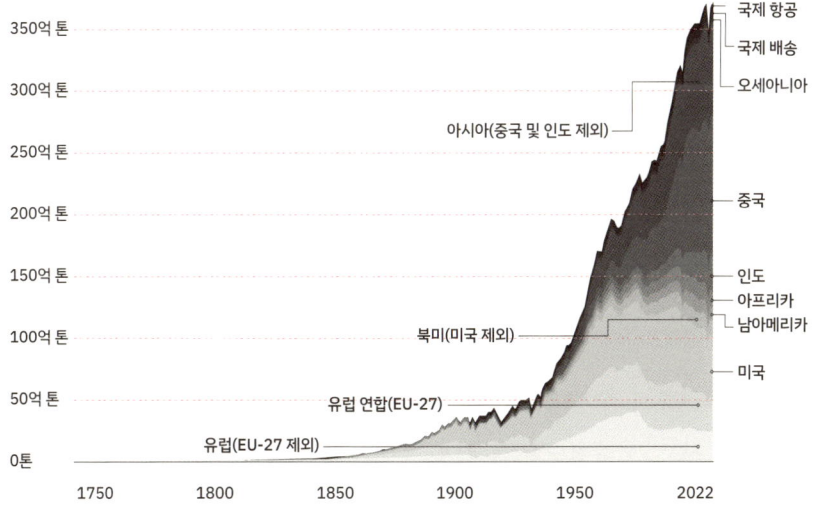

- ° Met Office Hadely Centre, 2024.
- °° "Global Carbon Budget", *Our World Data*, 2023.

지역 기온은 최대 8도까지 급상승하며, 아프리카, 남미, 호주 등의 도시에서는 약 6,100만 명이 더 심각한 가뭄에 노출된다. 북반구 고위도에 위치한 알래스카, 캐나다 동·서부, 그린란드, 아이슬란드, 북유럽, 티베트고원 등 북아시아, 동남아시아 등은 홍수 위험이 훨씬 커진다. 10만 5,000종의 동식물을 연구한 결과 지구 온도가 2도 올라가면 곤충 18%, 식물 16%, 척추동물 8%가 서식지의 절반 이상을 잃게 된다. 지구 해안선의 70% 이상 해수면이 20cm 이상 상승해 해안 홍수, 해변 침식, 담수에 소금 성분이 늘어나는 먹는 물의 염분화(鹽分化) 등 악영향을 초래한다. 전 세계 옥수수 수확량은 약 5% 감소하고, 방목지 가축의 7~10%가 줄어드는 등 식량 손실도 크다.

글로벌 뉴스 플랫폼 '버즈피드뉴스(BuzzFeed News)'는 지구 온도가 3도 오른다면 지구 종의 4분의 1이 멸종할 수도 있는 재앙이 벌어지게 된다고 경고한다. 인류가 산업화 시기 이후 이미 추가한 1.45도에 1.55도를 추가해 3도 상승한 지구는 훨씬 뜨거운데, 육지는 불균형적으로 더 뜨거워진다. 지구의 70%는 물로 덮여 있는데, 육지가 물보다 훨씬 더 빨리 데워지기 때문이다.°

10년에 한 번꼴로 발생하는 극심한 더위 현상은 3도 상승 때 발생 확률이 5.6배 이상으로 증가한다. 이는 냉방기기 사용 폭증으로 전기 사용을 늘게 되고 전기 부족 사태를 초래할 수 있다. 냉방기기를 이용하지 못하게 된 많은 사람이 열병에 걸린다. 잦은 폭염은 물 부족을 초래하고, 심각한 농작물 작황 부진을 촉발할 수 있다. 2100년 말까지

° Zahra Hirji, "The World Is On Track To Warm 3 Degrees Celsius This Century. Here's What That Means", *BUZZFEED NEWS*, 2021. 10. 30.

해수면은 평균 60cm가량 상승한다. 2도 상승 때보다 3배 더 큰 폭이다. 작은 섬나라에는 재앙이다. 스리랑카 서남쪽 인도양에 위치한 몰디브, 북대서양 서부 버뮤다 군도, 아프리카 동부 인도양의 세이셸 등의 일부는 물속에 잠긴다. 인구 500만 명이 넘는 태국 수도 방콕의 상당 부분도 마찬가지이다. 네덜란드 암스테르담, 헤이그, 로테르담 등도 안전하지 않다. 산업화 이전에 비해 4도 이상 올라 6도까지 치솟는 시나리오도 나와 있지만, 전문가들은 그런 시나리오는 의미가 없다고 말한다. 어떤 상황이 발생할지 전혀 예측할 수 없기 때문이다. 지구 온도가 3도 이상 오르면 이미 동식물이 살기 어려운 환경이 된다. 그 이후는 걷잡을 수 없이 빠른 속도로 광범위하게 피해가 확산할 수 있어 무슨 일이 벌어질지 알 수 없다는 것이다. 다만 예측할 수 있는 점은 6도까지 오를 가능성이 있다는 사실이다.

공상과학영화에 나오는 것처럼 언젠가 지구는 동식물이 살 수 없는 행성이 될 테니, 지금부터라도 새로운 외계행성을 찾아 떠나야 할까? 천재 물리학자로 불렸던 고 스티븐 호킹(Stephen William Hawking) 박사는 멸종을 피하기 위해 인류는 지구를 떠날 준비를 해야 한다고 주장했다. 호킹 박사는 소행성 충돌을 비롯해 인구 급증, 환경오염, 핵전쟁 등 여러 가지 이유로 미래에 지구상 인류가 생존의 위협에 맞닥뜨릴 것이라고 경고했다. 일론 머스크(Elon Musk) 테슬라 최고경영자(CEO)도 인류가 외계로 뻗어나가지 못하면 멸종할 수 있다는 메시지를 내놨다. 머스크는 화성을 지구의 대체재로 여기고 이주를 위한 작업에 들어갔다.

환경운동가이자 사상가인 반다나 시바 박사의 견해는 다르다. 호킹 박사는 선택지가 다른 행성으로 탈출하거나 멸종하거나 두 가지라고 했지만, 지구에 머무른다는 중요한 선택지를 간과했다는 지적이다. 시바 박사는 경향신문과의 인터뷰에서 "지구를 버리고 화성에 가는 프로젝트라니, 오만하다. 지구에서 탈출하는 것은 무책임한 행위다. 게다가 화성 이주를 꿈꾸는 머스크나 제프 베조스(Jeff Bezos)는 이를 상업적으로 접근한다"면서 "지구는 살아있는 유일한 행성이다. 그걸 돌보는 것이 우리의 윤리적, 생태학적 의무"라고 말했다.

시바 박사의 견해는 반기문 전 유엔 사무총장의 철학과도 일맥상통한다. 파리기후협정을 앞두고 2015년 9월 뉴욕에서 열린 기후 주간 회의에서 반 전 총장은 "우리에게 차선책으로 택할 행성(planet B)이 없기 때문에 두 번째 계획(plan B)도 있을 수 없다"면서 "우리는 지금 행동해야 한다. 그렇지 않으면 미래를 잃게 될 것"이라고 연설했다. 지구 온난화와 기후변화를 막기 위한 노력을 국제사회가 함께 기울여야 한다고 강조한 것으로, 파리기후협정 체결에 큰 영향을 미쳤다.

일론 머스크와 제프 베조스 등 슈퍼 리치들은 화성이나 달에 가겠다는 계획을 현재 차근차근 추진하고 있다. 머스크는 '화성을 점령하라(Occupy Mars)°°'라고 쓰인 티셔츠를 즐겨 입는다. 그에게 화성은 건설해야 할 식민지일 뿐이다. 테슬라는 자동차 전지에 들어가는 원재료인 리튬 일부를 볼리비아에서 수입한다. 몇 년 전 쿠데타가 발생한 볼리비아에서 리튬을 수입하는 것에 대한 비판이 일자 머스크는 "우리는 원한다면 어디에서든 쿠데타를 일으킬 것"이라고 말했다. 이에

° 김경학·이창준, "반다나 시바, 개인 제트기 타는 사람들이 녹색 해법 제시하고 있다", 경향신문, 2023. 6. 27.
°° 머스크의 우주 탐사 기업 'SpaceX'가 판매하는 티셔츠에 쓰인 문구다.

<지구 평균 기온 상승에 따른 시나리오>

산업화 이전 (1850~1900년) 대비	1.5도 상승	2도 상승	3도 상승	4도 상승
예상 시기 (고배출 경로)	2026년	2039년	2060년	2078년
폭염	유럽에서 해마다 3만 명 더위로 사망	열·습도 위험 노출 인구 23억 명	열·습도 위험 노출 32억 5,000만 명 유럽 9만 6,000명 사망	4.5도 상승 시 47억 명 열·습도 위험 노출
물	도시지역 물 부족 인구 3억 5,000만 명 아시아 고지대 빙하 1/3 손실	물 부족 인구 4억 1,100만 명 가뭄 기간 30% 증가	호주 지하수 1990년의 절반으로 감소 히말라야 빙하 43% 손실 지중해 지역 절반 가뭄	전 세계 빙하 질량 37~57% 감소 유럽 가뭄 극심
동식물	산호초 90% 황폐화 곤충 6%, 식물 8%, 척추동물 4% 서식지 절반 파괴	열대 산호초 대부분 황폐화 곤충 18%, 식물 16%, 척추동물 8% 서식지 절반 파괴	바다 서식 고유종 절반, 섬 서식 모든 토착종 멸종 위기 곤충 49%, 식물 44%, 척추동물 26% 서식지 절반 파괴	
식량	아프리카 밀 수확량 25% 감소 옥수수 생산 위험 40%로 상승	옥수수 생산 위험 54%로 상승 전 세계 농산물 피해 비용 연간 800억 달러	농산물 피해 비용 연간 1,280억 달러	주요 옥수수 수출국이 동시에 생산물 10% 손실 가능성 86%(현재 0%)
해양		북극 해빙 완전히 녹을 가능성		남극, 그린란드 해빙 녹아 해수면 6~19m 상승 7억 6,000만 명 거주지 침수 우려

대해 파텔 교수는 "천연자원을 대하는 식민주의자의 전형적인 태도"라며 "머스크는 자신이 고용한 노동자의 복지에는 관심이 없다"라고 말했다. 역시 우주 식민지 건설에 큰 관심을 두고 있는 베조스와 관련해서도 파텔 교수는 "인류를 우주로 이주시키려는 그는 지구를 그저 야생 사파리 정도로만 치부하는 것 같다"라며 힐난했다.

크리스토퍼 콜럼버스(Christopher Columbus)가 1492년 아메리카 대륙에 도달한 뒤 유럽의 식민지화가 본격화했다. 아프리카는 1800년대 후반 유럽 국가들에 의해 분할 점령됐다. 식민지화는 원주민에게 문화적, 사회적, 경제적 참사를 초래했다. 땅과 자원을 빼앗겼고, 문화마저 파괴됐다. 서구 자본주의는 식민지의 자원과 노동력, 시장을 자양분 삼아 성장했다.

우주 개발은 한계에 이른 자본주의가 새 자양분을 찾아내려는 탐욕과 다르지 않다. 기후변화, 불평등, 자원 고갈 등을 해결하려면 전 지구 차원의 협력과 노력이 필요하다. 우주 식민지화는 지구의 현실을 외면한 무책임한 발상이다. 혹시라도 우주 개발이 성공하더라도 인류 전체에 혜택이 돌아가기란 불가능하다. 자본주의가 그래왔던 것처럼 소수 억만장자에 대한 특혜가 될 우려가 크다.

경제 불평등 심화

10여 년 전, 『불평등의 대가 The Price of Inequality』(2013)를 통해 불평등을 초래하는 자본주의 시스템을 신랄하게 비판했던 조지프 스티글리츠 컬럼비아대 교수는 지금 민주주의가 위기에 처한 이유가 경제적, 정치적 불평등이 너무 극심해졌기 때문이라고 진단했다. 스티글리츠 교수는 최근 글로벌 비영리 미디어 단체 프로젝트 신디케이트(Project Syndicate)에 쓴 칼럼에서 "민주주의 후퇴의 배경에는 현대 신자유주의 자본주의에서 비롯된 불평등의 성장이 있다"면서 "경제적 불평등은 필연적으로 정치적 불평등으로 이어지고, 정치적 불평등은 스스로 강화돼 경제적 불평등을 더욱 고착하는 정책으로 이어진다"라고 지적했다. 예컨대 조세 정책은 부자들에게 유리하게 만들어지고, 교육 시스템은 기존 특권층을 선호하며, 부적절하게 설계되고 시행된 반독점 규제는 기업이 시장 지배력을 활용해 맘대로 통제할 수 있게 한다. 게다가 재벌이 소유한 민간 기업이 언론을 지배하면서 그릇된 여론을 형성한다. 뉴스 소비자들은 부자에게 세금을 부과하는 것이 경제 성장을 해치고, 상속세는 기업 존속과 증시 활성화를 해치는 세금이라는 등의 말을 오랫동안 들을 수밖에 없었다.° 이는 최근 한국에서 벌어지는 상황과 매우 흡사하다.

자본주의가 가장 번성한 미국에서 최고경영자(CEO)와 일반 노동자의 보수를 비교한 결과를 보자. 비영리 싱크탱크인 경제정책연구소(EPI, Economic Policy Institute)가 2021년 미국 350대 기업 CEO의

° Joseph E. Stiglitz, "Inequality and Democracy", *PROJECT SYNDICATE*, 2023. 8. 31.

연봉을 조사했더니 평균 2,780만 달러였다. 일반 노동자와의 격차는 399배로 사상 최대를 기록했다. 1978년 30배였던 보수 격차는 갈수록 벌어지고 있다. 1978년부터 2021년까지 CEO 보수가 1,460% 급증하는 동안 일반 노동자는 18.1% 늘어나는 데 그쳤다. EPI는 "CEO들의 과도한 급여는 불평등을 증가시키는 요인"이라고 밝혔다.°

자본주의 시스템에서 시장은 완전 경쟁적일 수 없고, 정보도 비대칭적이어서 소수 경제 주체가 훨씬 더 큰 권력과 정보를 가질 수 있다. 자본주의는 필연적으로 불평등을 증가시키는 구조적 요인을 안고 있다. 현대 금융 시스템은 자산이 많을수록 권력과 부를 집중시키기 쉬운 구조이다. 이는 중산층을 약화해 양극화를 초래한다.

토마 피케티 파리경제대학 교수 등이 참여하고 있는 세계불평등연구소(World Inequality Lab)가 만든 「2022년 세계 불평등 보고서」를 보면 전 세계 소득과 자산 불평등이 깊어지고 있음을 확인할 수 있다. 상위 1%의 자산은 전 세계의 37.8%, 상위 10%는 75.5%를 차지했다. 코로나19 이전인 2019년에 비해 각각 0.7%포인트, 0.4%포인트 늘었다. 반면 하위 50%의 자산 점유율은 2%로 제자리걸음을 했다. 상위 10%는 1인당 평균 자산이 55만 900유로(약 7억 3,000만 원)이었으나, 하위 50%는 평균 2,900유로(약 386만 원)에 그쳐 약 190배 격차를 나타냈다. 특히 막대한 부를 소유한 글로벌 부자들은 코로나19 팬데믹 기간 중 빠른 속도로 부를 늘렸다. 2019~2021년에 전 세계 자산 증가율은 연 1%였는데, 상위 0.01% 부자의 자산은 연 5% 이상 급증했다. 보

° Josh Bivens·Jori Kandra, "CEO pay has skyrocketed 1,460% since 1978", *ECONOMIC POLICY INSTIUE*, 2022. 10. 4.

<한쪽에 치우친 세상>

세계 인구의 약 10%가 전체 부의 76%, 소득의 52%를 차지한다.
탄소 배출량은 48%를 차지한다.

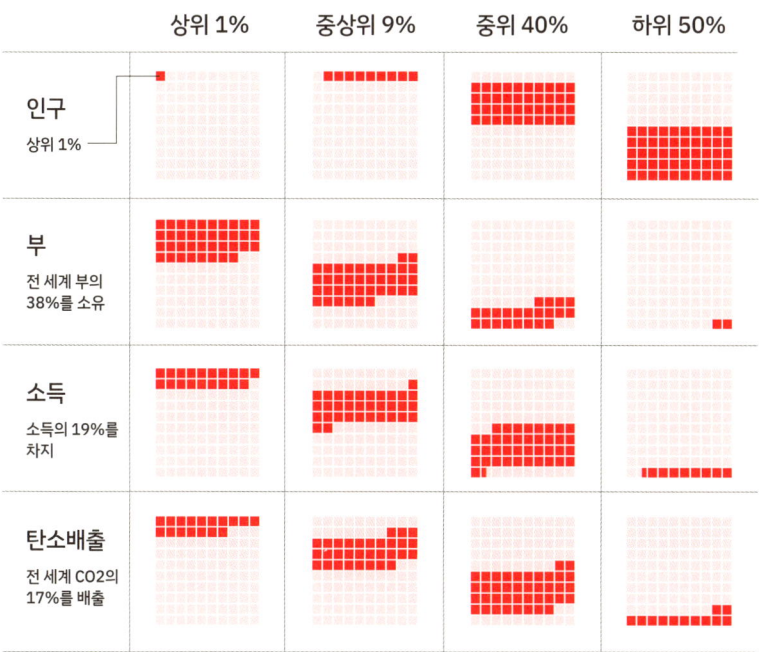

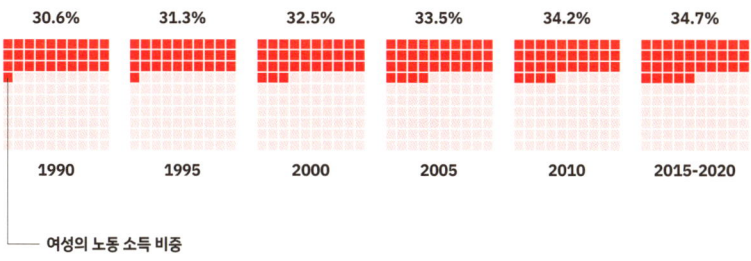

(성평등 진전은 더뎠고, 여성의 노동 소득 비중은 여전히 35%에 그침)

° World Inequality Report 2022 by the World Inequalit Lab.

고서는 1990년대 이후 한국에서 자산 불평등이 증가해 2021년에는 상위 10%에 전체 자산의 58%가 집중됐다고 밝혔다. 한국은 1950년대 농지개혁의 성과로 매우 평등한 자산 분배를 이뤘으나, 산업화 이후 부동산 자산 격차가 확대돼 이제는 선진국의 자산 불평등을 추월할 상황이 됐다. 사회적 안전망을 구축하지 않은 상태에서 규제를 완화하고 급격하게 성장하면서 불평등이 깊어지고 있다는 분석이다.

국제 구호 기구 옥스팜(OXFAM. the Oxford Committee for Famine Relief)은 매년 1월 스위스 다보스에서 열리는 세계경제포럼 연차총회에 맞춰 불평등 보고서를 발표한다. 2024년 불평등 보고서「불평등 주식회사」는 2019년 이후 지구상 인구의 약 60%인 50억 명이 더 가난해지는 등 팬데믹 이후 불평등이 더욱 심화하고 있다고 분석했다.

버니 샌더스 미국 상원의원은 보고서 서문에서 "우리는 작금의 냉혹한 경제적 현실을 직시해야 한다. 역사상 이토록 소수의 인원이 이토록 많은 부를 소유한 적은 없었다. 역사상 이토록 소득과 부의 불평등이 심했던 적은 없었다. 역사상 이토록 소유가 집중된 적은 없었다. 역사상 이토록 많은 정치권력을 가진 억만장자 계층이 출현한 적은 없었다. 지도층의 탐욕과 오만, 무책임이 이토록 극에 달한 적도 없었다"라고 썼다.

◦ World Inequality Report 2022, *World Inequalit Lab*, 2022.

숫자로 보는 불평등

- 분열의 10년이 시작된 2020년 이래, 세계 최상위 부유층 5명의 자산은 2배 이상 증가했다. 같은 기간 전 세계 약 50억 명은 더 가난해졌다.
- 세계 최상위 부유층 5명이 매일 100만 달러를 소비한다고 가정할 때, 이들의 전체 자산을 모두 소진하는 데는 476년이 걸린다.
- 세계 10대 기업 중 7개 기업에 억만장자가 최고경영자 또는 주요 주주로 있다.
- 전 세계적으로 남성이 여성보다 105조 달러 더 많은 자산을 소유하고 있으며, 이 차이는 미국 경제 규모의 4배 이상에 해당한다.
- 세계 최상위 부유층 1%가 전 세계 금융 자산의 43%를 소유하고 있다.
- 세계 최상위 부유층 1%가 배출하는 탄소 오염량은 소득 하위층 2/3 인구 전체가 배출하는 양과 맞먹는다.
- 미국 내 일반적인 흑인 가구의 자산은 백인 가구의 15.8%에 불과하다.
- 브라질에서는 백인의 평균 소득이 아프리카계 후손의 소득보다 70% 이상 높다.
- 글로벌 대기업 1,600여 개 중 0.4%만이 자사 노동자에 대한 생활임금을 보장하고 가치사슬 내 노동자에 대한 생활임금을 지원하겠다고 공약했다.
- 보건 및 사회 부문에 종사하는 여성 노동자가 포천(Fortune) 100대 기업 최고경영자의 연평균 수익을 벌기 위해서는 1200년을 일해야 한다.

- Rebecca Riddell·Nabil Ahmed·Alex Maitland·Max Lawson·Anjela Taneja, 「OXFAM 2024 불평등 보고서: 불평등 주식회사(Ineqaulity Inc.)」, *OXFAM*, 2024.

옥스팜 보고서를 보면 지난 10년간 세계 최고 부자 5명의 재산은 2배 이상 증가한 반면 인류의 60%는 더 가난해졌다. 갈수록 심해지는 불평등이 2024년에 초래한 진정한 위험은 뉴노멀(new normal)°이 되고 있다는 점이다. 대기업과 지배권 독과점은 불평등을 생산하는 기계와 같다. 불과 3년 만에 인류는 전 세계적인 팬데믹, 전쟁, 생계비 위기, 기후 붕괴를 모두 겪고 있다. 각각의 위기는 격차를 심화했다. 부유층과 빈곤층 간의 격차보다 더 커진 것은 과두화한 소수와 나머지 대다수 사람 간의 격차다. 2025년 초 옥스팜이 발간한 불평등 보고서 제목은 「생산자가 아닌 취하는 자가 지배하는 세계」였다. 2024년 억만장자 자산은 1년 전보다 3배 더 빠르게 증가했다. 억만장자들의 재산 중 60%는 상속, 정경유착, 부패 또는 독점 권력을 통해 발생했다. 반면 세계은행이 규정한 빈곤선에 해당하는 6.85달러 이하 소득으로 살아가는 인구는 1990년과 같은 수준인 35억 명이다. 현재 세계 전체 인구의 44%에 해당한다.

포브스가 집계한 2025년 1월 기준 세계 억만장자(billionaire) 순위를 보자. 주식 가치 변화에 따라 실시간으로 집계하는데, 1위는 테슬라 CEO 일론 머스크(4,212억 달러)였다. 머스크의 재산은 1년 만에 2배 가까이 급증했다. 2위는 아마존 창업자 제프 베조스(2,335억 달러), 3위는 오라클 창업자 래리 앨리슨(2,097억 달러), 4위는 메타(전 페이스북) 창업자 겸 CEO 마크 주커버그(2,025억 달러), 5위는 프랑스 명품 재벌 모에헤네시 루이뷔통(LVMH) 회장 겸 CEO 베르나르 아르노(1,688억 달러)가 차지했다.

° 시대 변화에 따라 새롭게 떠오르는 기준, 표준을 뜻하는 신조어다.

옥스팜은 "현 추세가 지속되면 세계는 10년 안에 조만장자(trillionaire)를 보게 될 것"이라면서 "반면 빈곤은 앞으로 229년 안에는 사라지지 않을 것"이라고 예측했다. 이들은 기업을 통해 시장 독점을 강화하면서 권력을 확대하는 방식으로 부를 늘려간다. 기업의 권력은 주주 이익 증대라는 목표를 달성하기 위해 불평등을 심화하고 고착하는 방식으로 영향력을 행사한다. 기업 권력은 노동자보다는 부유층에 대해 보상하고, 조세를 회피하며, 공공 서비스를 사유화하고 기후 붕괴를 주도하는 등의 방식으로 불평등을 심화한다.

억만장자들이 부를 늘리는 사이 세계 빈곤은 깊어지고 있다. 세계 최고 부자 5명의 재산이 2배 증가하는 동안 48억 명은 더 가난해졌다. 여성과 소수 인종, 취약 계층이 대다수인 극빈층의 삶은 더 잔혹해졌다. 2023년 기준 25년 만에 북반구와 남반구 간 격차가 다시 벌어진 것으로 나타났다. 적어도 불평등과 관련해 인류는 진보하는 것이 아니라 퇴보하는 중이다.

옥스팜은 모든 국가가 '팔마비율(소득 상위 10% 인구의 소득 점유율을 하위 40% 인구의 소득 점유율로 나눈 값)'이 1, 즉 하위 40% 인구의 소득이 상위 10%와 거의 같은 수준이 될 때까지 불평등을 줄이는 것을 목표로 삼아야 한다고 강조한다. 2022년 기준 한국의 팔마비율은 1.28로 OECD 38개 회원국 가운데 10번째로 불평등했다. 불평등 해소를 위해서는 각국 정부 개입이 절실하다. 옥스팜은 공공의 힘은 폭주하는 기업 권력과 불평등을 억제하고, 시장을 더 공정하게 만들며, 억만장자의 통제에서 자유롭게 만들 수 있다고 밝혔다.

보고서는 불평등의 원천이 된 기업 권력 통제를 위한 세 가지 실행 방안을 제시했다. 첫째는 정부 재활성화를 통해 공공 서비스 및 인프라 투자를 확대하고 기업이 공적 가치를 추구하도록 해야 한다. 둘째는 기업 규제를 통해 부유세와 횡재세 등을 강화하고 기업 불공정을 방지하기 위해 조처해야 한다. 노동자와 지역사회의 권익 증진도 필요하다. 셋째는 경제 구조 재편이다. 주주의 이익 우선이 아닌 노동자, 지역사회, 환경을 위해 운영하는 기업을 육성해야 한다.

미즈노 교수는 불평등을 초래한 원인을 자본주의의 모순에서 찾는다. 미즈노 교수는 "자본주의는 지금 모순이 많다. 억만장자가 있는 반면 일본에서는 연 수입 200만 엔 이하인 노동자가 1,000만 명이 넘는다. 싱글맘의 상대적 빈곤율은 50%가 넘는다. 빈곤이 점점 다음 세대로 이어지고 있다"면서 "사회주의라는 라이벌이 없어지니 자본주의가 원래 갖고 있던 문제가 상대적으로 더 강하게 드러나는 것 같다"라고 말했다. 미즈노 교수에 따르면 사회주의는 공산당의 테크노크라트(기술관료)가 수요와 공급 등 무엇이든 예측할 수 있다는 것을 전제로 했기 때문에 실패했다. 1년간 철 생산량, 분유 수요량 등을 세우는 계획경제였다. 1991년 소련이 붕괴할 때 분유가 너무 부족한 상태였다는 것만 봐도 그들이 말했던 전제가 무너졌음을 보여준다. 사회주의는 '엘리트 관료'라고 하는 인간을 전면적으로 신뢰했다는 큰 결함을 안고 있었다.

반면 서방 자본주의는 시장 메커니즘에 굉장한, 전면적인 신뢰를 뒀다. 사회주의와 자본주의 둘 다 문제가 있다. 라이벌이 있을 때는

° 테크노크라트(Technocrat)는 기술관료(技術官僚)로 과학적이고 전문적인 지식이나 능력을 바탕으로 조직이나 사회에서 의사 결정 및 정책 결정에 영향을 미치는 사람을 말한다. 사회가 디지털화하면서 기술관료가 의사 결정에 참여하는 비율이 높아지고 있다.

가능한 자신들의 문제점은 드러내지 않으려고 노력한다. 하지만 라이벌이 없어지면서 스스로의 모순은 해결하지 않고, 원래 자본주의가 갖고 있는 그 본성을 전면적으로 드러냈다. 그게 바로 세계화였다. 이런 이유로 자본주의와 사회주의 모두 수정하더라도 무리가 따를 수밖에 없다. 자본주의는 이윤을 극대화해 다 쓸 수도 없는 자본을 만든다. 적어도 일본의 경우는 이제 더는 이윤을 추구하지 않아도 된다.°

앞으로 불평등은 새로운 기술 발전에 따라 완화되기보다는 심화할 것이라는 게 대체적인 관측이다. 국제통화기금(IMF)은 인공지능(AI) 사용 증가로 인해 전 세계 일자리 중 40%가 악영향을 받을 것으로 예측했다. 크리스탈리나 게오르기에바 IMF 총재는 2024년 초 다보스포럼 참석에 앞서 "우리는 현재 생산성이 매우 높아질 수 있고, 글로벌 경제가 크게 성장할 수 있는 기술적 혁명 시기에 놓여있다"면서 "그러나 이로 인해 일자리들이 대체되거나 불평등을 심화시킬 수 있다"고 말했다. 게오르기에바 총재는 고소득 국가에서 AI 때문에 영향을 받는 일자리가 60%에 이르고, 신흥국과 저개발 국가는 각각 40%, 26%가 영향권에 들어간다고 봤다.°°

실제로 AI는 이미 사람의 일자리를 빼앗고 있다. 세계 최대 검색엔진 구글의 모회사 알파벳은 2023년 초 직원 1만 2,000명을 집으로 돌려보냈다. 미국 언론은 구글이 광고 판매 부문 직원 3만 명에 대한 대

° 김경학·이창준, "미즈노 가즈오, 오늘 주문한 택배가 어제 도착해 있기를 진정 바라는가", 경향신문, 2023. 6. 20.

°° Kristalina eorgieva, "AI Will Transform the Global Economy. Let's Make Sure It Benefits Humanity", *IMF BLOG*, 2024. 1. 14.

대적 개편을 계획 중이라고 전했다. 검색엔진과 광고에 생성형 AI 기술을 도입하면서 전처럼 많은 사람이 필요하지 않게 됐다는 분석이다. 구글뿐 아니라 마이크로소프트(MS)는 게임 부문 직원 1,900명을 줄일 것이라고 밝혔다. 온라인 결제서비스업체 페이팔도 2,500개 일자리를 감축하고 신규 채용은 하지 않겠다고 밝혔다. 코로나19 이후 기술직 노동자의 해고 현황을 집계해온 스타트업 '레이오프' 통계를 보면 2023년 1,191개 기업에서 26만 2,915명이 해고됐다. 이는 2022년에 해고된 16만 5,269명에 비해 60%가량 급증한 수치다. 2024년 들어서도 2월 중순까지 약 4만 명이 일자리를 잃었다.°

국제노동기구(ILO)도 2024년 실업률이 소폭 증가하겠지만 불평등이 심화할 것이라고 우려했다. 「세계 고용 및 사회 전망: 2024년 동향」을 보면 2024년 글로벌 실업률은 5.2%로 1억 9,200만 명이 실업 상태에 놓일 것으로 예측했다. 이는 전년 실업률(5.1%)에 비해 소폭 상승한 수준이다. 극빈층 노동자 수도 줄어들지 않고 있다.

하루 수입이 2.15달러 미만인 노동자는 2023년 한 해에만 약 100만 명 증가했다. 하루 수입이 3.65달러 미만인 보통 수준의 빈곤 노동자는 2023년 840만 명 늘어났다. 보고서는 생산성 저하와 인플레이션, 실질 가처분 소득 감소가 맞물리면서 사회적 불평등을 양산한다고 진단했다.°°

° Roger Lee, *Layoffs.fyi* 홈페이지.
°° "WESO Trends 2024: Global unemployment rate set to increase in 2024 while growing social inequalities raise concerns, says ILO report", *INTERNATIONAL LABOUR ORGANIZAION*, 2024. 1. 10.

자본주의의 핵심인 금융의 위기

금융은 민간 소유와 시장경제를 중시하는 자본주의의 핵심이다. 금융 시스템은 자본이 투자처를 찾아 자유롭게 이동하고, 경제 주체 간에 자원이 효과적으로 배분될 수 있게 해준다. 개인과 기업은 금융을 통해 받은 자금으로 투자하고 보다 큰 자본을 형성한다. '경제의 혈맥' '산업의 젖줄' 등으로 불리며 가계와 기업, 국가 경제가 성장하는데 금융이 큰 역할을 하는 것이다. 중앙은행의 이자율 조정으로 금융은 물가안정에 기여하기도 한다. 그러나 금융산업이 발전하면서 자본주의를 황폐화하고 있다는 비판을 받는다. 자본의 축적이 커질수록 금융에 더 쉽게 접근할 수 있는 특정 계층이 급속히 부를 불릴 수 있기 때문에 불평등을 심화시키는 주역으로 꼽힌다. 최근에는 경제 주체들에게 자금을 공급하는 역할보다는 금융거래 자체에 더 중점을 둬 비생산적인 측면에만 몰두한다는 비난도 받는다. 금융기관의 과도한 레버리지˚ 사용은 손실이 커졌을 때 파산 지경에 몰려 경제 전반에 위기를 초래할 수 있다. 그래서 금융은 절대 홀로 움직이게 둬서는 안 된다. 효율적인 규제와 감독, 공정한 경쟁과 건전성을 유지할 수 있도록 국가의 개입이 필수적이다.

2008년 금융위기를 촉발했던 미국 투자은행 리먼 브라더스 파산은 글로벌 경제를 침체에 몰아넣었다. 리먼은 파산 당시 자산이 6,910억 달러로 사상 최대 규모 은행 파산이라는 기록을 세웠다. 리먼이 파산했던 2008년 한국의 GDP는 1조 달러 남짓이었고 튀르키예의 GDP가

˚ 기업 등이 차입금 등 타인의 자본을 지렛대처럼 이용해 자기 자본의 이익률을 높이는 일을 말한다.

리먼의 자산과 비슷한 규모였다. 한 국가의 한 해 총생산이 사라질 정도의 충격이 전 세계를 강타했다. 그러나 그 이후에도 자본주의 천국 미국에서는 은행을 비롯한 대형 금융회사의 파산이 끊이지 않고 있다. 한때 미국 시장점유율 1위를 기록했던 실리콘밸리은행이 2023년 봄 파산하기도 했다.°

크고 작은 금융사가 잇따라 쓰러지면서 가상화폐, 스타트업 등과 거래가 많은 은행의 위험도가 점차 커지고 있다. 기업에 자본을 조달하는 본연의 역할을 넘어 현대 금융은 지나친 탐욕에서 빠져나오지 못한다. 복잡하게 얽힌 금융산업이 기업과 개인의 부채를 늘리고 초거대 위협을 고조시키는 주범이 되고 있다는 비판도 나온다. 2008년 금융위기가 재현될 가능성도 거론되고 있다.

사이토 교수는 '버블'을 만들면서 단기적으로 돈을 벌어가는 자본주의의 기본 구조는 리먼 브라더스 사태 후에도 변하지 않았다고 지적했다. 코로나19 유행 속에서 감염병 대책이라는 명목하에 정부는 많은 돈을 다양한 곳에 뿌렸다. 하지만 그 돈은 필요한 곳에 닿지 않고 금융시장에 상당 부분 흘러 들어갔다. 이로 인해 거품이 생겨났을 수 있다. 게다가 러시아-우크라이나 전쟁 등으로 발생한 인플레이션 탓에 경기까지 나빠지면서 2023년 은행 도산 사태가 일어났다. 이런 일은 자본주의를 그대로 내버려두면 이후에도 몇 번이고 반복될 수밖에 없다. 결과적으로 정말 곤란해지는 것은 부자들이 아니라 가난

° Statista Research Department, "Largest bankruptcies in the United States as of September 2024, by assets at time of bankruptcy", *STATISTA*, 2024. 9. 9.

한 사람들이다. 금융시장 규제처럼 근본적인 해결책을 생각하지 않으면 안 되는 지점까지 왔다.° 2008년 글로벌 금융위기를 예측해 '닥터 둠(Dr. Doom)'이라는 별명을 갖게 된 루비니 교수는 "최근 은행들이 잇따라 파산하는 이유는 은행에 대한 규제와 감독이 약해졌기 때문"이라고 설명했다.

최근 곤경에 빠진 은행들의 사례는 다양하다. 일부는 시장 가치가 떨어진 장기 채권에 투자했고, 다른 일부는 부실 대출을 하거나 가상화폐에 투자하기도 했다. 무리한 투자의 결과로 예금자층이 빈약한 은행은 뱅크런에°° 자금이 금세 고갈됐고, 예금보험에 가입하지 않은 곳도 있었다. 은행에 대한 규제와 감독이 더 촘촘했더라면 막을 수 있었던 일이었다. 신용경색으로 이어진 은행들의 스트레스는 경제를 약화시키고 더 심각한 경기 침체를 유발한다. 특히 금리가 오를수록 자산의 가치는 하락하기 때문에, 시장에 미치는 충격은 크다. 일단 경기 침체에 접어들면, 신용 위험에 대한 걱정이 시작된다. 사람들이 대출금을 갚지 못하면서 은행들의 자산 중 일부는 부실해진다. 상업용 부동산, 가계 및 기업, 사업자 부채의 연체율도 더 올라가 경제 전체 침체가 깊어진다.°°° 금융사는 시장과 관련한 다양한 정보를 갖고 있지만, 소비자는 정보가 거의 없는 상태에서 거래할 수밖에 없다.

° 김경학·이창준, "성장 계속해도 풍요로워지지 않는 사회, 이상하지 않은가", 경향신문, 2023. 6. 21.
°° 사람들이 거래 은행에서 한꺼번에 예금을 인출하는 현상. 금융시장이 안정적이지 못하거나 은행의 재정 상태가 좋지 않은 경우에 나타난다.
°°° 김경학·이창준, "'닥터 둠' 누리엘 루비니, 추악한 미래로 인류 파멸되지 않으려면…", 경향신문, 2023. 6. 8.

이 같은 정보 비대칭이 금융위기로 이어질 수 있다는 주장도 제기된다. 소비자로서는 위험의 징후를 알지 못하는 상태에서 금융회사에 돈을 맡기기 때문이다. 금융사는 자신의 투자가 어느 정도 위험한지 알면서도 탐욕 때문에 제어하지 못하기도 한다. 일정 위험을 벗어나면 더 큰 위험에 도전하고, 결국 파산과 금융위기에 이르게 된다. 루비니 교수는 "일반적인 소액 예금주는 은행의 질에 대해 많이 알지 못하고, 은행을 감시하는 것 또한 그들의 일이 아니다. 그래서 소액 예금은 완전히 보장돼야 한다고 생각한다. 왜냐하면 은행의 품질을 감시하는 것이 소액 예금자의 책임이 아니기 때문이다"고 말했다.

갈수록 눈덩이처럼 불어나는 부채는 현대 금융 시스템의 위기를 키우는 요인이다. 저성장은 개발도상국을 제외한 지구 전체 국가들이 겪는 공통 현상이 됐고, 인플레이션 우려도 곳곳에 도사리고 있다. 경기가 침체하면서 물가가 오르는 스태그플레이션(stagflation)이 발생할 우려도 크다. 각국은 인플레이션을 잡기 위해 금리를 올린다. 민간과 공공 부문의 부채가 높아진 상황에서 금리 인상은 이자 부담을 키운다. 원금은 고사하고 이자조차 갚지 못해 파산하는 경제 주체가 속출할 수 있다. 부채 위기는 금융 시스템뿐 아니라 경제 전체를 흔드는 파국으로 이어질 우려가 크다. 글로벌 신용평가기관 S&P글로벌은 2023년에 발표한 보고서 「글로벌 부채 활용: 대재앙이 다가오고 있는가?*Global Debt Leverage: Is a Great Reset Coming?*」를 통해 전 세계 부채 규모가 글로벌 금융위기 당시를 넘어 사상 최대를 기록했으며, 부채 위기의 지옥으로 향하고 있다고 전했다.

국제금융연구소(IIF, Institute of International Finance)가 추정한 2022년 6월 전 세계 정부, 가계, 금융 기업 및 비금융 기업의 부채는

300조 달러다. 이는 세계 GDP의 349%에 해당하며, 글로벌 금융위기 직전인 278%(2007년 6월)보다 26% 높다. 전 세계 모든 사람의 1인당 GDP는 1만 2,000달러(약 1,600만 원)인데 반해 빚은 3만 7,500달러(약 5,000만 원)로 3.5배가량 많다는 뜻이다. 과도한 빚은 생산성을 저하시키고 경제 활력을 떨어뜨린다.

한국은 가계와 비금융기업의 부채 위험이 가장 높은 편으로 나타났다. 반면 정부 부채는 위험성이 낮아 향후 역할을 확대할 여지가 있었다. 선진국으로 분류된 국가는 대부분 정부 부채 위험이 중간이거나 높은 편이어서, 복지재원 등 지출이 많은 것으로 추정됐다. 반면 IIF가 분류한 이머징 국가 중에서는 한국과 러시아, 멕시코 등 상대적으로 복지재원 지출에 인색한 것으로 알려진 정부의 부채가 안정적이었다. IIF는 경제 규모와 성장 잠재력, 금융시장 개방도, 정치적 안정성 등을 평가해 각국을 선진국(Developed Markets)과 개발도상국(이머징 국가, Emerging Markets)로 분류한다. 개발도상국은 고위 개발도상국(고위 이머징 국가, Advanced Emerging Markets)과 저위 개발도상국(저위 이머징 국가, Frontier Markets)으로 나뉜다. 한국은 고위 개발도상국에 들어있다. 선진국과 개발도상국을 가르는 기준은 기관에 따라 다르다. 한국은 유엔무역개발회의(UNCTAD) 기준으로 2021년부터 선진국이다. 그전까지는 신흥국 또는 개발도상국으로 구성된 A그룹(아시아·아프리카)에 속했으나, B그룹(선진국)으로 변경됐다. 한국은 UNCTAD가 개발도상국에서 선진국으로 변경한 첫 사례이다. 세계 10위권 경제 규모로 성장한 사실이 반영된 것으로 보인다. 그러나 모건스탠리캐피털인터내셔널(MSCI) 지수와 같은 금융 분야에서는 대부분 여전히 개발도상국 범주에 머무르고 있다.

S&P글로벌은 최악의 상황을 가정할 때, 2030년 GDP 대비 부채 비율이 391%까지 치솟을 수 있다고 내다봤다. 이는 2022년 6월의 349%에 비해 12% 증가한 수준이다. 예컨대 정부가 재정지출을 확대하거나, 금융회사들이 현재보다 더 대출을 늘린다면 글로벌 부채는 계속 늘어날 수밖에 없다. 다만 중립 수준에서 본다면 2030년까지 부채 비율은 5%가량 증가할 것으로 예상했다. 복지 수요는 갈수록 늘어나는 상황에서, 기업과 부자의 세금 인하 요구를 받아들여 재정지출을 축소하는 '거꾸로 정부'가 있기는 하다.

　　물론 모든 부채가 나쁜 것은 아니다. 빚을 져야 할 타당한 이유들도 존재한다. 신흥 시장은 경제 발전의 사다리를 오르는 데 필요한 자금을 빌려야 한다. 식품 및 에너지 가격이 급등하는 상황에서 각국 정부는 채권을 발행해 마련한 돈으로 취약한 사람들과 기업을 도울 수 있다. 정부와 기업, 가계는 갈수록 잦아지는 기상 이변과 기후변화를 완화하기 위한 비용을 지불해야 한다.

　　저탄소 및 디지털 경제에 적응하기 위해 새로운 인프라를 개발하는 데도 자금이 필요하다. 그러나 부채는 영원히 늘어날 수 없다. 부채 위기의 지옥을 피하려면 비생산적인 부채를 없애야 한다. 과소비를 억제하고, 손실이 발생하는 기업은 퇴출해야 한다. 부채에 대한 정책 입안자의 대대적인 리셋 정책이 필요하다. 이러한 작업에는 많은 어려움이 따를 수밖에 없지만 해야 한다. 쉬운 탈출구는 없다.°

　　2020년 이후 코로나19 팬데믹 상황에서 자본주의 금융 시스템의

°　Terry Chan·Alexandra Dimitrijevic, "Global Debt Leverage: Is a Great Reset Coming?", *S&P GLOBAL*, 2023. 1. 13.

<주요국 경제 부문의 상대적 레버리지 위험>

◆: 위험도가 가장 높은 6분위

▲: 3~6분위

●: 5~6분위

	2022년 GDP (조 달러)	비금융			비금융 합계	금융	금융·비금융 합계
		가계	기업	정부			
선진국							
호주	1.6	◆117	▲62	▲54	▲234	●44	▲277
캐나다	2.1	◆106	◆119	▲98	◆320	●154	◆474
프랑스	2.7	▲66	◆166	◆123	◆354	●94	◆448
독일	3.9	▲55	▲72	▲70	▲198	●61	▲259
이탈리아	1.9	●42	▲69	◆154	◆266	●48	▲314
일본	4.2	▲64	◆117	◆251	◆433	▲217	◆649
스페인	1.3	▲57	▲100	◆123	▲279	●41	▲321
영국	3.0	▲83	▲66	◆110	▲260	●173	◆433
미국	24.2	▲78	▲81	◆122	▲281	●78	▲359
유로존	13.1	▲59	◆110	◆107	▲275	●113	▲389
선진국 계	50.8	▲75	▲96	◆124	▲295	●112	◆407
개발도상국							
브라질	1.8	●32	▲53	▲89	▲174	●40	▲214
중국	17.5	▲63	◆157	▲76	▲297	●50	▲347
인도	3.1	●39	▲51	▲83	▲173	●3	▲176
인도네시아	1.2	●16	●25	●38	●79	●7	●87
한국	1.6	◆102	◆118	▲48	▲268	●89	▲357
멕시코	1.5	●16	●24	●39	●78	●13	●91
러시아	2.8	●20	▲75	●17	●113	●6	●119
신흥국 계	38.6	▲47	◆102	▲66	▲214	●38	▲252
총계	89.4	▲64	▲98	◆102	▲264	●85	▲349

° S&P Global 자료(2022년 11월 29일 기준).

아이러니가 적나라하게 드러났다. 코로나19가 확산돼 필수 노동자들은 감염 위험에 노출되면서 생존에 어려움을 겪었는데, 금융시장 자체는 호황을 이어갔다.

　금융거래를 하는 투자자들은 대부분 재택근무를 해 감염 위험이 낮은 상황에서 오히려 자산을 늘려갔다. 특히 보다 빠른 속도의 주식 거래처럼 의미 없는 거래를 반복하면서 많은 지원과 힘을 쏟았다. 사이토 교수는 "지금 사회가 너무나 빨라서 다양한 것들을 낭비하고 있다면 금융 자산 과세 같은 규제를 통해 시스템을 바꿔야 한다"면서 "어떤 식으로든 규제해서 조금이라도 느리게 만드는 것이 탈성장에 가까운 길"이라고 말했다.

용어 풀이

2008년 글로벌 금융위기

미국의 서브프라임 모기지(Subprime Mortgage) 부실과 리먼 브라더스(Lehman Brothers) 파산으로 전 세계 금융권이 크게 흔들렸던 사건이다. 원인을 파고 들어가면 '자본의 천국' 미국 금융산업의 탐욕을 발견할 수 있다. 서브프라임 모기지는 신용도가 낮은 사람들이 받은 비우량 주택담보대출이다. 서브프라임 모기지를 대출한 은행은 대출을 더 늘려 이익을 극대화하고 싶어도 재원이 부족하다. 은행은 서브프라임 대출 채권을 증권사 등에 팔아 대출 자금을 마련한다. 증권사나 투자은행(IB)은 여러 은행의 서브프라임 모기지를 포함한 주택대출 채권을 모아 MBS(Mortgage-Backed Securities, 주택저당증권)로 만들어 투자자에게 판매한다. 투자자는 매달 이자를 받을 수 있고, 집값이 상승하면 MBS 가치가 상승해 더 높은 값에 팔 수 있다는 권유를 받는다. 증권사는 MBS를 비롯한 다양한 채권을 묶어서 만든 파생상품인 CDO(Collateralized Debt Obligations, 부채담보부증권)도 판매한다.

경제가 호황이어서 개인 소득이 꾸준히 늘고 집값도 계속 오른다면 MBS나 CDO는 별 문제가 되지 않는다. 하지만 반대의 경우라면 심각한 문제가 된다. 소득이 감소해 대출이자를 갚을 수 없게 되거나, 집값이 급락하면 MBS나 CDO는 휴지 조각이 될 수 있기 때문이다. 특히 CDO는 주택 이외에 신용등급이 낮은 다른 담보까지 포함한 부채가 얽혀있어 위험성이 어느 정도인지 파악하기 어렵다. 2000년대 초반부터 서브프라임 모기지가 급증했고, 2000년대 중반부터는 MBS와 CDO 발행이 러시를 이뤘다. 2007년 기준 서브프라임 모기지 규모는 약 1조2,000억 달러였는데, MBS는 약 7조 달러, CDO는 약 5조 달러가 발행됐다. MBS와 CDO는 국경을 넘어 전 세계에 팔려 나갔다. 2007년부터 미국 경제가 침체하면서 집값 하락과 실업률 증가, 소득 감소가 겹쳤다. 2006년 최고점을 기록했던 집값은 2007년 11월까지 평균 10% 이상 하락했다. 신용도가 낮은 서브프라임 모기지 대출자들의 연체와 상환 포기도 급증할 수밖에 없었다. 이어 MBS와 CDO 가치도 급락했다.

당시 세계에서 4번째로 큰 투자은행이었던 리먼 브라더스는 2007년 기준 MBS 약 1,000억 달러, CDO 500억 달러를 보유하고 있었다. 서브프라임 모기지 부실이 터지면서 MBS와 CDO에서만 약 600억 달러 손실을 냈다. 손실을 메우려면 다른 곳에서 자금을 빌려야 하는데 아무도 리먼에 돈을 빌려주지 않았다. 손실 규모는 리먼의 자기자본의 두 배를 훨씬 웃돈다. 2007년 말 기준 리먼의 총자산은 6,910억 달러, 자기자본은 약 230억 달러로 레버리지 비율이 30대 1에 달했다. 빚을 무리하게 끌어오고 위험을 고려하지 않는 공격적인 경영이 파산을 불러왔다.

리먼 파산은 미국뿐 아니라 전 세계 금융권에 연쇄적으로 충격을 줬다. 서브프라임 모기지의 부실을 예측하지 못하거나 의도적으로 무시한 채 파생상품을 대거 발행한 미국 금융사들의 탐욕이 글로벌 금융위기의 원인이었다.

한국 증시는 2008년 40% 넘게 급락했고, 그해 초 달러당 900원대였던 원·달러 환율은 연말 1,500원대까지 급등했다. 금융시장 변동성이 커지면서 기업들은 수출 감소와 유동성 경색 등으로 어려움을 겪었다. 건설·조선·자동차 등 많은 자본이 필요한 산업이 큰 피해를 봤다. 쌍용자동차와 금호아시아나그룹, STX그룹, 대우조선해양, 우방건설 등이 구조조정 도마에 올랐다.

한국 경제가 2008년 금융위기를 비교적 짧은 기간에 넘길 수 있었던 요인 중 하나는 미국과 체결한 300억 달러 규모의 통화스와프였다. 2008년 10월 워싱턴에서 열린 주요 20개국(G20) 재무장관 회의에 참석했던 당시 강만수 기획재정부 장관의 "I want SWAP(교환을 원한다)"는 유명한 일화로 전해진다. 강 전 장관은 휴식 시간 중 헨리 폴슨 당시 미국 재무장관과 벤 버냉키 연방준비제도(Fed) 의장을 찾아가 다짜고짜 외쳤다고 한다. 뭘 바꾸자는 얘기인지 뜨악해하는 두 사람에게 다른 한국 관료가 "not wife swap, but currency swap.(아내를 맞바꾸자는 것이 아니라 통화 교환을 원한다)"이라고 설명했다고 한다.

지금 상태로 지구를 파헤친다면 얼마나 지속 가능한가

콘크리트, 골재, 벽돌, 아스팔트, 금속 등으로 구성된 인공물 질량(anthropogenic mass)은 1900년경부터 약 20년마다 2배씩 빠르게 증가했다. 오늘날 전 세계 모든 사람의 체중을 합친 것과 맞먹는 질량의 인위적 물건(human-made stuff)이 매주 생산되고 있다. 20세기 초만 해도 지구상 모든 바이오매스(나무, 관목, 기타 식물, 동물 사체 등)의 약 3%에 불과했던 이 인공물 질량은 2020년 전후로 총 바이오매스를 뛰어넘었다. 생산된 플라스틱의 양만 해도 인간의 몸을 포함한 모든 지상과 해양 동물 양의 2배에 달한다.

인류가 지금까지 생산한 인공물의 총질량이 지구 위 생물의 총질량을 처음 넘어선 것은 얼마 되지 않는다. 이스라엘 와이즈만 과학 연구소(Weizmann Institute of Sciences)가 1900년 이후 인간이 만든 모든 물체의 질량을 합한 값과 지구상 모든 생물(바이오매스)의 무게를 비교했다. 2020년 기준 바이오매스의 총무게는 1조 1,000억t인데, 인공물 질량이 이를 넘어선 것으로 추정됐다.

지구에는 다양한 생물체가 산다. 질량으로만 따진다면 주로 나무인 식물이 지구 생명체의 지배적 존재로 전체 바이오매스의 82.4%를 차지한다. 두 번째는 사람 눈으로 볼 수 없는 박테리아인데, 12.8%에 이른다. 이어 진균(곰팡이)류 2.2%, 원시세균 1.5%, 원생생물 0.7% 등의 순이다. 놀랍게도 동물은 전체 바이오매스의 0.4%에 불과하다. 동물은 새우·거미 등 절지동물이 42%로 가장 많고, 어류가 29%로 두 번째다. 이어 지렁이·거머리 등 환형동물과 연체동물이 각각 8%를 차

◦ 마티아스 슈멜처 외, 『미래는 탈성장』, 김현우 외 옮김, 나름북스, 2023. p.78.

지하고, 산호·말미잘 등 자포동물과 가축이 각각 4%이다. 사람은 전체 동물의 2.5%뿐이다. 지구상 모든 생물의 0.01%에 불과한 인간이 지구 생태계에 미치는 영향은 막대하다. 1만 2,000년 전 인간이 지구에서 농업혁명을 일으킨 뒤 삼림 벌채와 토지 개간 등으로 지구상 식물의 절반을 없앴다.

1900년 인공물 총질량은 생물량의 3%뿐이었다. 이후 건물과 도로, 기계와 같은 인간이 만들어낸 생산물이 급증했다. 인공물은 대부분 건물을 구성하는 모래, 자갈 같은 골재와 콘크리트였다. 1950년까지 건물의 주재료였던 벽돌이 전체 인공물의 25%를 차지했다. 이후 콘크리트와 골재 비율이 급속히 늘었다. 콘크리트의 비율은 1900년 5%에서 2020년 45%로 늘었다. 2020년 기준 인간은 연간 300억t의 인공물을 생산한다. 연구팀은 "세계 모든 사람이 매주 자신의 체중 이상을 생산하는 정도"라고 설명했다. 지금과 같은 추세가 이어진다면 2040년쯤 인공물 질량은 지금의 3배인 3조t에 이를 수 있다.°

폐기물 발생도 급증하고 있다. 해마다 20억t이 넘는 도시고형폐기물(MSW, Municipal Solid Waste)이 발생한다. 도시고형폐기물은 식품 폐기물, 쓰레기, 소각 잔류물, 건축 및 해체 폐기물, 처리시설 폐기물 등을 포함한다. 2050년 무렵 도시고형폐기물은 35억t으로 증가할 것으로 예상된다. 폐기물 종류는 식품 및 포장에서부터 전자 및 건설 자재에 이르기까지 다양하다. 바다로 흘러 들어가 해양 생물의 생존을

° Earth.Org, "Human-Made Objects Will Soon Outweigh All Living Biomass on Earth", *EARTH.ORG*, 2020. 12. 16.

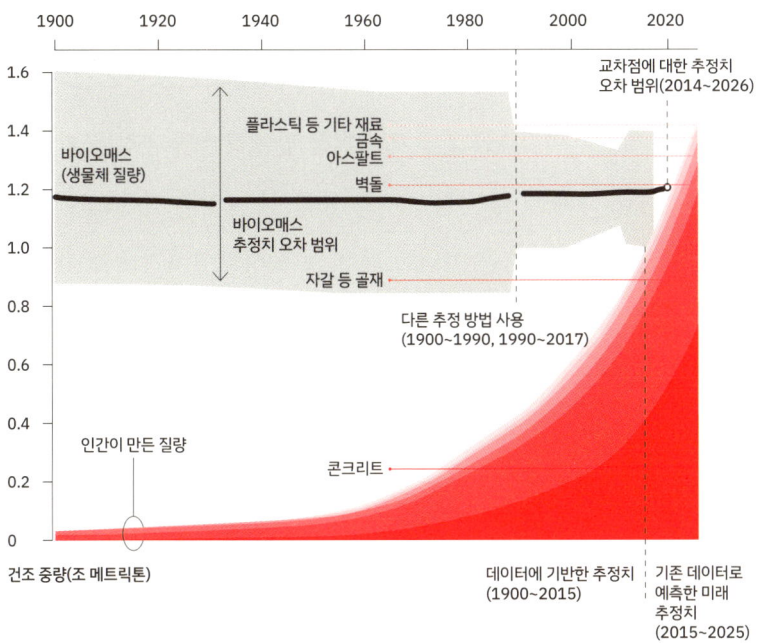

<인간이 만든 질량과 생물체 질량(1900~2025년)>

<인공물 질량 추이>

(단위: 10억t)

구분	설명	1900년	1940년	1980년	2020년
콘크리트	시멘트·자갈·모래를 포함한 건축 및 기반 시설에 사용	2	10	86	549
골재	자갈과 모래는 주로 도로와 건물의 바닥으로 사용	17	30	135	386
벽돌	대부분 점토로 이루어져 있으며 건축에 사용	11	16	28	92
아스팔트	역청, 자갈 및 모래로 주로 도로 건설·포장에 사용	0	1	22	65
금속	대부분 철·철강, 알루미늄 및 구리	1	3	13	39
기타	목재 제품, 종이·판지, 용기 및 평판 유리·플라스틱	4	6	11	23

° Earth org 자료.

위협하는 플라스틱 폐기물과 더불어 전자 폐기물(E-waste)은 전 세계적으로 가장 빠르게 증가하고 있다. 전 세계 전자 폐기물은 2019년 5,000만에서 10년 뒤인 2030년 7,500만에 이를 것으로 보인다. 다른 폐기물과 마찬가지로 1인당 전자 폐기물 발생량은 부유한 국가일수록 더 많다. 노르웨이, 영국 및 스위스 등에서는 1인당 연간 20kg 이상 발생한다. 음식 쓰레기는 여전히 전 세계 도시고형폐기물 발생량의 절반가량을 차지하는 가장 일반적인 형태의 폐기물이다. 2022년 매립지로 보내진 폐기물은 하루 1만t이 넘는다. 계속 증가하는 폐기물을 관리하는 일은 각국 정부의 골칫거리가 되고 있다.

'대가속(The Great Acceleration)'은 1950년 이후 엄청난 규모와 범위, 속도로 일어난 환경 변화를 일컫는다. 대가속 이후의 삶을 살고 있는 현대 인류는 과거와 비교해 지금의 상황이 얼마나 다른지 제대로 이해하기 어렵다. 대가속 그래프는 당초 1750년부터 2000년까지의 사회경제 및 지구 시스템 동향을 보여주기 위해 2004년에 발표됐으며, 현재 2010년까지 업데이트됐다.

1950년 이후 지구 시스템 지표의 가속도는 여전히 명확하다. 인구, 경제, 물 사용량, 식량 생산, 교통, 기술, 온실가스, 표면 온도 및 천연자원 사용량 등이 과거 어느 때보다 기하급수적인 속도로 증가하고 있다.

- Bruna Alves, "Global waste generation-statistics & facts", *STATISTA*, 2024. 11. 6.
- Will Steffen·Wendy Broadgate·Lisa Michele Deutsch·Owen Gaffney·Cornelia Ludwig, "The Trajectory of the Anthropocene: The Great Acceleration", *RESEARCH GATE*, 2015. 3.

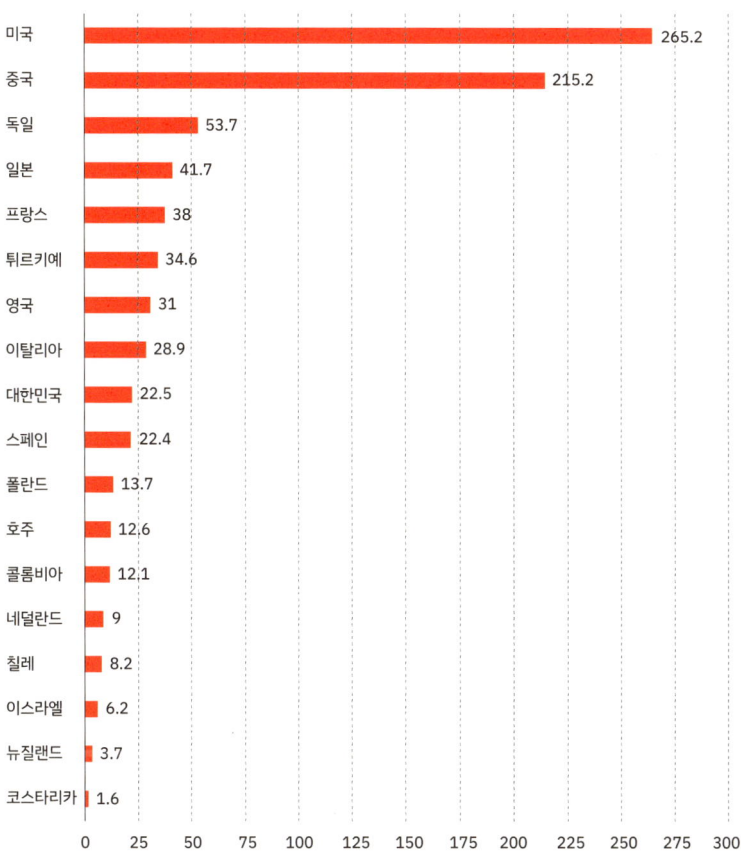

° OECD, statista 자료, 2021.

<대가속(The Great Acceleration)>

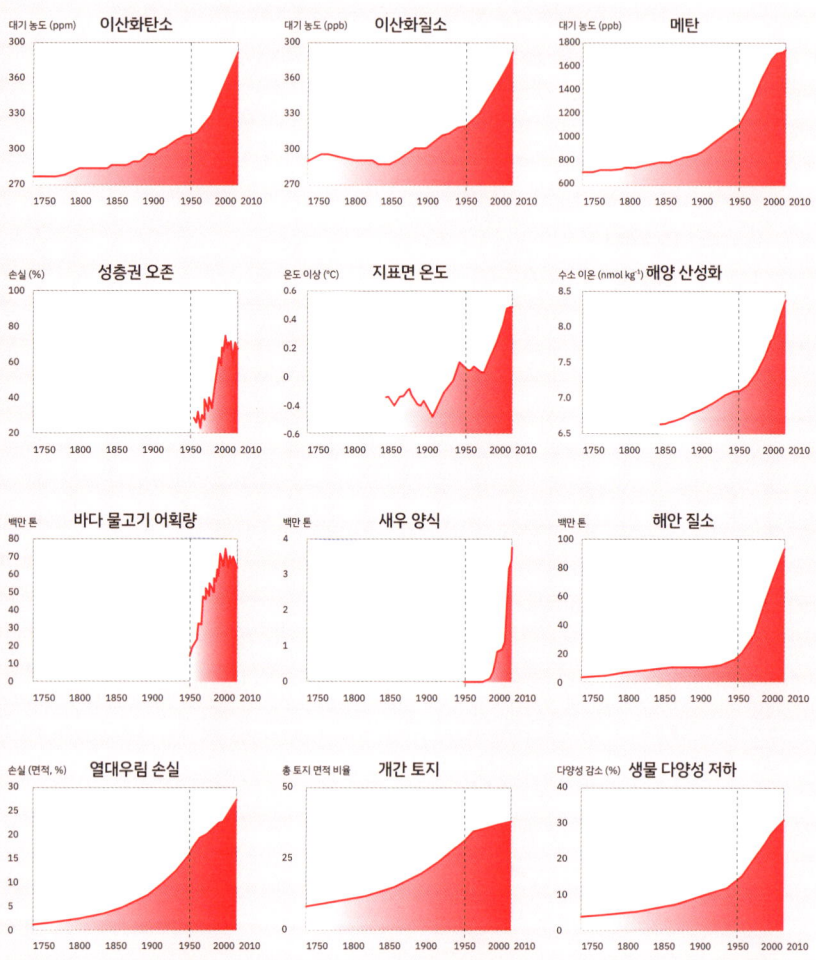

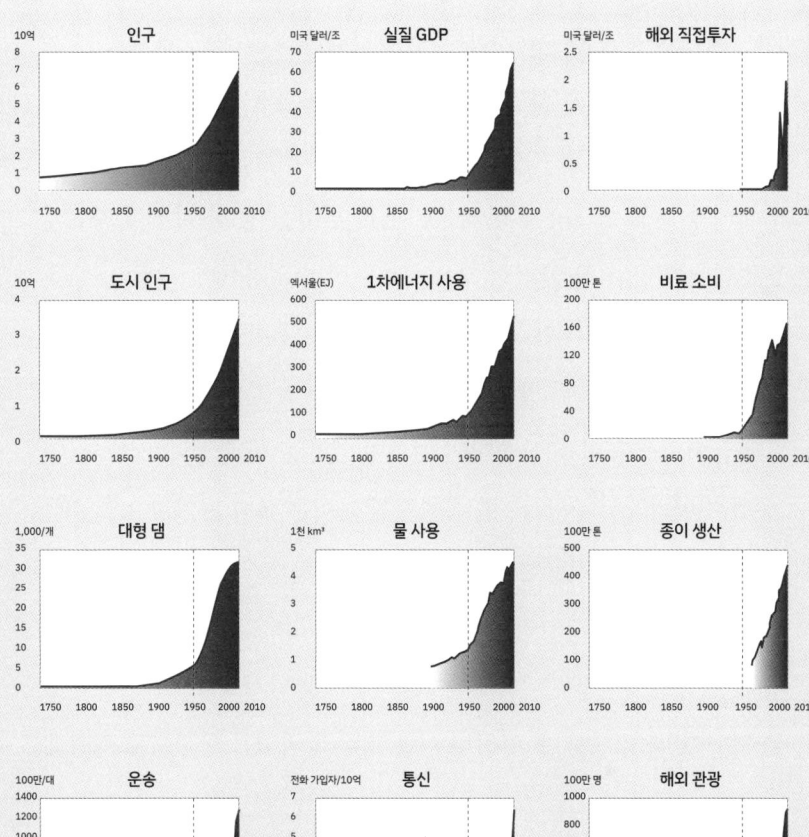

2009년 스톡홀름 회복력 센터의 요한 록스트롬 연구팀은 아홉 가지의 '지구 위험 한계선'을 설정했다. 이 한계를 넘어서면 예측할 수 없는 생태적 붕괴를 초래하게 될 문턱값이다. 이후 연구에 따르면 세계 경제는 돌이킬 수 없는 기후변화, 대규모 생물종 멸종, 과도한 토지 사용, 질소 순환의 과부하, 플라스틱과 화학물질을 포함한 새로운 입자에 의한 오염 등 5개 한계선을 이미 넘어섰다. 전 지구적 자연의 변형이 인류를 위한 안전한 작동공간을 이미 초과했다. 해양 산성화, 성층권 오존층 고갈, 전 세계 담수 사용량 등 나머지 한계에 대해서는 아직 국지적인 남용만 발생했지만, 상황은 점점 악화하고 있다.°

지금처럼 지구를 괴롭힌다면 언젠가 인류는 이 행성에서 살 수 없게 될 것이다. 과학자들은 현재 지구의 나이를 46억 년가량으로 추산하는데, 앞으로도 지구는 30억 년 이상 존재할 것으로 분석한다. 미국의 프리랜서 과학 저널리스트 스테파니 파파스는 "결국 인간은 멸종한다. 가장 낙관적인 추정으로는 앞으로 10억 년가량 더 지속할 수 있을 것이다"라고 말했다. 그러나 이는 태양의 외피가 바깥으로 팽창해 기온이 금성 수준으로 가열된 지구가 '자연사'하는 경우를 상정한 것이다. 소행성 충돌, 핵전쟁, 기후 비상사태 등 지구가 자연사하기 전에 인류가 최후의 날을 맞게 될 이유는 허다하다.

전면적인 핵전쟁은 인류를 쉽게 파괴할 수 있다. 과거 미국이 일본에 핵폭탄을 투하했을 때 핵탄두를 보유한 나라는 미국뿐이어서 핵보복의 위험이 없었다. 하지만 2022년 기준 핵보유국은 9개로 늘었고, 핵무기는 1만 3,000기에 이른다.

° 마티아스 슈멜처 외, 『미래는 탈성장』, 김현우 외 옮김, 나름북스, 2023. p.88.

1945년 일본 히로시마와 나가사키에 떨어진 핵폭탄은 각각 TNT 15kt(킬로톤), 21kt이었다. 이 핵무기는 11만~21만 명의 인명을 살상했다. 현대 핵무기는 훨씬 더 커졌다. 러시아가 구소련 시절 개발한 '차르 봄바'는 위력이 TNT 50mt(메가톤)으로 히로시마에 떨어진 핵폭탄의 3,333배에 이른다. 글로벌 대도시를 완전히 초토화할 파괴력이다. 인도와 파키스탄 간의 핵전쟁과 같은 지역적인 핵전쟁은 단기적으로 2,700만 명, 미국과 러시아 간의 전면적인 핵전쟁은 3억 6,000만 명의 직접적인 사망자를 낼 수 있다. 각국이 보유한 핵무기의 평균 위력은 100kt으로 추산된다. 100kt은 폭발 중심에서 약 $10km^2$ 내 건물과 생명체를 완전히 소멸시킨다. $80km^2$ 내에서는 건물이 붕괴하고 심각한 인명 피해가 발생한다. 서울시 면적($602km^2$)과 비슷한 $500km^2$까지 화재와 충격파에 시달린다.

핵무기 1기당 피해 면적을 $500km^2$로 가정하고, 전 세계 1만 3,000기가 모두 터진다면 어떻게 될까? 650만km^2가 피해를 보며, 이는 전 세계 도시 면적 300만km^2의 2배를 웃돈다. 살아남을 도시는 한 곳도 없다. 생태 오염이나 이상기후도 종말 가능성을 키운다. 인간은 이미 기후변화에 따른 더위로 인해 스트레스에 직면했다. 온도가 뜨거워지니 사람들은 어쩔 수 없이 더 빨리 호흡할 수밖에 없고, 이는 폐에 더 많은 오염을 일으킨다. 이상기후는 식량문제를 더 어렵게 한다. 기후변화와 건강의 불평등, 일반적인 불평등이 상호작용하면 어떤 결과로 이어질지 알 수 없다.

° Stephanie Pappas, "Will Humans Ever Go Extinct?", *SCIAM(Scientific American)*, 2023. 3. 21.

시바 박사는 자원을 더 많이 사용하면서 지구가 더 심하게 파괴된다며, 생태학의 근본 개념으로 돌아가야 한다고 주장한다. 생물 다양성을 근간으로 순환할 수 있는 체제를 만들어야 한다는 것이다. 종자 대기업의 씨앗을 사용해 '한 종'의 작물을 과도하게 재배하는 것은 '자연'의 모습이 아니다. 이에서 벗어나서 생물 다양성, 토양 재생을 하는 '소농'을 핵심으로, 마을, 지역 중심의 자급 경제를 복원해야 한다고 강조한다. 시바 박사는 그의 저서를 통해 '무한하게 가져가는 것이 아니라 자연에 되돌려줘야 한다. 우리는 지구의 일부이고 소유자가 아니라는 것을 기억해야 한다'라고 말했다.°

탄소중립은 이룰 수 있는 목표인가

2023년은 역사상 가장 따뜻한 해였다. 세계기상기구는 2023년 연평균 기온이 산업화 (1850~1900년) 이전보다 1.45±0.12도 높았다고 발표했다. 국제사회가 지구 평균기온 상승을 산업화 이전 대비 1.5도 이내로 제한하는 노력을 추진하기로 했는데 거의 한계에 이른 셈이다. 한국도 더워지고 있다. 기상청은 2024년 연평균 기온이 14.5도로 2023년 (13.7도)에 이어 2년 연속 1973년 이후 연평균 기온 신기록을 갈아치웠다고 밝혔다. 2024년은 한국의 연평균 기온이 사상 처음 14도를 넘어 평년보다 2도 높은 압도적으로 뜨거웠던 해였다. 지구 온도 1.5도 상승 시기는 2100년에서 2030년 이전으로 70년 이상 앞당겨질 것으로

° 김경학·이창준, "반다나 시바, 개인 제트기 타는 사람들이 녹색 해법 제시하고 있다", 경향신문, 2023. 6. 27.

보인다. 이미 2024년 1.5도 상승했다는 분석도 있다. 기후 위기가 눈앞의 현실이 됐음에도 정작 당면한 과제로 여기지는 않는다. '나 사는 동안에는 별일 없을 것'이라며 느긋하게 대응한다. 과학자들이 아무리 목청을 높여 경고해도 정치인들은 움직이지 않는다. 정치인에게는 현재 유권자의 표가 중요할 뿐이고, 아직 태어나지도 않은 미래 세대는 자신이 챙겨야 할 표가 아니기 때문이다.

2023년 말 아랍에미리트(UAE)에서 189개국이 참가한 세계 최대 규모의 기후 정상회의인 제28차 유엔기후변화협약 당사국총회(COP28)가 열렸다. 전 세계 9만 명의 참가자가 2주간 기후 위기 대응책을 논의했지만 미흡한 결과를 냈다.

COP28 참가국들은 합의문에서 "2030년까지 공정하고 질서정연하고, 공평한 방식으로 에너지 체계 가운데 화석연료에서 '멀어지는 전환'을 개시할 필요가 있다"고 선언했다. 해수면 상승 등 기후 위기에 맞닥뜨린 섬나라 등 100여 개 국가는 당초 합의문에 화석연료의 '단계적 퇴출(phase out)'을 명시하자고 주장했으나 '멀어지는 전환(transitioning away)'으로 완화했다. 석유수출국기구(OPEC) 사무총장은 회의 기간 회원국에 "화석연료를 대상으로 한 어떠한 합의안이나 해법도 적극 거부하라"는 지침을 보낸 것으로 알려졌다.

화석연료의 단계적 퇴출을 주장했던 앨 고어 전 미국 부통령은 "비굴한 합의문 초안은 석유수출국기구인 OPEC 요구를 또박또박 받아쓴 것처럼 보인다"고 비난했다. 영국 《파이낸셜타임스》는 합의문에 대해 지구 온도 상승 폭을 1.5도로 제한하기 위해 2030년까지 온실가스 배출량을 2019년 대비 43% 줄인다는 UN의 결정을 인정하고 있으나, 달성할 수 없는 목표라며 오히려 올해 배출량이 2% 증가할 것으로 예상된다고 지적했다. 한국은 COP28에서 기후변화에 제대로 대응하지 못하는 국가라는 오명을 썼다. 세계 기후환경단체들의 연대체인 기후행동네트워크(CAN)가 주는 '오늘의 화석상'을 사상 최초 수여했다.° 화석연료 확대, 손실과 피해 기금에 불참한 한국이 이른바 '기후 악당' 국가라는 의미이다. 한국은 또 주요국 기후변화대응지수(CCPI) 평가에서도 64개국 가운데 61위에 이름을 올렸다. 산유국을 제외하면 사실상 꼴찌였다. 더 나아가 한국은 2024년 11월 열린 COP29에서도 '오늘의 화석상' 1위를 차지했다. 전년 3위에서 더 이상 올라갈 수 없는 '최고 악당'이 됐다. 세계 두 번째 규모인 연간 100억 달러를 화석연료 공적 금융에 쏟아붓는 국가인 데다, 재생에너지 비율은 5%로 세계 평균(13%)에 크게 못 미친다. 이유진 녹색전환연구소 부소장은 2023 경향포럼 '기후변화와 탈성장 시대: 1.5도 삶의 조건' 강연에서 "세계 주요 국가들이 '탄소중립'이라는 목표를 선언하기는 했지만 실질적 행동에 나선 것은 사실상 없다"라고 주장했다. 전 세계 온실가스 배출량의 80% 가까이 내뿜고 있는 주요 20개국(G20) 대부분은 2050년까지 탄소 배출량을 '0'으로 줄이는 탄소중립을 이루겠다고 선언했다. 하지만 선언 이후 탄소 배출 추이는 이 약속과 동떨어져 있다. 이 부소장은 "자료를 볼 때마다 거대한 거짓말이 전 지구적으로 이뤄지는 게 아닌가 한다"고 말했다.°°

    탄소중립은 기업이나 개인이 발생시킨 이산화탄소 배출량만큼 이

° 세계적인 기후환경운동단체인 기후행동네트워크(Climate Action Network-International)가 유엔기후변화협약 당사국총회 기간 중 기후 협상의 진전을 막은 나라 1~3위를 매일 선정해 수여하는 불명예스러운 상.

°° 유경선, "탄소중립 실질적 행동을…사회 재설계해야", 경향신문, 2023. 6. 28.

산화탄소 흡수량도 늘려 실질적인 이산화탄소 배출량을 '0(제로)'으로 만든다는 개념이다. '넷제로(Net-Zero)'라고도 부른다. 대기 중에 배출한 이산화탄소의 양을 상쇄할 정도의 이산화탄소를 다시 흡수하는 대책을 세워 이산화탄소 총량을 중립 상태로 만들고자 한다. 화석연료 사용을 줄이고 나무를 심거나, 풍력·태양력 발전 등 재생에너지 분야에 투자해 오염을 상쇄해야 한다. 한국의 탄소 배출량은 여전히 증가하고 있다. 1990년 이후 배출량이 감소한 건 역대 두 번뿐으로, 1997년 IMF 외환 위기와 코로나19 발생 때다. 외부 요인에 의해 경제 활동이 불가피하게 위축된 경우에만 탄소 배출량이 줄어들었다. 이 부소장은 "우리 스스로 온실가스 배출량을 줄이는 시스템이나 사회를 아직 만들고 있지 못하다"고 지적했다. 이 부소장은 탄소중립 사회에 대비하려는 방안 중 하나로 자원을 불평등 해소에 우선 배분해야 한다고 했다. 한국은 이미 저성장사회에 접어들어 불평등 해소에 성장이 기여하기 어렵고, 자살률·노인빈곤율 등 사회적 지표가 악화했다는 것이다. 그는 "시민이 살아가는 데 필요한 에너지·주택·이동·먹거리·돌봄 위주로 산업과 일자리를 재구성해야 한다"며 "완전히 다른 사회를 설계한다는 생각으로 정치·경제·사회를 재구성해야 한다"고 말했다. 인간이 배출하는 탄소의 약 45%는 식물과 나무를 포함한 세계의 해양과 생물권에 흡수된다. 광활한 삼림을 보유한 국가는 탄소 배출국이 아니라 탄소 흡수국이다. 이들 나라는 규모가 작고 산업이 발전하지 않았으며, 정부가 생태 보호를 우선시한다는 공통점이 있다. 넷제로에 초점을 맞춘 B2B 웹사이트 네트워크 '에너지 모니터(Energy Monitor)'는 2022년 넷제로를 달성한 8개 탄소 흡수국을 소개했다.

넷제로 달성 탄소 흡수국(8개국)

- **부탄**: 히말라야의 작은 왕국으로 1970년대부터 지속 가능한 숲 관리에 기반한 경제를 추진하면서 숲을 보호했다. 이 개념은 생계형 농업, 지속 가능한 임업 및 관광에 주로 기반을 둔 경제와 함께 지금까지 지속되고 있다. 국토의 약 40%를 보호구역으로 지정했고, 국립공원은 동물의 자유로운 이동을 위한 통로로 연결돼 있다.

- **수리남**: 남아메리카의 북쪽 해안에 있는 아마존 국가 수리남에 대해 유엔은 "세계적으로 중요한 의미를 지닌 탄소 흡수원"이라고 했다. 국토의 93%가 삼림이며 비교적 잘 보존돼 있다. 한국에는 2022년 넷플릭스 영화 〈수리남〉으로 익숙해진 이름이다. 숲이 울창하지만 영화 촬영은 수리남이 아닌 도미니카와 한국 제주도 등에서 했다고 한다. 수리남 인구밀도는 km^2당 2.9명뿐이다. 한국 인구밀도는 514명(서울 1만 5,560명)이다. 삼림 면적은 넓은데 단위 면적당 인구는 적으니 탄소 배출이 적을 수밖에 없다.

- **파나마**: 파나마는 국토의 65%를 차지하는 대서양 열대 우림이 탄소를 흡수한다. 1만여 종의 식물이 서식하며, 국토의 3분의 1이 보호구역이다. 파나마 정부는 2050년까지 5만 헥타르의 땅을 다시 숲으로 만든다는 계획을 세웠다. 파나마 전체 면적은 753만 헥타르로 한국(1,004만 헥타르)보다 작은데, 숲을 조성하기로 한 면적만 서울 면적(6만 헥타르)에 육박한다. 한국은 2024년 2월 윤석열 전 대통령 주재로 민생토론회를 열고 지역경제 활성화를 위해 비수도권 개발제한구역(그린벨트)을 폭넓게 해제하기로 했다. 탄소중립과 거꾸로 가는 듯하다.

- **가이아나:** 남미 북부 해안에 있는 또 다른 아마존 국가 가이아나는 세계에서 열대우림 면적 비중(85%)이 큰 국가 중 하나다. 가이아나의 숲 1,448만 헥타르는 대부분 오래된 것이기 때문에 탄소 흡수 능력이 뛰어나다.

- **코모로:** 아프리카의 탄자니아, 모잠비크, 마다가스카르 해안에 위치한 4개의 화산섬으로 구성된 섬나라다. 인구밀도는 km^2당 400명으로 다른 탄소 흡수국에 비해 많은 편이다. 주요 해안 도시에 인구가 밀집해 있고, 숲에서 흡수하는 탄소량이 훨씬 더 많다.

- **가봉:** 중앙아프리카의 적도를 따라 위치한 가봉은 콩고 우림에 있는 6개국 중 하나이다. 주요 열대우림 지역 중 21세기 들어 가장 낮은 수준의 산림전용(山林轉用, deforestation)을 기록했다. 원유 수출국임에도 불구하고 탄소 흡수원을 유지하고 있다.

- **마다가스카르:** 마다가스카르 국민 대부분은 농업과 어업 분야에서 일한다. 저개발 상태여서 가구의 20%만이 전기 조명을 이용할 수 있다. 열대 우림 국가로 탄소 흡수국이지만 숲을 전용하는 사례가 늘고 있어 배출국으로 바뀔 가능성도 있다.

- **니우에:** 통가, 사모아, 쿡 제도 사이에 위치한 태평양 섬나라다. 산호초로 형성돼 기후변화 영향에 매우 취약하다. 지구가 따뜻해질수록 더 빈번해질 것으로 예상되는 기상 현상인 5등급 사이클론에 의해 2004년 수도 알로피가 큰 타격을 받았다. 전 세계 탄소 배출량에 대한 나우에의 비중은 0.0001% 미만이다.

- Nick Ferris, "Which countries are already at net zero?", *ENERGY MONITOR*, 2022. 10. 25.

세계 각국은 대부분 2050년 탄소중립을 목표로 하고 있다. 그러기 위해서는 2025년 전 세계 탄소 배출량이 정점에 도달한 뒤 온실가스 배출량을 줄여야 한다. G20은 온실가스 배출량을 2019년 대비 2030년까지 43%, 2035년까지 60% 줄이는 데 합의하고 선언했다. 이를 위해 전 세계 재생에너지 용량을 3배로 늘리기로 했다.

탄소중립에 대한 목표 일정은 국가별로 다르다. 각국의 탄소중립 목표 달성 정도를 분석하는 국제 컨소시엄 프로젝트 '넷제로트래커(Net Zero Tracker)' 집계를 보면 146개국이 넷제로 일정을 확정해놓고 있다. 2050년이 한국을 포함한 127개국으로 가장 많다. 중국과 러시아, 인도네시아, 사우디아라비아, 쿠웨이트, 바레인 등 온실가스 배출이 많거나 화석연료 생산이 많은 8개국은 탄소중립 목표연도를 2060년으로 잡았다. 전 세계 온실가스 배출 1위 중국은 여전히 경제가 성장 중이어서 성장을 이어 나가려면 많은 양의 에너지를 쓸 수밖에 없다. 이 때문에 화석연료 의존도가 높고 탄소중립에 관해서는 부담이 크다. 반면 핀란드는 2035년 탄소중립을 달성하겠다는 목표를 세우고 관련 법까지 통과시켰다. 오스트리아와 아이슬란드, 독일, 덴마크, 스웨덴 등은 2040~2045년 사이 넷제로에 도달한다는 목표를 법제화했다.

에너지는 기후 문제의 핵심이며 해결책의 핵심이다. 지구를 뒤덮고 태양열을 가두는 온실가스의 상당 부분은 화석연료를 연소시켜 전기와 열에너지를 생산함으로써 발생하기 때문이다. 석탄, 석유, 가스 등 화석연료는 전 세계 온실가스 배출량의 75% 이상과 전체 이산화탄소 배출량의 90%를 차지한다. 화석연료에 대한 의존을 끝내고 깨끗하고, 접근 가능하며, 가격이 저렴하고, 지속 가능하며, 신뢰할

<2100년 온난화 전망(현재 정책을 기반으로 한 배출량 및 온난화)>

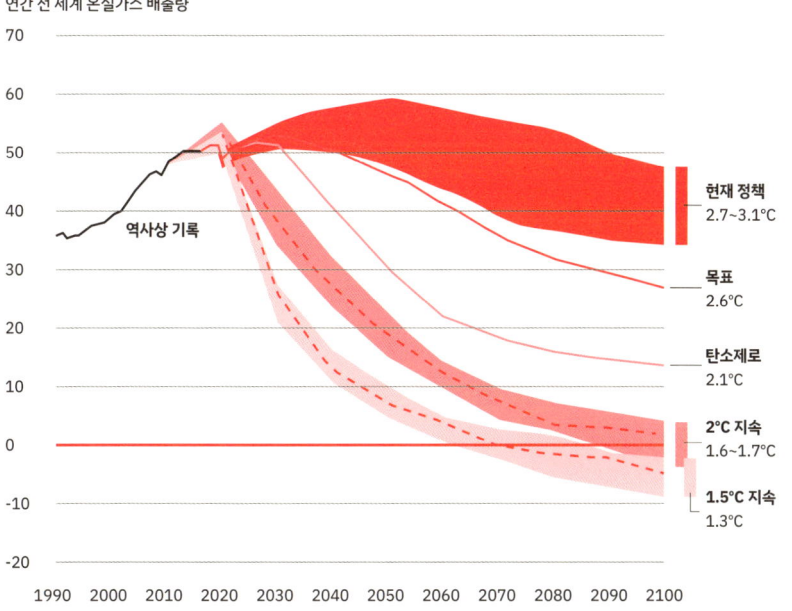

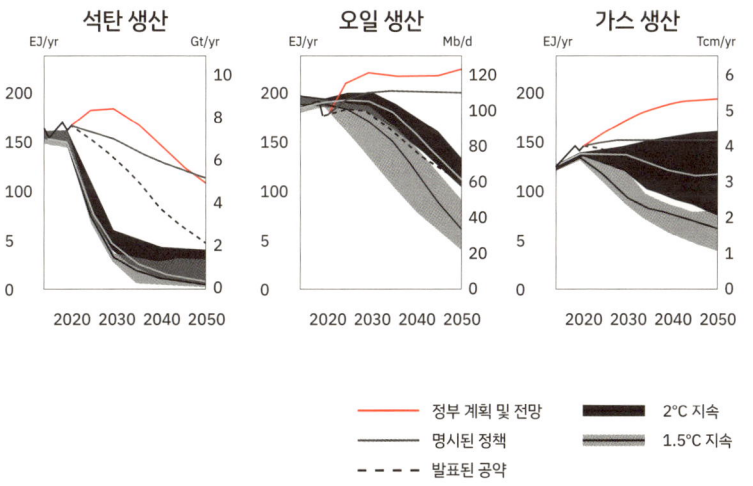

° Climate Action Tracker 자료.

수 있는 대체 에너지원에 투자해야 한다. 태양, 바람, 물, 폐기물, 지열 등 주변에서 풍부하게 이용할 수 있는 재생 가능한 에너지원은 자연에 의해 보충되고 온실가스나 오염 물질을 공기 중으로 거의 또는 전혀 배출하지 않는다.°

2050년에 탄소중립을 달성하기란 사실상 불가능하다. 앞서 COP28 결과에서 봤듯이 탄소 배출 강국들이 선뜻 나서지 않기 때문이다. 중국, 미국, 인도, EU, 러시아 등 상위 5개 배출국은 2021년 온실가스 배출량의 60%에 대한 책임이 있다.

G20(아르헨티나, 호주, 브라질, 캐나다, 중국, 프랑스, 독일, 인도, 인도네시아, 이탈리아, 일본, 한국, 멕시코, 러시아, 사우디아라비아, 남아프리카공화국, 튀르키예, 영국, 미국, EU)으로 확대하면 76%로 늘어난다. 반면 최빈국은 전 세계 배출량의 약 3.8%에 그치고, 작은 섬 개발도상국은 1% 미만이다. 탄소중립의 핵심인 화석연료 퇴출과 재생에너지 확대 모두 부자 나라들의 책임이지만 갈 길이 멀다.

글로벌 통계 조사기관 스태티스타(Statista)가 발표한 자료를 보면 2022년 기준 전 세계 1차 에너지 사용량은 전년보다 1.1% 증가한 604.04엑서줄(EJ, exajoule)°°로 사상 최대를 기록했다. 1차 에너지는 천연상태에서 얻을 수 있는 형태의 에너지다. 스태티스타는 1차 에너지를 석유, 천연가스, 석탄, 원자력, 수력, 재생에너지 등 6개로 분류하고 있나. 엑서줄(exajoule) 앞에 붙은 'exa'는 뒤에 0이 18개 붙는다

° UN Climate Action, "Renewable energy – powering a safer future", *UN*, 2024.

°° EJ, 에너지 측량 단위로 1EJ=1,018J에 해당한다.

는 뜻이고, 1줄(joule)은 무게가 100g인 물체를 지표면에서 1m 위 수직으로 들어 올리는 데 필요한 에너지다. 2022년 석유와 석탄, 천연가스 등 화석연료 사용은 1년 새 0.5% 증가했다. 유형별로는 가스가 3.1% 감소했으나 석유가 3.2%, 석탄이 0.6% 증가했다. 1차 에너지 연료 가운데 화석연료 비중은 82%로 절대적이다. 특히 석유는 세계에서 가장 많이 소비되는 1차 에너지 연료로 비중이 31.6%에 이른다. 이어 석탄 26.7%, 가스 26.7% 순이다.°

화석연료는 코로나19가 확산하던 2020년 사용량이 반짝 줄었던 시기가 있었으나, 이후 증가세를 지속하고 있다. 2019년 화석연료 사용량은 490.07엑서줄이었다. 전 세계가 합의한 대로 2030년 온실가스 배출량을 2019년 대비 43% 줄이려면 화석연료 사용도 그만큼 감축해야 한다. 현재보다 더 많은 생산, 즉 무한한 성장을 기대하는 자본주의 시스템에서 화석연료 감축은 곧 마이너스 성장으로 받아들여질 소지가 크다. 지구와 인류의 미래를 위해 성장과 화석연료 감축 사이에서 어떤 선택을 해야 할지는 자명하다.

유엔환경계획(UNEP)이 발표한 「2023년 생산격차 보고서 *The 2023 Production Gap Report*」에 나타난 현실은 딴판이다. 분석을 보면 화석연료 생산량은 2030년까지 계속 늘어나게 된다. UNEP은 2019년부터 각국의 화석연료 생산계획과 파리협정 준수를 위해 필요한 생산량 간의 차이를 분석하는 생산격차 보고서를 발표하고 있다. 2023년 보고서는 20개국을 대상으로 조사했는데, 파리협정의 1.5도 제한 목표

° Statista Research Department, "Primary energy consumption worldwide from 2018 to 2023, by fuel type", *Statista*, 2024. 9. 25.

에 맞춰 화석연료를 줄인 국가는 한 곳도 없었다. 보고서는 "전 세계 석탄 생산량은 2030년까지 증가하고, 석유와 천연가스 생산량은 적어도 2050년까지 늘어날 것"이라며 "이는 파리협정에 대한 각국 정부의 약속과 충돌하며, 새로운 정책이 없더라도 석탄, 석유, 가스에 대한 글로벌 수요가 10년 안에 정점을 찍을 것이라는 기대도 충족하지 못한다"고 밝혔다.°

재생에너지 확대는 어떤가. COP28에서 130여 개 국가가 2030년까지 전 세계 재생에너지 설치 용량을 최소 1만 1,000GW(기가와트)°° 로 3배 늘리기로 합의했다. 실제로 재생에너지 용량은 급격히 증가하는 추세다. 국제에너지기구(IEA)는 2023년 전 세계 재생에너지 용량 510GW가 추가돼 전년보다 50% 증가했다고 밝혔다. 2023년 새로 설치된 재생에너지의 4분의 3이 태양광 발전이었는데, 대부분 중국에서 건설됐다. IEA는 유럽과 미국, 브라질 등에서 급속히 확대되고 있는 재생에너지가 2025년쯤 석탄을 추월하고, 2028년에는 전 세계 발전량의 42%를 차지할 것으로 예상했다.°°° 그러나 IEA의 전망은 지나치게 낙관적이다. IEA는 화석연료 사용이 2030년 전에 정점을 찍고 감소할 것이라는 현실과 거리가 먼 전망을 내놓았다. 최근 재생에너지 발전 설비가 많이 늘어난 것은 사실이지만 여러 제약이 많아 장기간

° Stockholm Environment Institute, 「Production Gap Report 2023」, *Production Gap Report*, 2023. 11.

°° 에너지 측정 단위, kW의 1,000배인 메가 와트(MW), 백만 배인 기가 와트(GW), 십 억배인 테라 와트(TW)가 있다.

°°° International Energy Agency, 「Renewables 2023: Analysis and forecast to 2028」, *IEA*, 2024. 1.

지속되기는 쉽지 않아 보인다. 예컨대 급증세를 보이는 태양광 발전은 추가로 적합한 지역을 찾기가 쉽지 않고, 환경을 훼손한다는 비판에 직면해 있다. 이는 풍력 발전이 처한 상황과도 비슷하다. 기본적으로 전기 수요는 계속 증가하고 있어 재생에너지만으로 감당하기 어려울 것이라는 전제도 깔려 있다. 재생에너지 발전을 지원하는 정책이 일관적이지 않다는 점 역시 큰 문제다. 한국은 문재인 정권에서 강력한 드라이브를 걸었던 재생에너지 확대 정책이 윤석열 정부 들어 대거 폐지됐다.

COP28에서 전 세계는 '2030년까지 재생에너지 3배 확대'를 결의한 반면, 일부 국가는 '2050년까지 원전 3배 확대'라는 '넷제로 뉴클리어 이니셔티브(NetZero Nuclear Initiative)를 채택하기도 했다. 미국, 프랑스, 영국, 아랍에미리트, 스웨덴 등 22개국이 서명했는데, 한국도 한자리를 차지했다. 기후 위기 대응, 탄소중립 달성을 핑계로 원전 확대를 밀어붙이는 국가들이다. EU가 녹색분류체계(EU Taxonomy)에 포함할 정도로 원전은 경제성이 높고 탄소 배출량도 적은 게 사실이다. 하지만 건설 과정에서 발생하는 탄소 배출과 운영 및 폐기물 처리 과정의 위험성을 감안하면 친환경 발전 수단이라고 보기는 어렵다.

한국의 2023년 기준 원전 발전량 비중은 29.6%로 이미 전 세계 평균(9.2%) 3배에 이른다. 만약 한국이 2050년까지 원전을 현재의 3배로 늘린다면 전체 발전량의 90%를 원전이 차지하게 된다. 그렇게 된다면 태양열이나 풍력 같은 재생에너지를 확대할 이유가 없어진다.

환경단체인 시민기후행동은 한국 정부의 넷제로 뉴클리어 이니셔티브 서명에 대해서 "사실상 기후 위기를 앞세워 핵발전이라는 위험을 전 세계적으로 확대하겠다는 야만적인 계획이며 소수의 이익을 위해 거대한 전환을 거스르는 정치적 오만"이라고 비난했다. 이어 "COP28에서 한국 정부가 할 일은 핵발전 3배 서약과 핵 로비가 아니라 재생에너지 꼴찌, 에너지 전환 꼴찌라는 오명을 벗기 위한 재생에너지 확대 노력이다. 또한 화석연료 투자와 지원을 멈추고 한국 스스로 배출 책임을 지기 위한 손실과 피해 기금에 공여를 약속하는 것"이라고 밝혔다.°

물론 탄소중립 과정에서 원전 확대가 불가피하다고 주장하는 전문가도 적지 않다. 촘스키 교수는 탄소중립에 원자력이 설 땅이 있느냐는 질문에 "원자력에 의지하지 않고 현재 위기에서 벗어날 방법이 있으면 좋겠지만, 원자력이라는 선택지를 무작정 배제해서는 안 된다고 생각한다"고 답했다. 다만 "위험은 명백하고 익숙하다. 현재 기술로는 원자력 발전소 보유와 진정한 악몽이라고 할 수 있는 핵무기 개발 역량 간에 큰 차이가 없다. 게다가 핵폐기물 처분처럼 해결되지 않은 기술적 문제들도 있다"고 설명했다.°°

° 기후위기 비상행동 기자회견문, "한국정부의 COP28대응 규탄 기자회견 —멈춰! 핵발전, 확대! 재생에너지 / 멈춰! 그린워싱, 확대! 기후재원", 기후위기 비상행동, 2023. 12. 8.
°° 노엄 촘스키·로버트 폴린, 『기후 위기와 글로벌 그린 뉴딜』, 이종민 옮김, 현암사, 2021. p.131.

용어 풀이

EU 택소노미

세금을 뜻하는 'Tax'라는 말이 포함돼 오해받지만, 세금과는 관련이 없다. 택소노미(Taxonomy)는 분류체계라는 뜻이다. 그리스어 'taxis(분류하다)'와 'nomos(법, 과학)'가 합쳐진 단어이다. 산업계에서는 그린(Green), 즉 환경과 관련돼 '녹색 분류체계'라고도 불린다. 기후변화에 대응할 수 있는 친환경 산업을 판단하는 기준으로 쓰이며 친환경 산업에 금융, 세제 혜택을 지원해 투자가 활성화하도록 돕는다.

2020년 7월 제정된 유럽연합(EU) 택소노미는 2023년 11월 현재의 기준을 완성했다. 6가지 환경목표는 기후변화 완화(Climate Change Mitigation), 기후변화 적응(Climate Change Adaptation), 지속 가능한 수질 및 해양자원(Sustatinable Use of Water and Marine Resources), 순환경제로의 전환(Transition to a Circular Economy), 오염방지 및 통제(Pollution Prevention and Control), 생태계 및 생물 다양성 보존(Protection of Biodiversity and Ecosystems) 등이다. 당초 기후변화 활동에 중점을 뒀던 EU 택소노미는 에너지, 농업, 수송, 건설 등 다양한 분야로 영역을 넓히고 있다.

EU는 2022년 7월 택소노미 업데이트를 통해 원자력을 가스와 함께 친환경적인 경제 활동에 포함시켰다. 원자력이 탄소 배출이 적은 저탄소 에너지 생산 방식이라고 인정한 것이다. 프랑스와 체코, 폴란드 등 상대적으로 다수 국가가 찬성을 주도했다. 그러나 독일, 오스트리아 등 일부 국가와 환경단체는 원자력 포함에 반대하고 있다. 핵폐기물은 발생 후 수천 년간 관리해야 해 위험성이 크고 처리 비용도 비싸다. 체르노빌, 후쿠시마와 같은 대형 원전 사고는 인간과 환경에 장기간 치명적 영향을 끼친다. 원자력은 탄소 배출량이 적은 에너지원이지만 핵연료 자원이 한정적이고 건설 비용도 많이 든다. 태양광과 풍력 등 재생에너지가 훨씬 친환경적이고 지속 가능하다.

급격하게 부를 늘려가는 상위 1%의 탐욕

국세청이 국회에 제출한 자료를 보면 2022년 근로소득자 2,054만 명의 1인당 평균 연봉은 4,214만 원으로 전년보다 200만 원 늘었다. 상위 0.1% 근로자 평균 소득은 1인당 9억 8,800만 원, 상위 1%는 3억 3,100만 원이었다. 여기에도 평균의 함정이 있다. 전체 근로자에는 상위 1%도 포함돼 있다. 상위 1%를 제외한 99%의 평균임금은 1%를 포함했을 때보다 293만 원 적은 3,921만 원에 그친다. '승자독식'이 자본주의의 특성이라지만 부의 편중은 갈수록 깊어지고 있다. 근로소득이 많을수록 소득이 빠르게 증가한다. 상위 0.1% 구간에 해당하는 소득이 전체 근로소득에서 차지하는 비중은 2018년 2.1%에서 2022년 2.4%로 커졌고, 상위 1% 구간 소득 비중 역시 같은 기간 7.3%에서 7.9%로 확대됐다.

자본주의 천국이라는 미국은 한국보다 더 심하다. 미국의 소비자금융 서비스회사 뱅크레이트에 따르면 2022년 기준 상위 0.1% 근로소득자의 1인당 평균 소득은 281만 7,436달러(약 36억 4,000만 원)이었고, 1%는 78만 5,968달러(약 10억 1,543만 원), 평균은 6만 1,136달러(약 7,900만 원)이었다. 상위 0.1%가 받는 연봉을 평균과 비교하면, 미국은 46배로 한국의 23배보다 훨씬 컸다. 1% 연봉도 미국은 평균 대비 13배, 한국은 8배였다.

2024년 초 김낙년 동국대 교수와 홍세현 파리경제대학 교수 등이 세계불평등데이터베이스(WID)에 발표한 「한국의 소득불평등,

---

° James Royal, "Are you rich enough to be in the top 1%? Here's how much income and wealth it takes", *Bankrate*, 2024. 11. 29.

1933-2022」 보고서를 보면 소득 상위 10%의 비중은 1930년대에서 1970년대 사이에 감소했다가 증가했다. 1997년 외환 위기 이후 소득 불평등이 악화해 2020년대는 과거 일제 강점기 수준에 가까워지고 있다. 최근 고소득 집중도가 상승하는 원인은 대부분 자본소득 불평등의 증가와 관련이 있다. 한국의 소득 불평등은 다른 동아시아 국가들에 비해 상대적으로 낮은 수준이다. 이는 주로 1980년대 경제 도약 초기에 국가 소득 증가가 더 균등하게 분배됐기 때문이다. 그러나 소득 불평등은 최근 30년 동안 계속 악화하고 있다.°

2025년 1월 기준 세계 최고 부자는 재산이 4,212억 달러인 일론 머스크이다. 2위 제프 베조스(2,335억 달러)를 압도적인 격차로 앞서고 있다. 2024년 11월 미국 대통령 선거에서 승리한 도널드 트럼프는 머스크의 '절친'이다. 2024년 강세를 보인 테슬라 주가에 더해 미국 대통령과 가까운 사이라는 점이 머스크의 재산을 1년 새 2배가량 불어나게 했다. 정치 권력과 결합한 경제 권력의 부익부 현상을 잘 보여준다.°° 머스크가 테슬라에서 받는 기본 연봉은 그리 많지 않지만, 막대한 성과급으로 부를 급속히 불리고 있다. 영국의 금융 플랫폼 '머니진(Moneyzine)'에 따르면 최근 10년간 축적한 순자산을 기반으로 분석한 결과 머스크는 연간 143억 9,000만 달러를 벌었다. 테슬라 직원 평균 연봉은 2023년 기준 14만 9,351달러였다. 머스크는 직원 평균의 10만 배에 달하는 소득을 취하고 있다.

° wid.world, "Income Inequality in South Korea, 1933-2022", *World Inequality Database*, 2024. 1. 22.

°° Rob LaFranco·Grace Chung·Chase Peterson-Withorn, "World's Billionaires List: The Richest In 2024", *Forbes*, 2024.

머니진은 머스크에 대해 "스크루지 맥덕, 토니 스타크, 제이 개츠비 등 가상의 억만장자보다 부자"라고 썼다.° 동화나 만화, 소설 속에서나 등장하는 상상의 인물을 뛰어넘는 부를 쌓아 올렸다는 뜻이다. 글로벌 통신사 AP가 S&P 500 기업 연봉을 분석한 자료를 보면 이들 기업의 CEO가 2022년 받은 평균 연봉은 1,480만 달러였다. 해당하는 기업의 노동자 평균 임금은 7만 7,178달러에 그쳤다. 미국 노동자가 자신이 다니는 회사 CEO의 연봉만큼 벌려면 190년 넘게 걸리는 셈이다. 미국에서는 노동자보다 과도하게 많은 연봉을 임원에게 지급하는 기업에 대해 과세를 강화하는 등 페널티를 줘야 한다는 움직임이 일고 있다.

한국에서도 기업이나 공공기관 임원의 임금 상한액을 정해 부의 불평등을 일부나마 완화하자는 이른바 '살찐 고양이 법' 제정이 추진됐다. '살찐 고양이'라는 말은 원래 미국에서 정치인에게 돈을 대는 탐욕스럽고 배부른 자본가를 지칭할 때 쓰는 말이었다. 2008년 글로벌 금융위기 때는 기업의 위기를 유발하고도 책임은 지지 않고 거액 연봉을 챙긴 욕심쟁이 기업가를 비난하는 말로 쓰였다. 일부 선진국은 경영진의 과도한 보수를 막기 위해 살찐 고양이 법을 도입했다.

프랑스는 2012년 공기업 최고 임금을 최저임금의 20배 이하로 규제했다. 한국은 2016년 심상정 의원이 민간 기업 최고경영자의 임금을 최저임금의 30배, 공공기관의 임원은 10배, 국회의원과 고위공직자는 5배를 넘지 못하도록 규정하는 '최고임금법'을 발의했으나 통

° Jane Tumar, "How Much Money Does Elon Musk Make a Year?(2025)", *Moneyzine*, 2024. 12. 16.

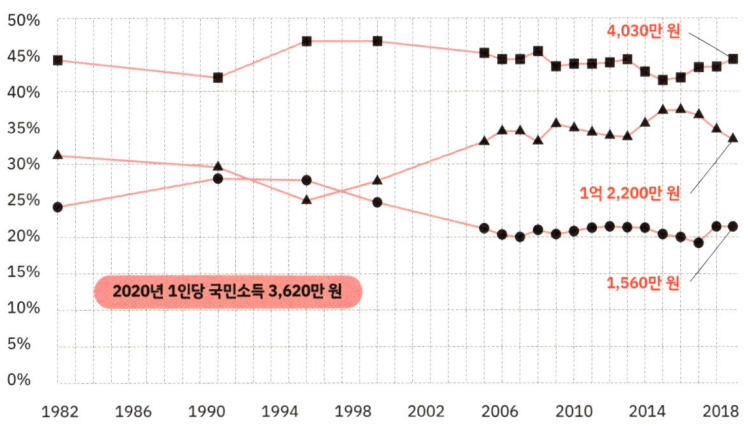

° World Inequality Database 자료, 2020.

과하지 못했다. 다만 일부 지방자치단체에서는 지방공공기관 임원의 보수를 제한하는 내용의 조례를 제정해 시행하고 있다. 아무리 자본주의 사회라지만 억만장자들이 정당하게 부를 축적했다고 보기는 어렵다. 과도한 보상을 받고 있으며, 이익에 대한 분배가 제대로 이뤄지지 않고 있다. 이 같은 비판을 의식한 듯 슈퍼 리치들은 대부분 사회에 부를 돌려주겠다면서 재단을 운영한다. 마이크로소프트(MS) 창립자 빌 게이츠(Bill Gates)는 전 아내와 '빌&멀린다 게이츠 재단'을 설립했고, 아마존 창립자 제프 베조스는 '베조스 지구 기금'을 운영 중이다. 정치인이자 기업가인 마이클 블룸버그는 '블룸버그 자선재단' 설립자다. 이들 재단과 단체는 슈퍼 리치가 벌어들인 부의 일부를 기아 퇴치와 환경보전 등에 사용한다.

파텔 교수는 일부 사람만을 지나치게 배 불리는 잘못된 금융구조 탓에 억만장자들이 생겨났다면서 억만장자의 각종 재단과 자선단체는 세금을 통해 민주적으로 통제해야 할 부분을 민영화한다는 점에서 문제라고 지적한다. 파텔 교수는 자선단체를 통해 많은 현금을 나눠주면서 대중의 애환을 잠시나마 달래줄 수는 있다면서도 소수의 '잘나가는 사람' 몇 명이 그들의 입맛에 맞는 자선활동을 펼치는 것보다는 사회 구성원 모두가 참여해 민주적으로 부를 재분배하는 게 더 낫다고 밝혔다.°

재단 설립과 운영은 세금을 피하려는 부자들의 절세 수단이다. 세금으로 내는 것보다 적은 금액을 재단에 내놓으면서 생색을 낸다. 세

° 김경학·이창준, "파텔 교수, '자본세' 저물면 파시즘 대두할 수도…'돌봄 혁명' 위해 기본소득 고민해봐야", 경향신문, 2023. 6. 13.

금은 정부가 부의 재분배에 쓰는 반면, 재단 출연금은 부자의 뜻에 따라서만 쓰인다.

코로나19 팬데믹은 형편이 어려운 많은 사람을 곤경에 빠뜨렸다. 부채가 급증해 세계 경제가 매우 위태로워진 시기이기도 했다. 반면 거대 자본가들에게는 막대한 부를 증대시키는 계기가 됐다. 2020년 이후 세계에서 새로 창출된 부의 3분의 2를 상위 1%가 차지하는 동안, 8억 명이 넘는 사람은 굶주린 채 잠자리에 들었다. 식품, 에너지 가격이 급등하면서 빈곤층의 삶은 벼랑 끝으로 내몰렸다. 동시에 식품, 에너지 회사는 '기록적인' 이득을 보고 주주에게 막대한 배당금을 지급했다. 시바 박사는 "코로나19 팬데믹 동안 대기업은 지역의 시장 상인들에게 문을 닫으라고 사실상 압박했다. 그 사이에 '아마존 프레시(아마존이 운영하는 식료품 가게)' 배달원은 계속해서 늘었다. 그렇게 코로나19 대유행 2년 동안 억만장자들은 계속해서 부를 늘렸고, 그들의 시장 지배력은 더 커졌다"라면서 "세계화 과정에서 자본과 금융이 결합한 새로운 투자 시스템을 만들어냈다. 그들은 이제 미디어와 교육, 농업 등 다른 경제 부문을 장악하고 있다. 계속해서 성장해온 인류는 이제 성장의 마지막 단계에 도달한 듯하다. 여기서 생겨난 거대 금융 자본은 모든 지역 경제를 질식시켜 없애버리려고 하고 있다"고 말했다.° 시바 박사는 대기업이 전 세계 1%의 위치를 차지하면서 권력을 휘두른다고 지적했다. 특히 금융 대기업이 세계 경제 모델을 주도한다고 설명했다. 과거에는 은행이 모든 돈을 갖고 있었지만, 지금은

° 김경학·이창준, "반다나 시바, 개인 제트기 타는 사람들이 녹색 해법 제시하고 있다", 경향신문, 2023. 6. 27.

자산운용사라는, 전에 없던 금융 기업이 돈을 끌어모으고 있다. 글로벌 민간 자산운용사인 블랙록과 뱅가드그룹 등이 그것이다.

미국 리서치 회사 국부펀드연구소(SWFI, Sovereign Wealth Fund Institute) 자료를 보면 2023년 기준 블랙록은 9조 4,252억 달러(약 1경 2,300조 원)의 자금을 운용하고 있다. 이는 미국 연방정부의 2023회계연도 예산지출 규모 6조 1,300억 달러를 훌쩍 뛰어넘는 규모다. 2위 뱅가드는 7조 2,500억 달러(약 9,464조 원)를 굴린다. 러시아와 전쟁이 한창이었던 2022년 말 우크라이나의 볼로디미르 젤렌스키 대통령은 블랙록 래리 핑크 회장과 만난 전쟁 이후 국가 경제 운영 방안을 논의했다. 민간 자산운용사에 국가 재설계까지 맡기는 상황에 이르렀다.

시바 박사는 "1%는 단순한 숫자가 아니라, 자연, 사회, 경제를 지배하는 하나의 시스템"이라며 "1%가 규칙을 세우고 민주적인 정부를 '하이재킹(납치, 장악)'하며, 세계를 좌지우지하고 있다"고 말했다. 2023년 경향신문 인터뷰에서 금융과 기술이 '1%의 앞잡이'라고 주장한 시바 박사의 얘기를 들어보자.

"금융 및 기술은 1%가 쓰는 도구다. 월스트리트가 무너졌던 2008년 서브프라임 모기지 사태를 계기로 '돈으로 돈을 버는' 새로운 방법을 찾은 1% 말이다. 그들은 실체가 없는 것에서 수익을 만들어내면서 세계를 위험에 빠뜨리고 있다. 기술은 더 발달해 금융 거래는 이제 초 단위로 오간다. 정상적인 부는 노동을 통해 창출해야 하는데 지금은 '글로벌 도박판' 속에서 돈이 벌리고 있다. 이런 시스템은 자주

◦ "Top 100 Asset Manager Managers by Managed AUM", *SWFI*, 2023.

무너진다는 걸 모두 알고 있다. 2008년에도 그랬고 미국은 지금도 그렇다. 금융과 기술은 신뢰할 수 있는 도구가 아니다. 상위 1%가 사람들을 통제하고 감시하는 데 쓰이는 도구일 뿐이다. 물론 이런 도구가 불가피하다고 주장할 수도 있다. 그렇다면 우리는 이 도구를 어떻게 쓸 것인지를 고민해야 한다. 금융과 기술이 그 자체가 목적이 돼서는 안 된다. 금융과 기술은 더 고차원적인 목적을 위해 잘 쓰여야 한다. 결국 정부가 그 도구를 잘 감시하고 통제할 수 있도록 법을 만들어야 할 것이다. 이미 유럽에서는 관련 법률이 통과되고 있다. 물론 각 국가 상황에 따라 법제화는 일정 시간이 걸릴 것이다. 일단 개인 수준에서 우리는 어떤 도구가 우리를 노예로 만드는지 인식하고, 현명한 선택을 해야 한다."

코로나19 백신은 인류를 구원한 기술이라고 해야 할까, 아니면 1%가 99%를 통제하고 착취하려는 기술이라고 해야 할까. 시바 박사는 사람들이 화이자사를 백신 개발사로만 생각하지만 화이자는 농약과 살충제를 만들고 있으며 GMO 식품을 만드는 몬산토사를 소유하기도 했다면서 화이자가 하는 일 중에서 사람을 죽이는 분야는 보지 못한 채 백신에만 집중한다면 큰 그림을 놓치는 것이며 그들은 우리 삶을 통제하기를 원한다고 말했다.

기술은 도구일 뿐이다. '기술 자체는 나쁜 게 아니다'라고 주장하면 도구에 지나치게 큰 힘을 실어주는 잘못된 결과를 낳을 수 있다. 결국 기술을 통해 얻는 경제적 이익과 정치적 권력은 도구의 소유자에게 집중된다. 기술의 좋고 나쁨을 말하기 전에 기술의 안전성을 어떻게 평가하고 결과에 누가 어떻게 책임을 질 것인가를 논의해야 한다. 백신 접종 부작용으로 사망했다고 주장하는 사람들은 지금도 서울시청 건너편에서 천막 시위를 벌이고 있다. 지금은 컴퓨터를 이용해 정자와 난자를 조합해 인공 배아를 만드는 기술이 가능하다. 그럼, 사회가 수백만 개의 인공 배아를 생산해야 할까? 아니면 사회적 합의를 거쳐 얼마나 생산할지 결정해야 할까? 자율적인 기술이라는 것은 불가능하다. 기술의 사용은 민주적으로 결정해야지, 기술을 만든 사람들에게 맡겨둬선 안 된다.

시바 박사는 '1%'의 사람이 과도한 부를 누리게 되는 기본 원리가 '공유재의 사유화'에 있다고 봤다. 시바 박사에 따르면 한때 세계 총 생산의 25%를 차지했던 인도에서는 원래 경작하는 농민과 지역사회가 땅을 가지고 있었다. 영국은 식민 지배를 하며 모든 인도의 땅을 소유하고, 세금을 내도록 해 부를 축적했다.

유전자변형생물체(GMO)를 만드는 세계적 종자 기업 몬산토 같은 회사도 이와 유사하다. 몬산토가 공급하는 목화 씨앗은 다음 해에는 열매를 맺지 않고, 해마다 종자를 살 수밖에 없게 만든다. 이런 기업들이 본래 자연의 산물인 종자를 변형해서 '소유'한다. 이런 체제는 자연을 선형적으로 '착취'하는 구조를 만든다. 산림은 산업, 농업을 위한 수단이 되고, 여기서 추출된 자원은 먼 곳으로 운송돼 쓰인다. 자연의 순환 체계 속에 있던 농업에서는 화석연료 사용이 늘고, 화학비료를 사용한다. 농사용 자재의 포장재 등에 알루미늄이 더 쓰이고, 식품을 운송하면서 탄소 배출도 늘어난다. 시바 박사는 "살아있는 자연을 금융 자산으로 만들어서 '무한'으로 이익을 만들어내고자 하는 것은 부조리"라고 짚었다.

부조리를 없애기 위해서는 이익 증대와 성장을 목표로 삼는 시스템을 바꿔야 한다. 성장은 1%의 부만 증가시킬 뿐이다. 세계화가 진행되면서 농업 관련 기업이 성장했지만, 정작 농민들은 위기에 처했다. 시바 박사는 "진정으로 중요한 산림, 강, 아이들, 공동체의 '지속'을 목표로 해야 한다"고 주장했다. 경제 성장의 지표인 GDP에는 담을 수 없는 가치다. 시바 박사는 "자연을 동원하기 위해 만들어낸 GDP의 역사는 추출, 전쟁의 역사"라며 세계의 많은 사람이 '성장'에서 벗어나야 한다고 강조했다.

경제학은 '자원의 효율적 분배'와 '풍요롭게 하는 것'을 목표로 둔 학문이다. 현재 선진국 경제는 성장을 통해 풍요로워졌지만 분배는 악화하고 있다. 성장과 분배의 균형을 맞출 방법은 없을까? 미즈노 교수는 성장과 분배의 양립은 성장하는 기간에만 가능하다고 말한다. 카를 마르크스가 말한 자본주의는 이익을 극대화해서 자본을 영구적으로 늘리는 '자기 증식'이다. 자본주의는 저성장이거나 성장이 멈췄을 때도 이익 극대화를 위해 노동자 임금을 깎는 방식을 취한다. 그렇기 때문에 경제학 관점에서 보면 저성장 상태에서는 성장과 분배가 양립할 수 없다. 여기서 다음 단계는 시민이 어떤 정부를 선택하고, 정부는 어떤 정책을 펴는가에 달려 있다. 예컨대 정치가 자본가 또는 노동자의 편이냐가 중요하다. 가즈오 교수는 "어떻게 된 건지 일본 정부는 자본가 편에 서 있다는 느낌을 받는다. 그래서 결국 분배되지 않고 성장과 분배는 양립할 수 없어 보인다"라고 설명했다.

자본주의 시스템에 이익을 고루 분배할 수 있는 장치를 보완하면 어떨까. 잭슨 교수는 해결 방안으로 높아진 생산성을 사회의 이익을

° 김경학·이창준, "미즈노 가즈오, 오늘 주문한 택배가 어제 도착해 있기를 진정 바라는가", 경향신문, 2023. 6. 20.

위해 사용하는 체제인 '돌봄 경제'를 제안했다. 돌봄 경제는 사람들이 의미 있고 목적 있는 일을 하며 서로에게 관심을 두고, 서로에게 서비스를 제공하는 경제이다. 자본주의에 비하면 더 느리고 덜 생산적이지만 경제에 절대적으로 필요한 부분이라고 할 수 있다. 하지만 현재 자본주의 체제에서 구현할 수 있을지는 불투명하다. 자본주의의 전제 중 하나는 생산성에 따라 임금이 책정된다는 것이다.

돌봄 경제는 더 느려지는 만큼 생산성이 낮아질 수밖에 없다. 자본주의와 돌봄 두 경제 체제가 가동하는 세계가 있다고 해보자. 자본주의는 돌봄에 비해 생산적이고 기술·물질 지향적인 경제이다. 당연히 임금이 높고, 두 체제 사이에는 불평등이 갈수록 심해진다. 불평등을 주도하는 것은 자본주의인데, 해소할 방법이 없는 것은 아니다. 생산성에 집중하는 자본주의가 세금을 내고, 정부는 돌봄 경제의 서비스 제공을 담당하면 된다. 이는 임금뿐 아니라 인간의 일과 창의성, 사회의 핵심 가치인 돌봄 노동 등도 똑같은 가치를 지닌다고 여겨야 가능한 일이다. 우리가 정말 하고 싶은 일을 하면서 생산성도 높은 사회를 만들 방안이다. 이것이 모두의 번영을 위한 출발점이 될 것이다. 다만 잭슨 교수가 자본주의 체제에서 돌봄 경제를 구현하기 어려울 것이라고 우려한 것처럼 현실의 부자들은 자산이 많아질수록 세금 덜 내는 방법을 고민하고 현실화한다.

한국은 한 세대 가까이 유지했던 상속세율을 완화해 2025년부터 적용하고 있다. 과세표준 30억 원 초과 시 적용하던 상속세 최고세율

◦ 김경학·이창준, "경제정책 우선순위는 시민들이 건강한 생활 누릴 복지에 둬야", 경향신문, 2023. 6. 14.

을 50%에서 40%로 낮췄다. 부자들이 줄기차게 요구했던 세율 인하가 25년 만에 이뤄졌다.

시바 박사는 상위 1%가 스스로 탐욕을 제어하기는 어려우며, 새로운 정치가 필요하다고 강조했다. 탐욕에 가득찬 상위 1%가 변화할 가능성은 적기 때문이다. 인간은 지구에서 가장 우월한 존재가 아니며 만물의 영장도 아니다. 이는 인간 중심적 사고에서 비롯한 잘못된 관념이다. 독립적으로 존재할 수 없고, 다른 생명체와 상호작용을 통해 살아가는 게 인간이다. 오히려 지구를 손상시키는 종이다. 탐욕을 던져버리고 인간이 자연의 일부라는 사실을 깨달아야 한다. 그 속에서 경제 구조를 만들어갈 수 있다. 자신 이외 다른 사람과 자연의 권리를 인정해야만 한다.

대의민주주의는 사실상 실패하고 있다. 선출된 정치권력은 특정 집단이나 소수의 이익을 위한 정책을 편다. 본래 목표인 주권자의 의사 반영과 공익 추구를 제대로 하지 못한다는 비판을 받는다. 대기업과 거대 자본은 민주주의를 파괴하고 있다. 미국에서는 기업이 선거에서 후보자에게 자금을 지원하는 등 선거 결과에 직접 영향을 미치는 행위가 가능하다. 그렇게 선거제를 파괴하면서 표현의 자유라고 둘러댄다. 시민이 직접 참여하는 새로운 정치가 필요하다.

일상에서 시작할 수 있다. 농작물을 재배하는 방식과 오늘 저녁 식탁에 올릴 음식 재료를 고르는 일, 서로 돌보는 것 등 스스로 선택하고 결정하는 방식과 같다. 코로나19 팬데믹 기간에 정부는 감염자들을 돌볼 수 없는 상황에 내몰렸다. 사람들은 위험을 무릅쓰고 사랑하는 이들을 서로 돌봤다. 시위도 필요하다. 상위 1%가 나머지 99%의 삶에 침범하지 못하도록 저항하고 연대해야 한다. 공허한 유토피아를 말하는 것이 아니다. 글로벌 종자 기업들은 이미 1980년대에 모든 곡식 종자를 자신들이 다 장악할 수 있다고 큰소리쳤다. 모든 종자는 GMO가 될 것이고 모든 농부는 그 종자를 통해 재배할 거라고 겁박했다. 그러나 시바 박사는 말한다. "우리는 투쟁을 이어왔고, 오늘날 아직 수천 종류의 다양한 곡식 종자를 확보하고 있다."

착취되는 저개발국가와 노동자의 현실

세계 경제가 지속 성장하면서 노동자 임금도 증가해왔다. 1인당 국민순소득(NNI)은 1970년 692달러에서 2020년 8,700달러로 급증했다. 개발도상국 경제가 빠르게 성장한 요인으로 소득이 급증했다. 2000년대 들어서도 꾸준히 증가했던 NNI는 글로벌 금융위기 때인 2008년 소폭 하락했다. 2011년 9,600달러로 정점을 찍었고, 코로나19 팬데믹이 휩쓸었던 2020년에는 8,742달러로 다소 감소했다.

전 세계 생산 및 공급망에 차질을 초래한 코로나19 팬데믹과 유럽에 에너지 위기를 일으킨 러시아의 우크라이나 침공 등으로 2022년과 2023년은 소비자물가 상승으로 전 세계가 떨어야 했다. 물가상승률을 고려한 실질임금 상승률은 2022년에 1% 가까이 하락한 것으로 추정됐다.

구매력 하락은 많은 사람을 빈곤으로 몰아넣고 있다. 보통 사람들은 생계를 유지하기 위해 고군분투하지만, 지구상에서 가장 부유한

10% 부자들은 전 세계 재산의 4분의 3 이상을 보유하고 있다.

NNI의 지역별 격차는 크다. 1970년 평균은 692달러였지만 미국과 캐나다 등 북미 국가들의 1인당 NNI는 4,428.16달러로 평균의 6.4배, 남아시아(105.82달러)의 48배였다. 50년 뒤에도 격차는 별로 줄어들지 않았다. 국가별로 노동자들이 받는 월급도 천차만별이다. 글로벌 시장조사업체 스태티스타(Statista)가 집계한 2022년 전 세계 노동자 평균 월급 상위 20개 국가를 보면 1~3위를 룩셈부르크(7,215달러), 벨기에(6,614달러), 네덜란드(5,871달러) 등 유럽 국가가 차지했다. 지역별로는 유럽이 12개, 중동·아시아 5개, 북미 2개, 아프리카 1개 등이었다. 한국은 4,425.75달러로 16위였다.

아시아 국가 중에서는 싱가포르가 4,642달러로 12위로 순위가 가장 높았고 카타르와 사우디아라비아도 이름을 올렸다. 특이하게도 중동의 팔레스타인(5위)과 아프리카 모리타니(10위)가 순위 안에 포함됐다. 스태티스타 측은 구매력 평가 기준(PPP, Purchasing Power Parity)으로 평가한 결과라고 설명했다. 팔레스타인이나 모리타니 노동자가 받는 월급은 다른 나라에 비해 훨씬 적지만, 물가가 워낙 낮아 실제 구매력은 높아 그런 결과가 나온 것으로 추정할 수 있다. 다른 추정은 두 나라는 일자리가 많지 않아 직장에서 고정적인 급여를 받는 사람이 워낙 적은데, 그들만을 대상으로 조사했을 가능성도 있다.

국제통화기금(IMF)이 집계한 2022년 기준 1인당 GDP는 팔레스타인 3,682달러(127위), 모리타니 2,328달러(143위) 등 두 나라 모두 하위

° Einar H. Dyvik, "Adjusted net national income per capita worldwide from 1970 to 2021", *STATISTA*, 2024. 11.

<2022년 월급 상하위 20개국>

(단위: PPP 기준 미국 달러)

상위		하위	
룩셈부르크	7,215.97	짐바브웨	5.51
벨기에	6,614.72	르완다	93.35
네덜란드	5,871.24	감비아	253.05
독일	5,683.13	에티오피아	271.27
팔레스타인	5,452.28	케냐	316.81
오스트리아	5,425.91	나이지리아	339.12
몰타	5,212.64	베냉	347.90
핀란드	5,120.13	토고	362.05
미국	4,844.62	세네갈	367.63
모리타니	4,811.43	기니아비소	397.27
아이슬란드	4,737.04	방글라데시	400.21
싱가포르	4,642.11	말리	420.61
이탈리아	4,361.20	앙골라	433.91
카타르	4,344.98	우간다	469.35
사우디아라비아	4,265.05	차드	503.23
한국	4,225.75	잠비아	506.33
아일랜드	4,201.55	부르키나파소	538.37
슬로베니아	4,078.24	탄자니아	538.86
스페인	3,933.38	인도네시아	550.19
캐나다	3,881.26	남아프리카공화국	556.13

º Statista 자료, 2023.

권이다. 1인당 GDP 1~3위는 룩셈부르크(11만 7,182달러)와 아일랜드(10만 2,217달러), 노르웨이(9만 2,645달러) 등 유럽 국가들이었다.

세계에서 월급이 가장 적은 나라는 짐바브웨로 5.51달러에 그쳤다. 짐바브웨 사람들은 직장에서 받는 월급으로만 생활하는 것이 아니라, 다른 소득이 있을 것으로 추정된다. 짐바브웨 월급 생활자 1,309명이 받는 월급을 룩셈부르크에서는 평범한 직장인 한 사람이 받는다. 하위 2개국 월급쟁이 20명이 받는 월급을 모두 합하면 룩셈부르크 직장인 월급에 근접한다.

하위 20개국은 18개가 아프리카, 2개가 아시아였다. 아프리카나 아시아 직장인들이 유럽이나 북미 등에 비해 일하는 시간이 적지는 않을 것이다. 그들이 적은 월급을 받을 수밖에 없는 것은 세계 경제가 구조적인 모순을 안고 있기 때문이다. 누군가는 아프리카에서 태어나고, 다른 누군가는 북유럽 국가에서 태어나지만 그들이 선택한 것은 아니다. 그럼에도 결코 극복할 수 없는 장벽에 가로막혀 평생을 가난과 싸워야 한다.

전 세계 GDP는 여전히 증가세를 보이고, 세상은 점점 더 부유해지고 있다는데 왜 가난한 사람은 여전히 줄어들지 않는 걸까? ILO 추정에 따르면 2021년 기준 5,000만 명이 현대판 노예 생활을 하고 있다. 이들 가운데 2,800만 명이 강제 노동을 하고 2,200만 명은 강제 결혼의 덫에 걸려 있다. 현대판 노예는 2016년에 비해 5년 새 1,000만 명 늘었다. 현대판 노예는 전 세계 거의 모든 국가에서 인종, 문화, 종교의 경계를 넘어 발생한다. 강제 노동의 절반 이상(52%)과 강제 결혼의 4분의 1은 중상위 또는 고소득 국가에서 찾아볼 수 있다. 강제 노동의 86%는 민간 부문에서 벌어진다. 전체 강제노동 중 4분의 1가량은 강제 상업적 성 착취인데, 노예 상태로 성 착취를 당하는 사람 5명 중 4명은 여성 또는 어린 소녀이다. 강제 노동을 하는 노예 상태의 어린이는 330만 명에 이르고, 이들 중 절반 이상은 상업적 성적 착취에 해당한다. 2021년에는 약 2,200만 명이 강제 결혼 생활을 하고 있었다. 이는 5년 전 추정치보다 660만 명 증가한 수치다. 특히 16세 이하 어린이와 관련된 강제 결혼의 실제 발생률은 현재 추정치보다 훨씬 높을 가능성이 크다.°

 1970년 지구인 하루 평균 소득이 2달러가 채 안 됐지만 2020년에는 24달러로 늘었다. 그럼에도 굶주리는 사람은 10억 명에 이른다고 한다. 누군가는 굶주리는 사람이 20억 명, 30억 명으로 늘어나면 세상이 바뀔 수 있다고 말한다. 이들의 고통은 이미 한계에 이른 것 같은데 여전히 세상은 바뀔 준비조차 하지 않고 있다. 파텔 교수는 오히려 세계가 거꾸로 가는 듯한 움직임이 감지되고 있다고 우려했다. 세계 곳곳에서 좌절과 빈곤 관련한 메시지를 던지면서 취약한 계층을 이용하는 파시스트들이 위세를 떨치고 있다는 이야기다. 인도 나렌드라 모디 총리나 도널드 트럼프 미국 대통령과 같은 독재적인 지도자가 득세하는 형국이다. 파텔 교수는 "노동 계층을 조직해온 진보 세력들은 무력해졌다. 전 지구적 좌절과 절망을 토대로 위세를 떨치는 파시스트들의 맞수가 되지 못하고 있다"고 밝혔다. 자유주의에서 비롯된 일련의 현상들이 미래가 불투명한 사회를 만들고, 그 와중에 파시즘은 더 세를 불리는 형국이 조성됐다. 미국에서는 일부 무장 세력이

° "50 million people worldwide in modern slavery", *INTERNATIONAL LABOUR ORGANIZAION*, 2022. 9. 12.

<전 세계 1인당 국민순소득(현재 미국 달러화 기준)>

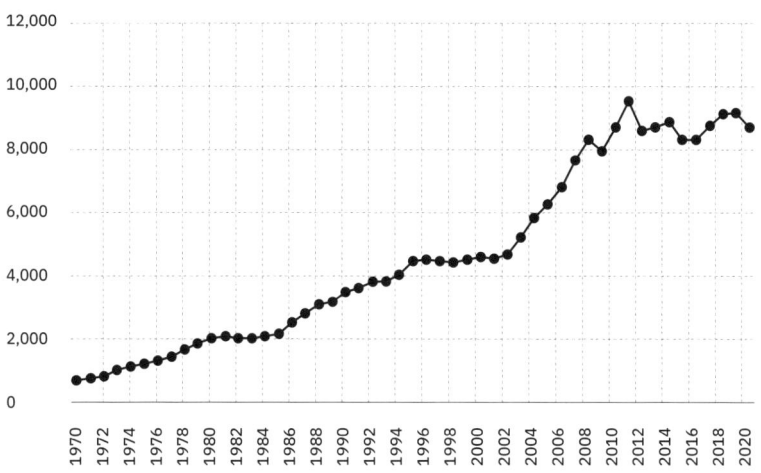

◦ World Bank 자료, 2023.

2021년 초 의회를 유혈 점거해 형사처벌을 받았다. 그 이면에는 더 큰 파시즘적 움직임이 깔려 있다. 적어도 미국에서의 파시즘은 실재하는 위협이 됐다. 조 바이든 대통령 때 형사처벌 받았던 이들 파시스트들은 트럼프 대통령 취임 이후 대거 사면됐다. 자유주의에 기반한 사회 민주적 세력이 파시즘에 맞서 싸우고 있지만 지나치게 순진한 측면이 있다. '우리가 이 문제를 해결할 테니 파시즘은 걱정하지 마' '파시스트들을 감옥에 보내면 되니 아무 문제 없어' 같은 메시지를 보내기 때문이다. 파텔 교수는 "자유주의와 파시즘은 서로 연장선에 있고, 자유주의는 쉽게 파시즘으로 변질된다. 자유주의는 기존 시장 경제 체제에 대한 정면 도전 없이 성취할 수 없는 공약을 남발하고 있다"고 우려했다.°

자본주의 시스템에서는 선진국이 값싼 노동력과 자원을 저개발국에서 확보한 뒤 제품을 생산한다. 그 제품을 자국뿐 아니라 저개발국을 비롯한 전 세계에 판매해 이익을 남긴다. 경제적으로 주도권을 쥔 선진국과 별다른 결정권이 없어 무력한 저개발국 사이에 불평등이 생길 수밖에 없다. 선진국은 광업, 농업, 에너지 등 다양한 자원을 착취에 가까운 저렴한 가격에 확보하고, 그 자원을 이용해 제품을 생산하고 수출함으로써 이익을 얻는다.

전 세계는 무역 협정이나 관세 등을 통해 글로벌 거래 질서를 만들어왔다. 선진국은 자국 시장을 보호하면서 저개발국에 자유롭게 진출할 수 있는 틀을 마련했다. 무역에서도 불평등은 심각하다. 저개발

° 김경학·이창준, "파텔 교수, '자본세' 저물면 파시즘 대두할 수도…'돌봄 혁명' 위해 기본소득 고민해봐야", 경향신문, 2023. 6. 13.

국은 자금이 부족해 선진국이나 국제 금융기관에서 대출받아 산업을 일으키는데, 대출과 관련한 조건과 고금리는 선진국에 종속되는 족쇄가 된다. 선진국의 자원 남획과 대량 생산은 환경과 생태계를 훼손한다. 이로 인해 선진국이 경제적 이익을 누리는 사이 저개발국의 환경은 돌이키기 어려운 피해를 본다. 지구 기후변화 책임과 관련해 많은 사람은 탄소 배출량이 많은 저개발국을 비난한다. 하지만 저개발국이 왜 탄소 배출을 줄이지 못하는지, 구조적인 측면을 살펴야 한다. 물론 선진국들도 탄소를 대량 방출하고 있다.

지구 인구의 5분의 1 이하가 지구 자원의 약 5분의 4를 소비한다. 미국은 세계 인구의 5%를 차지하지만 세계 화석연료 자원의 약 25%를 사용한다. 신자유주의의 진보적인 무역 개방의 이익이 이 같은 생태적 불균형을 초래했다. 지배와 착취가 본질인 식민 지배를 통해 제국주의를 정립했던 과거와 마찬가지로 세계화를 통해 제국주의를 재정립한 것이다.

케이트 소퍼(Kate Soper) 런던 메트로폴리탄 대학교 명예교수는 책 『성장 이후의 삶』을 통해 중국의 온실가스 배출 책임을 중국 노동자에게 돌리는 것은 부당하다고 지적했다. 중국이 생산한 값싼 제품을 기꺼이 소비하는 전 세계 모든 소비자가 책임져야 한다. 또 값싼 제품이 생산되는 노동 착취적 환경과 연료세 부과에 대한 노동자의 저항, 최근 자동차 통행 감소와 값싼 항공 여행 증가 등에 대해 부유한 국가의 많은 사람들이 무관심하다는 점도 인정해야 한다고 강조했다.°

° 케이트 소퍼, 『성장 이후의 삶』, 안종희 옮김, 한문화, 2021. p.42.

연료세는 탄소 배출 감소를 목표로 부과하는 세금인데, 일반적으로 저소득층이나 노동자에게 더 큰 부담이 된다. 프랑스의 '노란 조끼 운동(Gilets Jaunes)'은 2018년 정부의 연료세와 자동차세 인상에 대한 노동자들의 대규모 저항에서 비롯됐다.

친환경 정책과 대중교통 확대에 따라 자동차 이용이 줄어도 저소득층에 부담이 된다. 자동차 운행을 줄이기 위한 세금이나 규제가 경제적 약자에 더 큰 영향을 미치기 때문이다. 항공 여행은 탄소 배출량이 많은데, 현재 대중화했다고 해도 여전히 저소득층이 이용하기 어려운 교통수단이다.

저개발국가(남반구)와 노동자는 각각 선진국(북반구)과 자본가에게 경제적으로 종속돼 있다. 현재의 구도는 16세기 유럽이 아프리카와 아메리카 대륙을 식민지화하면서 시작됐다. 식민지에서 빼앗은 사원과 인력은 18세기 후반 산업혁명의 자본이 됐다. 국제통화기금, 세계은행, 세계무역기구 등 선진국이 사실상 운영하는 국제기구는 20세기 후반부터 저개발국가에 긴축과 개방, 민영화를 강요하며 자신들의 시스템을 이식하고 있다. 자본주의 경제 시스템에서 공정한 분배는 사실상 불가능하다. 더 많은 가치를 생산할수록 자본가가 절대적으로 많은 이익을 취한다. 노동자는 착취당할 수밖에 없다.

기존 질서를 바꾸겠다는 노력은 꾸준히 이어지고 있다. 조합원이 약 7만 명인 스페인 몬드라곤 협동조합은 참여형 기업 모델로 평가받는다. 몬드라곤의 최고·최저 임금 격차는 약 6대 1이다. 미국 500대 상장 기업은 272대 1에 가깝다. 연말에는 조합원들이 스스로 보너스 지급 여부 및 규모를 공동으로 결정한다. 몬드라곤 측은 "자본보다 사람

을 중시하는 더욱더 인간적이고 평등한 사업 방식"이라고 설명했다.°

    착취 구조에서 벗어나려면 생산량 증가만을 의미하는 성장 제일주의를 버리고 모두가 잘 사는 탈성장 경제 체제를 고민해야 한다. 무역은 자본가의 이익을 위한 거래가 아니라, 시민 복지를 위한 최소한의 거래로 축소하는 게 바람직하다. 노동자에게 더 많이 분배하는 경제 민주화가 이뤄져야 함은 당연하다. 최근 카리브해 국가들이 유럽 국가들을 상대로 노예제 배상을 청구한 것처럼 기존 질서를 깨뜨리려는 국제 연대도 필요하다.

° Oliver Balch, "In the US they think we're communists!: The 70,000 workers showing the world another way to earn a living", the Guardian, 2024. 4. 24.

용어 풀이

구매력 평가 기준

구매력 평가 기준(PPP)은 국가 간 물가 수준을 비교해 실질적인 구매력을 측정하는 지표이다. 구매력이란 화폐 1단위로 구매할 수 있는 재화나 서비스의 수량이다. 구매력 평가는 구매력으로 봤을 때 화폐의 가치가 동등하다고 가정해 계산한다. 예컨대 미국에서 1달러에 판매되는 햄버거가 한국에서 1,000원에 팔린다면 구매력 평가에 따른 적정 환율은 '1달러=1,000원'이 된다. 더 단순화하면, 두 나라에서 소비하는 식품은 햄버거 한 종류가 유일하고 소득이 각각 연 1만 달러로 동일하다고 해보자. 그런데 햄버거 가격이 A 국가에서는 1달러, B 국가에서는 2달러라면 A 국가의 실질소득은 B 국가의 2배가 되는 셈이다. GDP 통계는 단순히 특정 기간에 생산된 부가가치의 합만을 의미한다. 구매력 평가 기준 GDP는 물가 수준을 감안한 구매력을 보여주기 때문에 한 국가의 평균 생활 수준을 더욱 정확하게 파악할 수 있다. 2022년 전 세계 GDP 1위는 미국으로 25조 4,627억 달러였고, 2위는 중국으로 17조 9,631억 달러였다. 그러나 구매력 평가 기준으로 측정하면 중국이 30조 3,273억 원으로 미국보다 5조 원가량 더 많다. 2024년 예상치도 중국이 미국보다 7조 달러 이상 많은 35조 427억 달러로 격차를 벌릴 것으로 전망됐다.

명목 GDP 기준 2위인 중국이 PPP 기준 1위로 올라서는 이유는 같은 달러화로 더 많은 재화와 서비스를 구매할 수 있기 때문이다. 중국은 인구가 많고, 국내 생산과 소비가 활발해 상품과 서비스 가격이 해외보다 낮다. 예컨대 미국에서 10달러인 제품이 중국에서는 5달러라면 PPP 조정 후 중국의 경제력이 더 커지는 것이다. 식료품, 주거비, 교통비 등 필수 소비재 가격도 낮아 PPP를 적용한 중국의 실질 구매력은 증가한다. PPP를 적용한 GDP는 명목보다 정확하게 실질 경제력을 반영할 수 있다.

국가별 구매력을 알기 쉽게 볼 수 있는 지표로는 전 세계 맥도널드에서 판매한 빅맥 가격을 미국 달러화로 환산한 '빅맥 지수'가 있다. 스태티스타가 2024년 1월 53개국 빅맥 가격을 달러화로 조사한 결과 가장 비싼 나라는 스위스로 8.17달러였고, 대만이 2.39달러로 가장 낮았다. 한국은 4.11달러로 30위였다.

빅맥 지수보다 한결 정교한 '스타벅스 지수'는 국제노동기구(ILO)의 각국 평균 수입 데이터를 바탕으로 '하루 수입으로 총 몇 잔의 스타벅스 라테를 살 수 있는지'를 산출하며, '라테 지수'로도 불린다. 일본 니혼게이자이신문이 10개국을 조사해 2024년 초 발표한 자료를 보면 한국의 라테 한 잔 가격은 6위, 스타벅스 지수는 인당 27잔으로 4위였다. 한국인은 라테 가격에 비해 소비를 많이 하는 사람들이라고 볼 수 있다. 신문은 "일본은 아시아 (국가) 중에서는 부유해 보이지만 한국에는 뒤처지고 있다는 지적이 나온다"라고 전했다.

맥도날드뿐 아니라 구글과 넷플릭스 같은 글로벌 기업들은 각국의 구매력에 맞춰 상품 가격을 책정한다. 190여 개국에 서비스하는 넷플릭스는 지역 상황, 경쟁, 구매력, 정부 규제 등 다양한 요인으로 인해 국가별 요금 차가 심하다. 영국의 사이버 보안 웹사이트 'Comparitech'가 공개한 2025년 자료를 보면 128개국의 넷플릭스 요금을 조사한 결과 국가에 따라 10배 가까운 격차를 보였다. 스탠다드 요금제를 기준으로 요금이 가장 비싼 국가는 스위스와 리히텐슈타인으로 각각 22.89달러였다. 미국도 17.99달러로 요금이 높은 편이었다. 튀르키예는 2.87달러, 이집트는 3.37달러에 그쳤다. 한국은 9.3달러로 평균(10.8달러)보다 낮은 편이었다. 생활비가 높은 부자 국가에서는 넷플릭스가 일반적으로 비싼 요금을 부과하고, 평균 소득이 국가에는 이용료를 낮게 책정하는 것으로 나타났다. 유튜브 프리미엄 개인 요금은 국가에 따라 최대 25배가량 격차를 보인다. 2025년 3월 기준 최고는 스위스로 월 21.12달러였고, 최저는 0.86달러인 나이지리아였다. 구글은 국가별 1인당 GDP에 40%의 가중치를 부여해 기초가격을 산정한 뒤 다양한 요소를 반영하는 것으로 알려졌다. 또 해당 국가의 넷플릭스나 스포티파이 등 경쟁 서비스의 가격도 고려한다. 한국은 월 10.16달러로 미국(13.99달러)에 비해 낮다.

돌봄 위기를 어떻게 헤쳐나가야 하나

'돌봄'은 아이나 환자, 노인, 장애인 등 약자를 보살피는 일만을 의미하지 않는다. 코로나19 팬데믹을 겪으면서 사람들은 돌봄의 필요성을 절감했다. 방역 조치로 일상이 중단되자 팬데믹 전에 우리는 일상에서 누군가가 제공했던 돌봄에 의존했음이 드러났다. 사람은 서로 돌봄을 주고받는 관계 속에서 살고 있다. 다만 제대로 실감하지 못했을 뿐이다. 돌봄 틀 속에서 살아가는 사람들은 평생을 타인에게 의존한다. 상호 의존이 연결돼 사회를 형성하는데, 연결망 중 한 부분이라도 훼손되면 사회 전체가 흔들리게 된다.

'연대'는 사회를 지탱하는 힘이다. 돌봄과 연대는 날로 심각해지는 기후변화에서 환경과 생명을 지키는 '지구 돌봄'까지 확장됐다. 돌봄은 어떤 상황에서도 멈출 수 없는 것이다. 팬데믹을 거치면서 돌봄의 중요성을 깨달았고, 얼마나 저평가되고 있는지도 알게 됐다.

돌봄이 위기를 맞고 있다. 자본주의가 고도화하면서 유행시킨 신자유주의 바람은 재정 긴축이라는 파도를 불러왔다. 이는 사회적, 경제적 불평등을 심화시킨다. 긴축 여파로 국가는 돌봄에 대한 비용과 책임을 지역사회와 가계에 더 많이 떠넘긴다. 이를 감당할 수 없는 취약한 사람들이 그 타격을 고스란히 감당할 수밖에 없다. 돌봄 위기는 곧 돌봄 노동의 위기이기도 하다. 돌봄 노동은 최저임금 노동으로 평가절하되거나 여성 등 약자의 몫으로 선사되기 때문이다.

김은희 에코페미니즘 연구센터 '달과나무' 소장은 기후 위기로 극지방의 빙하만 녹아내리는 것이 아니라 사회 자체가 녹아내리고 있다면서 세계를 재구성하는 방식으로 다양한 현장과 이론가들이 '돌봄 중심 전환'을 제안하고 있다고 소개했다. 돌봄 중심 전환은 돌봄 노동자들의 노동조건 개선에만 그치지 않는다. 세계를 통합적으로 이해하고 재구성하는 데 돌봄을 원칙으로 삼아야 한다. 존재의 취약함을 드러내더라도 약점이 되지 않는 관계를 만들고, 사회의 돌봄 역량을 키워야 한다. 더 이상 저렴한 값에 돌봄을 외부화하겠다는 방식은 불가능하고, 그렇게 해서도 안 된다.°

낸시 폴브레(Nancy Folbre) 미국 매사추세츠공대 교수는 자본주의 시스템이 돌봄의 가치를 제대로 평가할 수 없는 구조적 문제를 안고 있다고 지적한다. 폴브레 교수는 책 『돌봄과 연대의 경제학』에서 자본주의 제도는 값을 매길 수 없는 공공재를 착취해 단기 이윤을 극대화한다고 지적한다. 돌봄은 막대한 사회적 편익을 제공하고, 개인과 사회의 지속 가능성을 유지하는 데 필수적인 공공재이다. 그럼에도 돌봄을 창출하는 사람들은 적절한 대가를 받지 못한다는 것이다. 돌봄은 주된 제공자인 여성의 권리뿐 아니라 경제 구조와 복지 체계의 개혁이 필요한 문제이다. 그는 돌봄을 적절히 평가하고 지원하려면 복지국가 강화, 보편적 돌봄 서비스 도입, 가사 노동의 공공성 인정 등 제도 변화가 필요하다고 주장했다.°°

저서 『저렴한 것들의 세계사』를 통해 세계를 싸구려로 만듦으로써 자본주의가 발전해왔다고 주장한 파텔 교수의 입장도 비슷하다. 자연, 돈, 노동, 돌봄, 식량, 에너지, 생명 등 일곱 가지를 저렴하게 유지하면서 지속해서 거래할 수 있게 만드는 것이 자본주의의 오랜 전략

° 김은희, "철저하게 희생당하고 있는 돌봄노동자들, 그것도 자본주의에", 경향신문, 2023. 6. 12.
°° 낸시 폴브레, 『돌봄과 연대의 경제학』, 윤자영 옮김, 에디토리얼, 2023. p.20.

이다. 일곱 가지는 서로 연결돼 있으며, 기후 위기와 극단적 불평등, 금융 불안과 같은 현재의 위기는 자본주의가 감춰온 비용에 대해 값을 치르고 있는 것이라고 주장한다. 파텔 교수는 2023년 경향포럼에서 돌봄이야말로 저렴하게 취급된 요소 중 핵심이라며 돌봄이라는 주제를 통해 사회적 재생산에 대해 더 많이 생각해야 한다고 말했다.

최근 자본주의의 양상을 보면 자본가들이 주거, 수도, 에너지 등 사회 기반 시설을 민영화하는 데 큰 관심을 기울인다. 이에 대해 파텔 교수는 "민영화하는 요소는 생존과 사람들이 서로를 돌보는 데 꼭 필요한 것들이다. 재생산과 돌봄의 민영화에는 중요한 시사점이 있는데, 우리가 미래를 위해 어떻게 스스로를 탈바꿈할 수 있을지 결정하는 아주 중요한 요소다"라고 설명했다.°

GDP 성장이 중요한 자본주의 시스템에서는 돌봄이 전혀 중요하지 않다. 돈이 오가지 않는 돌봄은 GDP 통계에 잡히지 않기 때문이다. 물론 '병원이나 학교에서 지출한 돈'은 GDP에 포함된다. 그러나 '아이, 노인을 돌보거나 가사 노동한 가치'는 포함하지 않는다. 사회 유지와 재생산에 반드시 필요한 행위로서 막대한 편익을 창출하지만 화폐 가치로 환산할 수 없다는 이유로 GDP에는 들어가지 않는다. 무급 돌봄은 철저히 평가절하되고 있다.

통계개발원 자료를 보면 2019년 한국 가사 노동 서비스의 가치는 490조 9,000억 원으로 GDP의 4분의 1 규모인 것으로 추산됐다. 모든 재화와 서비스에 가격을 매기고 평가하려는 자본주의 시스템은 불합

° 김경학·이창준, "파텔 교수, '자본세' 저물면 파시즘 대두할 수도…'돌봄 혁명' 위해 기본소득 고민해봐야", 경향신문, 2023. 6. 13.

리하다. 파텔 교수는 "꼭 모든 것에 가격을 매길 필요는 없다. 무언가를 보호함으로써 그 가치를 책정할 수도 있다. 당신의 자녀에게 물질적 가치를 매길 것인가? 말도 안 된다"면서 "모든 것을 돈으로 환산하려는 생각에서 벗어나는 것이야말로 그 가치를 적절하게 책정하는 가장 좋은 방법"이라고 말했다. 파텔 교수는 '치킨'을 예로 들어 자본주의가 제대로 지불하지 않는 일곱 가지 저렴한 것들을 알기 쉽게 설명한다. 치킨을 만들려면 공장식 사육으로 닭을 키우고 '생명'을 죽이면서 '자연'을 훼손한다. 원가를 절감하기 위해서다. 이 과정에는 매우 저렴한 '노동'이 필요한데, 턱없이 낮은 임금을 받은 노동자들은 신체적, 정신적 손상을 입는다. 미국의 치킨 공장에서 일하는 노동자는 대부분 아프리카계, 라틴계, 아시아계로 백인은 극소수에 불과하다. 이들 노동자에게는 '돌봄'이 필요하다. 값싼 치킨을 생산하기 위해서는 저렴한 '돈'이 들어가야 한다. 자본가나 엘리트 계층은 은행에서 거의 무한대의 신용을 인정받아 저금리 대출을 받을 수 있다. 닭을 키우기 위해 가스와 전기 같은 '에너지'도 필요하다.

저렴한 것 중 돌봄이 가장 중요한 요소라면 착취가 가장 심한 것은 자연이다. 파텔 교수는 "저렴한 자연 없이 저렴한 돌봄은 존재할 수 없다. 그러나 자본주의 이후 세계를 생각하면, 돌봄이야말로 미래로 나아갈 수 있는 길이다. 자연은 일종의 진단 도구로서 의미가 있는 반면 돌봄은 처방적인 성격을 띤다"고 설명했다. 돌봄은 미래를 구상할 때 반드시 생각해야 하는 요소다. 코로나19 팬데믹은 인류가 초래한 재앙을 돌이켜보는 계기가 됐지만, 미래에 필요한 의료 방식에 대한 답은 결국 돌봄이었다. 스스로 돌보는 것, 서로 돌보는 것, 그리고 생명 전체를 돌보는 것이 그 핵심이다.

폴브레 교수는 자본주의가 위계적 구조로 돼 있다고 분석했다. 부를 물려받거나 쌓아 올린 자에게 임금 소득자를 통제하는 제도적 권력을 부여하는 방식이다. 모든 위계 구조는 경제적으로 중대한 결과를 낳는다. 강자가 약자를 착취할 가능성을 낳고 잉여의 생산과 분배에 영향을 미친다. 가부장적 제도 구조는 젠더와 연령, 성적 취향에 따라 권력을 배분했고 재생산을 조직해 인구 증가라는 고유한 형태의 축적에 역사적으로 기여했다.° 가부장적 권력 구조가 인류 역사 초기부터 나타났다고 해서, 현재의 자본주의적 권력 구조도 당연한 것처럼 받아들여서는 안 된다. 폴브레 교수는 자본주의 편익이 일부에게만 쏠리고, 건강과 환경 비용이 누적된다면 자본주의 체제도 흔들리게 된다고 전망했다. 가부장제를 이용한 자본주의적 착취가 절정에 이른다면 제도에 균열이 생길 수 있다는 것이다. 자본주의는 민주화될 수 있고 그래야만 한다는 게 폴브레 교수의 주장이다.

'에코페미니즘(ecofeminism)'은 가부장적 자본주의를 극복하기 위한 움직임 중 하나다. 생태학(ecology)과 여성주의(feminism)의 합성어로 여성과 자연 해방을 동시에 추구하는 페미니즘이다. 에코페미니즘은 여성이 가정과 사회에서 수동적, 억압적 대상이 됐다고 본다. 자연이 인간에 의해 지배당하는 것과 여성이 남성에 의해 지배당하는 것에는 상관성이 있다는 것이다. 1970년대 유럽에서 등장했고, 1993년 에코페미니즘의 기념비적 고전이라고 할 수 있는 『에코페미니즘』이 출간됐다. 독일 사회학자 마리아 미즈와 인도 핵물리학자이자 환경운동가 반다나 시바가 함께 썼다. 한국에는 2020년 번역본이

° 낸시 폴브레, 『돌봄과 연대의 경제학』, 윤자영 옮김, 에디토리얼, 2023. p.23.

출간됐다. 책은 자연에 대한 폭력이 소수자에 대한 폭력과 연결돼 있으며 자연 해방과 여성 해방의 길이 다르지 않다고 선언했다. 이 책에서 저자는 자본주의 가부장제의 낡은 패러다임, 즉 기계론적인 세계관과 자본 중심의 경쟁적 경제, 지배·폭력·전쟁 및 생태계와 인간에 대한 무책임의 문화에 기초한 패러다임에서 속히 벗어나야 한다고 지적했다. 그렇게 하지 않으면 인류는 점점 더 심해지는 기후 재난과 생물종 멸종, 경제 붕괴, 인간의 불의와 불평등을 목격하게 될 것이라고 경고했다.°

약 1만 2,000년 전 농경사회가 시작된 이래 지배적 사회 시스템이 된 남성 중심 가부장제는 현대 자본주의와 결합해 인류를 재앙으로 몰아넣고 있다. 가부장제는 여성 등 사회적 약자에 대한 폭력과 착취를 넘어 지구 환경 위기로까지 이어진다. 환경과 여성의 문제는 분리된 이슈가 아니다. 세계를 단일 시스템으로 통합하려는 자본주의 가부장제는 강자가 약자를 착취하는 제도이다. 위계적 세계관에서 자연과 여성은 소외된 약자이면서 무자비한 수탈의 대상이 될 수밖에 없다. 시바 박사는 자본주의 성장 패러다임이 지구와 여성을 어떻게 해치는지 지적했다. 끊임없이 성장하려면 끊임없는 자원의 투입을 수반해야 한다. 반면 지구 자원은 한정돼 있어 성장을 위해서는 누군가의 자원을 빼앗아야 한다. 성장에 필수적인 자원 강탈이 '강간 문화'를 낳았다는 게 그의 주장이다. 이는 지구, 지역경제, 여성에 대한 강간을 통해 무제한 성장이 지탱되고 있다는 의미이다.

° 마리아 미즈·반다나 시바, 『에코페미니즘』, 손덕주·이난아 옮김, 창비, 2020, p.22.

성장에는 지속 가능(Sustainable), 포용(Inclusive), 공정(Equitable), 혁신(Innovative), 녹색(Green), 창조(Creative) 등 다양한 수식어가 붙는다. 그중에서도 특히 포용 성장은 선진국들의 모임인 OECD가 권고하는 정책방향이다. 한국 기획재정부는 모든 경제주체에게 성장의 기회가 주어지고, 성장의 과실이 공평하게 분배되는 성장 모델이라고 설명했다. 그런데 시바 박사의 견해는 다르다. 포용 성장이라는 명분을 내건 현대 경제모델이 폭력적 착취를 확대하고 더 많은 사람을 억압한다고 봤다.

앞 장에서 설명한 것처럼 자산이 10억 달러 이상인 슈퍼 리치는 2023년 말 기준 전 세계 2,640명이었다. 그중 여성은 337명뿐이고, 그나마 10위 안에는 한 명도 없다. 세계의 절반은 여성인데, 슈퍼 리치는 12.8%뿐이다. 자산이 가장 많은 여성은 프랑스의 프랑수아즈 베탕쿠르 메이예로 805억 달러를 보유하고 있었다. 그는 종합 화장품 기업 로레알 그룹의 최대 주주이다. 로레알은 그의 할아버지가 창업했고, 어머니에 이어 지분을 물려받았다.

한국의 현실은 더 참담하다. 글로벌 헤드헌팅 전문기업 유니코써치가 매출액 상위 100개 기업의 2023년 반기보고서를 조사한 결과를 보면 여성 임원은 439명이었다. 사내이사, 미등기임원, 총수 일가 등을 포함한 전체 임원 7,345명의 6%에 그쳤다. 최고경영자(CEO)는 이부진 호텔신라 사장, 이정애 LG생활건강 사장, 최수연 네이버 대표,

---

° 마리아 미즈·반다나 시바, 『에코페미니즘』, 손덕주·이난아 옮김, 창비, 2020. p.16.
°° Gigi Zamora, "The Richest Woman In The World 2023", *Forbes*, 2023. 4.

최연혜 한국가스공사 사장 등 4명뿐이었다. 미국 경제 전문지 포천이 선정한 세계 500대 기업의 여성 CEO 비율은 10.4%였다. 글로벌 기업의 여성 임원 비율은 메타(옛 페이스북)가 35.5%에 이르고 애플 23%, 인텔 20.7%, 대만 TSMC 10% 등이었다. 영국 시사주간지《이코노믹스》가 2023년 3월 발표한 '유리천장 지수'에서 한국은 조사 대상 29국 가운데 최하위였다.

『에코페미니즘』이 출간된 지 30년이 넘었지만 자연과 여성, 제3 세계를 착취해온 자본주의 가부장제의 기세는 꺾일 줄을 모른다. 성장과 이윤 극대화라는 자본주의의 견고한 패러다임은 흔들리지 않고 있다. 시바 박사는 자본주의 가부장제가 왜 여전히 위세를 떨치는지에 대해 일부 사람들은 자신들이 여성이나 자연, 다른 문화권의 사람들보다 우월하다고 느끼는데 길들어 있기 때문이라고 할 수 있다고 분석했다. 이어 자본주의 가부장제는 결정적으로 착취하는 이들에게 경제적 이익을 가져다주며, 탐욕의 경제에 우월주의가 합쳐져서 나타나는 현상이라고 했다. 자연을 죽어있는 것으로 보는 사람은 천연자원을 맘대로 착취할 것이고, 여성을 대상으로만 보는 사람은 여성을 통제하고 여성성을 사고팔 수 있다고 생각할 것이라고 덧붙였다.

파텔 교수는 우리가 평생 사회적으로 점점 더 가부장적 제도에서 벗어나려고 노력해야 한다고 주장한다. 가부장제에서 벗어나면 고정관념에서도 벗어날 수 있기 때문에 사회적인 합의가 필요하다. 이것

◦ 김경학·이창준, "반다나 시바, 개인 제트기 타는 사람들이 녹색 해법 제시하고 있다", 경향신문, 2023. 6. 27.

이 결국 탈식민지화의 출발점이 될 것이다. 실제로 글로벌 사우스 쪽에서도 원주민 사이에 가부장제에서 벗어나자는 움직임이 일고 있다. 스스로 깨닫고 교육하면서 자생적인 운동이 확산되고 있다.

돌봄은 한 사회의 유지와 재생산을 위해 필수적인 요소다. 한국의 합계출산율은 2023년 4분기 0.65명으로 사상 처음 0.6명대로 추락했다. 전 분기를 통틀어 합계출산율이 0.6명대로 떨어진 적은 없었다. 연간 합계출산율은 0.72명으로 연간 기준으로도 가장 낮았다. 한국처럼 자본주의가 급속히 팽창한 국가는 출산율 감소를 초래한다는 진단도 나온다. 폴브레 교수는 임금노동의 증가와 시장 판매를 목적으로 하는 가족에 기반한 생산의 감소는 상대적인 양육비를 증가시켰다면서 저출산으로 향하는 인구학적 변화는 인적 자본과 금융 자본에 대한 투자를 장려했다고 분석했다. 이익 극대화에만 몰두한 자본주의는 돌봄의 중요성을 도외시함으로써 재생산과 사회 유지를 위한 시스템을 갖추지 못했다.

국가가 책임지고 돌봄에 적절히 보상하고, 위기를 극복해야 한다. 국가는 건강보험과 연금, 기본소득 등을 보장해 돌봄 문제를 풀어야 한다. 한국의 건강보험은 비교적 큰 무리 없이 운영되는 편이지만, 연금은 불안한 상태이고 기본소득은 첫걸음 단계이다. 국가 재정의 상당 부분을 복지에 쏟고 있음에도 복지 공백은 한국 사회의 가장 큰 문제다. 파텔 교수는 "생존 가능한 수준의 기본소득을 보장한다면, 노동량은 줄고 돌봄 활동이 증가하게 된다"면서 "스스로 부모나 자녀들을 돌보고 환경 활동에도 나서는 등 사람들이 돌봄 활동에 가장 많은 시간을 할애할 것"이라고 주장했다. 기본소득 보장이야말로 돌봄에 얼마를 투자할지 결정하는 데 매우 효과적인 정책이라는 뜻이다.

기본소득과 같이 돌봄의 가치를 현재화하는 방향성은 탈성장 전환 사회의 강력한 마중물이라고 할 수 있다. 신승철 생태적지혜연구소 소장은 돌봄 모듈에 대한 지원과 사회화 과정에 대한 논의가 필요하다고 말했다.

인간은 태어나서 성장하고 나이를 먹어가면서 죽을 때까지 돌봄이 필요하다. 유아기와 아동, 청소년기뿐 아니라 성인이 된 이후에도 돌봄 수요는 이어진다. 청년기 주거 및 경제지원, 중장년기 건강 관리, 노년기 고립 방지와 생활 지원 등이 그것이다. 생애 주기와 건강 상태, 사회적 환경 변화에 따른 돌봄 모듈을 마련하는 게 당연하다. 이는 개인의 영역에서 해결할 수 없고 국가가 나서야 할 문제이다. 기본소득은 돌봄 모듈에 대한 사회적 지원의 한 형태이다.°

고액 자산가의 돈벌이 수단으로 전락한 금융산업의 현실과 대안

국내 금융회사의 장외 파생상품 거래 규모는 총 2경 4,548조 원으로 통화선도 관련 거래가 1경 5,754조 원(64.2%)으로 가장 큰 비중이며 이자율 스와프 관련 7,133조 원(29.1%), 통화 스와프 관련 1,216조 원

° 공규동·김영준·김현우·김희룡 외, 『탈성장을 상상하라』, 모시는사람들, 2023. p.130.

°° 금리 스와프라고도 하며, 금리 변동 위험을 분산하거나 차입비용을 절감하기 위해 이자율로 나타나는 차입 조건을 상호 간에 교환하는 계약이다.

°°° 통화 스와프(currency swap)는 말 그대로 통화를 교환(swap)한다는 뜻으로, 통화 교환의 형식을 이용해 단기적으로 자금을 융통하는 계약/ 서로 다른 통화를 미리 약정된 환율에 따라 일정 시점에 상호 교환하는 외환거래다.

(5.0%) 등 순이다. 통화선도거래는 특정 미래 시점에 미리 정한 환율로 외화를 거래하기로 한 계약이다. 이자율 스와프는 두 당사자가 서로 다른 이자율을 교환하는 계약이며, 통화 스와프는 서로 다른 통화를 일정 기간 교환한 뒤 원금과 이자를 다시 교환하는 계약이다. 각각 환율과 금리 변동에 따른 위험을 줄이기 위해 사용한다. 금융감독원이 2023년 6월 발표한 '2022년 금융회사 장외파생상품 거래현황'을 살펴봤다.

한국은행의 'BIS 주관 세계 외환 및 장외 파생상품 시장 조사(거래금액 부문) 결과'를 보면 2022년 4월 중 전 세계 외환 상품시장 거래액은 일평균 7조 5,000억 달러, 장외 금리 파생상품시장 거래액은 일평균 5조 6,200억 달러였다. 한국 외환 상품시장의 거래액은 일평균 677억 4,000만 달러, 장외 금리 파생상품시장 거래액은 일평균 108억 2,000만 달러로 집계됐다. 그러나 이는 장외 파생상품시장의 규모이고, 장내 파생상품시장까지 더한다면 그 규모는 훨씬 더 커진다. 한국거래소와 금융투자협회 통계를 보면 주식과 지수, 채권, 금리 등에 연계한 선물 거래대금은 2022년 1경 4,925조 원, 옵션 거래대금은 188조 원이었다. 또 주가연계증권(ELS), 주가연계사채(ELB), 파생상품연계증권(DLS), 파생상품연계사채(DLB) 등 국내 파생결합증

° 통화선도계약(Currency Forward Contract)은 두 통화 간 환율을 기준으로 미래 일정 시점에서 환전을 수행할 수 있는 계약이다.
°° 금융감독원 자본시장감독국 파생거래감독팀, 「2022년 금융회사 장외파생상품 거래현황」, 금융감독원, 2023. 6. 15.
°°° 한국은행 국제국 자본이동분석팀, 「2022년도 BIS 주관 세계 외환 및 장외파생상품 시장 조사(거래금액 부문)」, 한국은행, 2022. 11. 1.

권 발행액도 60조 원에 이르렀다. 한국의 파생상품시장 규모는 연간 4경 원에 이를 것으로 추산된다. 2022년 한국의 명목 GDP는 2,161조 7,739억 원이었다. GDP의 20배 가까운 금액이 파생상품시장에서 거래됐다는 의미다.

파생상품시장 규모는 너무 커서 일반인이 가늠하기 어렵다. 용어도 선뜻 이해하기 어렵다. 주식과 상품은 물론 채권과 통화, 금리, 부동산 등 거의 모든 유형의 투자자산에 적용할 수 있는 파생상품이 존재하고, 지금도 새로 생겨나고 있기 때문이다. 파생상품은 당초 미래에 발생할 수 있는 위험을 회피하기 위한 수단으로 만들어졌다. 그러나 이제는 거대 자산가들이 수익을 높이기 위한 재테크 방편으로도 널리 쓰인다. 문제는 시중에 판매되는 파생상품의 위험성에 대해 금융소비자는 물론 판매사나 설계자조차 완벽하게 이해할 수 없다는 점이다.

파생상품의 위험성은 2008년 글로벌 금융위기를 초래했던 미국의 서브프라임 모기지(비우량 주택담보대출) 사태에서 찾아볼 수 있다. 서브프라임 모기지는 신용도가 낮아 상환능력이 떨어지는 서민에게 돈을 빌려주고, 그 위험을 각종 파생상품으로 잘게 쪼개고 합쳐서 파생상품으로 만든 것이다. 서브프라임 모기지 부실은 미국 서민들이 대출을 갚지 못하는 상황에서 더 나아가 글로벌 금융기관 파산과 전 세계 금융위기로 확산했다.

생태주의자 고 김종철 선생은 2008년 글로벌 금융위기 원인을 화석연료에 기반한 자본주의 시스템 탓이라고 해석했다. 자본주의 근대 문명은 화석연료에 기반한 문명인데, 이제는 화석연료를 더 써서는 안 되고, 쓸 수도 없는 상황에 부닥치자 경제의 금융화를 추진했고, 금융위기를 초래했다는 것이다. 1970년대 두 차례 석유파동은 원자재 비용 급등과 소비자물가 상승, 경기 침체 등을 불러왔다. 석유의 원활한 공급에 문제가 생기자 실물경제마저 제대로 돌아가지 않는 상황에 이르렀다. 인플레이션을 잡기 위해 각국은 금리를 인상했고, 기업들은 이자 비용 상승에 시달려야 했다. 이 같은 상황이 금융산업에는 호재가 됐다. 금리, 외환, 파생상품 등 다양한 금융 기법과 상품을 내놓은 것이다. 변동성에 대비해 위험을 관리하고 수익을 창출할 새 방식이라고 선전했다. 이른바 경제의 금융화다. 김 선생은 이를 '카지노 경제' 또는 도박경제라고 일컬었다. 땀 흘려 노동한 대가가 아니고, 자본을 투입해 생산한 물건을 팔아 남기는 이익도 아니다. 돈이 돈을 버는 불로소득일 뿐이어서 부도덕하다. 석유파동 이후 1980년대부터 금융파생상품 시장이 급성장했는데, 그 허구적인 구조가 드러나 거품이 터진 것이 바로 2008년 글로벌 금융위기였다.

『렉서스와 올리브나무』『세계는 평평하다』등 베스트셀러 저자인 토머스 프리드먼(Thomas Friedman)은 신자유주의 경제를 옹호하는 비교적 보수적인 언론인으로 평가받는다. 그러나 미국에서 촉발된 글로벌 금융위기에 대해서는 미국식 자본주의의 비윤리성을 강하게 비판했다. 2008년 12월 《뉴욕타임스》에 게재한 〈대폭로*The Great Unraveling*〉라는 칼럼을 통해 미국의 월스트리트 자체가 사실상 사기를 저질러왔다고 지적했다. 프리드먼은 월스트리트가 사기극을 벌이는 괴물로 변해버린 근본 원인으로 자본주의와 경쟁하던 공산주의가 약화된 시대적 변화를 지목하기도 했다.

◦ 김종철, 『근대문명에서 생태문명으로』, 녹색평론사, 2019. p.265.

"월가의 금융업체들은 연간 1만 4,000달러밖에 벌지 못하는 노동자에게 75만 달러짜리 주택을 살 수 있는 대출(모기지)을 해주고, 이런 모기지들을 묶어 증권을 만들면 무디스나 스탠더드앤드푸어스(S&P)같은 신용평가기관이 AAA라는 최상의 등급을 매겨주었다. 이런 증권들을 전 세계에 있는 은행들과 연기금 등에 팔았다. 이런 행위가 피라미드식 사기극이 아니고 무엇인가. 이런 합법적인 폰지 사기는 원리금 상환 기한이 닥칠 때 'I.B.G'의 원칙에 따르는 일련의 관계자들이 저지른 것이다. 'I.B.G'는 'I'll be gone'의 약자로 나는 사라질 것이라는 의미다."

금융시장을 도박판에 비유하면 금융업 종사자들은 펄쩍 뛰지만 실제 금융시장에서 일반 투자자는 잃고, 전문가는 따기 마련이다. 금융시장, 즉 모든 금융경제에는 제로섬 게임의 원리가 작용한다. 광의의 사회에 기여하는 바가 아무것도 없는데도 20%의 직업적 전문가들이 다소 명석하다고 자처하는 80%의 아마추어들이 잃는 것을 따간다. 금융시장은 사실 거대한 부를 흡착하는 장치인데, 거기에서는 '갈비들'이 뜯긴 돈으로 '뚱보들'이 살찌고, 뚱보들이 잃은 돈으로 '거인들'이 포식한다.

돈을 빌려주고 빌리는 과정에서 생기는 이자는 부익부 빈익빈을 심화시키는 주범이다. 다수의 가난한 사람들에게서 소수의 부자에게로 부가 영구적으로 이동하는 수단이 되기 때문이다. 당연히 부자는

° Thomas L. Friedman, "The Great Unraveling", *The New York Times*, 2008. 12. 16.

°° 제라르 푸셰, 『화폐의 비밀』, 서익진·김준강 옮김, 도서출판길, 2021. p.228.

돈이 넘치지만 가난한 사람은 늘 쪼들린다. 돈이 부족한 사람들이 돈을 빌릴 수밖에 없는 경제 시스템이 확립되는 순간 불행이 시작된다. 이는 돈이 넘치는 부자들의 이익을 위해 돈을 빌리는 가난한 사람들을 무한히 가난하게 만드는 시스템이다. 채무자는 일하면서 가난해지고, 채권자는 놀면서 부유해진다.°

파생상품 하나가 2023년과 2024년 한국 금융시장을 뒤흔들었다. 홍콩 증시 H지수가 급락하면서 H지수를 기초자산으로 하는 ELS를 산 투자자들이 막대한 원금 손실에 직면한 것이다. ELS는 만기 때 홍콩 H지수가 가입 당시의 70% 선을 넘으면 수익을 얻지만, 그 밑으로 떨어지면 원금마저 손실이 발생한다. H지수는 2021년 2월 1만 2,228.63으로 고점을 찍은 뒤 꾸준히 하락해 2022년 11월 5,000선이 무너지기도 했다. 이후 소폭 회복해 2024년 4월 초 6,000선, 2025년 1월에는 7,000선에 머물고 있다. 지수가 하락하면서 원금의 절반가량이 손실로 확정되는 상품이 수두룩하다. 원금 손실액은 2024년 상반기에만 5조 원이 넘는 것으로 알려졌다.

손실을 본 투자자들은 상당수가 손실 발생 가능성이 없다는 은행 직원의 말을 듣고 상품에 가입했다고 한다. 금융당국이 ELS를 판매한 은행과 증권사에 대한 검사에 착수하자, 은행들은 뒤늦게 ELS 판매 전면 중단과 투자자 보상을 발표했다. 앞서 2019년에는 독일 국채 금리에 연계한 파생결합펀드(DLF) 사태로 투자자들이 수천억 원대 손실을 봤다. 문제가 된 DLF는 독일 국채 금리에 연계된 파생상품이다. 당시 판매사 직원들은 독일이 망하지 않는 한 손실이 나지 않는다

° 제라르 푸셰, 앞의 책. p.93.

고 했고, 홍콩 H지수와 관련해서는 중국이 망하지 않는 한 손실은 없을 것이라고 투자를 권유했다. ELS를 판매한 금융사는 투자자 원금이 손실이 나도 별다른 영향이 없다. 판매 수수료만 챙기면 되기 때문에 상품을 많이 팔수록 이익이 커지는 구조다. 은행이나 증권사 직원들이 손실 가능성이 거의 없다며 투자자 유치에 나서는 이유다. 금융당국의 압박이 없었다면 투자자에 대한 보상 방안도 내놓지 않았을 가능성이 크다.

파생상품과 같은 다양한 금융상품이 생기면서 금융회사나 거액 투자자는 돈을 벌 기회가 훨씬 더 많아졌다. 그래서 현대 금융산업은 거액 자산가의 돈벌이 수단으로 전락했다는 비판을 받기도 한다. 돈이 많을수록 더 많은 돈을 벌 수 있는 구조가 심화하고 있기 때문이다. 대규모 자금을 굴릴 수 있는 금융회사나 자산가는 시장에 직간접 영향을 행사할 수 있다. 예컨대 2024년 상반기 삼성그룹 총수 일가가 상속세 납부를 위해 삼성전자 주식을 대량으로 팔면서 삼성전자 주가는 물론 코스피 지수가 영향을 받기도 했다. 자금력이 뛰어난 투자자나 기관은 정치력도 뛰어나다. 이는 국회 입법이나 정부 정책에 대한 영향력을 높일 수 있다. 많은 국가에서 부자들을 위한 감세에 나서는 것이 대표적인 사례이다. 로비력이 뛰어난 대형 금융회사들은 자신들의 이익을 위해 규제를 피하거나 보호장치를 마련할 수도 있다.

그 결과 경제 부문에서 발생한 수익의 상당 부분이 일부 소수 금융기업이나 자산가에 집중돼 부의 불평등을 심화시키고 있다. 포브스가 집계하는 10억 달러 이상 억만장자 명단을 보면 2024년 3월8일 기준 전 세계 2,781명에 달했다. 1년 새 141명이 늘었다. 한국은 이재용 삼성전자 회장(173위, 115억 달러) 등 36명이 포함됐다. 100대 부자로 한정했을 때 유형별로는 정보기술이 19명으로 가장 많았고, 워런 버핏(6위, 1,369억 달러)과 마이클 블룸버그(1,062억 달러) 등이 포진한 금융투자가 15명으로 두 번째였다. 전통적인 기업 업종인 제조와 건설, 에너지, 자동차 등은 각각 5명 이하였다. 업계 최대 규모 가상통화 거래소 '바이낸스(Binance)' 창업자이자 전 CEO인 자오창펑은 3년 연속 암호화폐 최고 부자로 등극했다. 자오창펑의 자산 가치는 약 330억 달러(50위)에 이른다.°

금융 파생상품을 거래하는 목적은 가격이 낮을 때 사서 높을 때 팔아 돈을 버는 데 있다. 여기에는 투기꾼들의 '쌀 때 사서 비쌀 때 판다(Buy low, sell high)'라는 아주 단순한 격언이 나온다. 주목해야 할 핵심 사항은 이 격언이 증권 시장 전체에 타당하다는 점과 이 거래들에서는 어떤 서비스나 실물 재화도 생산되지 않는다는 점이다. 다시 말해 이 모든 거래는 아무것도 생산하지 않으며, 단지 딴 자와 잃은 자 사이에 돈의 이전만 이뤄질 뿐이다.°°

글로벌 금융위기 이후 대부분 국가 중앙은행이 편 저금리 정책은 시중 유동성을 풍부하게 해 자산가와 금융회사에 물 들어올 때 노 저을 수 있는 상황을 만들었다. 금융회사들은 저렴하게 자금을 조달해 투자를 확대했고, 과거보다 더 많은 수익을 낼 수 있었다. 자산가들은 부동산에도 적극 투자해 수익을 남겼다.

° Rob LaFranco·Grace Chung·Chase Peterson-Withorn, "World's Billionaires List: The Richest In 2024", *Forbes*, 2024.
°° 제라르 푸셰, 『화폐의 비밀』, 서익진·김준강 옮김, 도서출판길, 2021. p.226.

금융회사가 대형화하면서 시장 영향력이 커지자 금융 시스템은 안정화되지 않고 오히려 불안이 더 커졌다. 대형 금융사가 위험성이 높은 투자에 나섰다가 실패할 경우 도미노 현상처럼 전체 금융 시스템에 큰 파장을 일으킬 수 있기 때문이다. 현대 투자는 국경을 넘어 여러 국가에 복잡하게 얽히는 사례가 많아 글로벌 금융위기로 이어질 수도 있다.

프랑스의 화폐개혁 운동가 제라르 푸셰(Gerard Foucher)는 현행 화폐 시스템 탓에 인류가 항구적인 경제 성장에 매달리고 있다고 분석한다. 경제 성장이 둔화하거나 사라질 때 정치인과 사업가, 은행가 등 시스템 지지자들은 극도의 공포를 느끼거나 경직된다. 성장의 감소에 비례해 이자가 줄어들기 때문이다. 이자는 성장을 흡수해 만들어지므로 성장이 멈추면 이자도 없어질 수밖에 없다. 또한 불황이 성장을 대체할 때 이자의 약탈성은 더욱 도드라져 보인다. 결국 그 사악한 효과가 더 잘 보이게 되는 셈이다. 불황이 되면 부가가치가 줄었음에도 이자는 여전히 그대로 지불해야 하므로 이자의 존재가 부각되고 그 부담을 더욱 절실하게 느낀다.

경제 성장을 위한 자금 조달을 위해서는 채무가 필요하고, 채무를 갚기 위한 자금을 조달하려면 경제 성장이 필요하다. 마치 짐을 가득 싣고 내리막길을 달리는 트럭에 올라타 있는 상황과 진배없다. 속도를 늦출 수가 없고, 늦춰서도 안 된다.°

° 제라르 푸셰, 앞의 책. p.220.

3장
성장을 넘어:

30년 후 미래

성장을 넘어 모두가 잘살 수 있는 다양한 논의

영어 단어 'degrowth'는 탈성장으로 번역한다. 단어만 보면 뭔가 부정적인 뉘앙스를 풍기는 듯하다. 접두사 'de'가 반대, 반역, 분리, 제거 등의 뜻을 담고 있기 때문이다. 생물 성장을 방해하는 듯해 생태학적으로도 적절하지 않은 것 같다. 하지만 'degrowth'의 어원은 그렇지 않다. 프랑스어 'la décroissance' 또는 이탈리아어 'la decrescita'는 재앙처럼 닥친 홍수 후에 강이 정상적인 흐름으로 돌아가는 것을 의미한다. 거대한 홍수가 자본주의라면, 정상을 되찾는 과정은 탈성장을 의미한다.

    탈성장은 기존 자본주의 시스템을 계속 유지했다가는 인류와 지구의 종말을 앞당길 수밖에 없다는 깨달음에서 출발한다. 사람을 착취하고 지구를 파괴하면서 성장에만 매달리는 자본주의를 비판하는 개념이다. 자본주의를 비판한다고 하면, 공산주의나 사회주의, 급진주의를 떠올리기 쉬운데 꼭 그런 것만은 아니다. 탈성장은 '촛불만 켠

채 동굴에서 사는 것'을 의미하는 것이 아니라 단지 좀 더 단순하게 사는 것을 의미한다. 마이너스 성장이나 경기 침체와도 다르다. 생산과 소비를 줄여 환경과 인간의 복지를 향상시키는 것이다. 모든 사람의 더 나은 삶을 보장하기 위해 사회를 변화시키는 것이 탈성장이다.

탈성장 활동가와 연구자들은 기업 이윤, 과잉 생산, 과잉 소비 대신 사회적·생태적 복지를 우선하는 사회를 지지한다. 이를 위해서는 근본적인 재분배와 글로벌 경제의 물질적 규모 축소, 돌봄, 연대, 자율성을 향한 공통 가치의 전환이 필요하다.

글로벌 탈성장 단체 'Degrowth.info'는 탈성장에 필수적인 요소를 다음과 같이 정리했다.

- 모든 사람을 위한 존엄성 있는 자기 결정적 삶 추구. 여기에는 속도 감소, 시간 복지 및 교류를 포함
- 삶의 자연적 기반을 유지하는 경제와 사회
- 북반구의 생산·소비 감축 및 서구의 일방적 발전 패러다임에서 해방. 이를 통해 남반구에서는 자기 결정적인 사회 조직의 방법을 모색
- 실질적인 정치 참여를 가능하게 하는 민주적 의사 결정 확대
- 생태 문제 해결을 위한 기술 발전과 효율성 향상 대신 사회적 변화와 충분성 지향. 경제 성장과 자원 사용을 분리하는 건 불가능하다는 사실이 역사적으로 증명
- 개방적이고 연결돼 있으며 지역화한 경제의 창출

° The degrowth.info international editorial team, 2020.

학자나 연구자에 따라 다르지만, 글로벌 기후변화 교육 플랫폼 'ClimateScience'는 다음과 같이 아홉 가지 탈성장 원칙을 소개하고 있다. 원칙은 생태계를 지탱하는 자원을 결코 악화하지 않는 '지속 가능성(sustainability)', 낭비하지 않고 필요한 것만 생산하는 '순환성(circularity)', 이익보다는 사람과 지구를 우선시하는 '협력(cooperation)' 필요하지 않은 것은 생산하지 않는 '유용한 생산(useful production)', 모두에게 충분하면서 누구에게도 과도하지 않은 '공유(sharing)', 지역에서 생산하고 지역에서 소비하는 '지역 생산(local production)', 노동시간을 줄이고 여가는 늘리는 '일과 삶의 균형(work-life balance)', 물건을 덜 사고 관계를 더 많이 쌓는 것, 즉 물질적인 것보다 사회적 연결과 상호작용을 촉진하는 '관계적 가치(relational goods)', '춤을 출 수 없다면 그 경제의 일부가 되고 싶지 않다'는 뜻으로 경제적 성장보다 개인의 만족과 행복을 우선시하는 '삶의 기쁨(joie de vivre)' 등이다.

경제학 관련 온라인 교육 플랫폼 'economicshelp.org'는 보다 구체적인 탈성장 사례와 정책을 제안하고 있다.° 지구와 인류의 미래를 진심으로 걱정한다면 개인 각자의 실천과 노력이 중요하다. 기본적으로 삶에서 물질주의적 접근 방식을 버려야 한다. 소비재를 덜 구매하고, 대신 이미 가지고 있는 상품을 고치거나 수선해서 쓰는 방식이 포함될 수 있다.

° Tejvan Pettinger, "Degrowth – definition, examples and criticisms", *Economics Help*, 2020. 4. 26.

<탈성장 원칙>

지속 가능성
생태계를 절대 악화하지 말라

순환
낭비하지 말고, 원하지도 말라

협력
이익이 아닌 사람과 지구

유용한 생산
필요하지 않은 것은 생산하지 말라

공유
모두에게 넉넉하게, 누구에게도 과잉 없게

현지 생산
지역에서 생산하고 지역에서 소비

삶과 일의 균형
덜 일하고, 더 많이 놀아라

관계적 가치
물건은 줄이고, 관계를 늘려라

삶의 기쁨
춤출 수 없는 경제라면, 참여하지 않겠다

한국에서 자동차를 한 번 산 뒤 다른 차로 교체할 때까지 기간은 평균 5년 안팎으로 알려져 있다. 휴대전화는 새 기기로 바꾸는 데 보통 3년이 걸리지 않는다. 하지만 일반적으로 자동차 수명은 15년 이상이고 20년 넘게 타는 사람도 허다하다. 한 지인은 휴대전화 한 대로 7년 넘게 버티는데, 배터리 소모가 빨라지는 것 이외에는 큰 불편이 없다고 한다. 방송인 김국진 씨는 2023년 방송에서 2010년 생산된 휴대전화를 여전히 사용 중이라고 밝히기도 했다.

휴대전화 회사들은 해마다 신제품을 내놓는다. 한 번 출시한 제품은 2년 또는 3년 뒤 업그레이드가 필요하다는 가정하에 작업을 한다. 신제품 구매를 유도하기 위해 배터리 교체를 번거롭고 비싸게 만들고, 보상 판매나 인센티브 제공 등 미끼를 던지기도 한다. 실제로 애프터서비스센터에 들러 수리를 요청하면 '수리 비용과 새 제품 가격 차가 크지 않으니 새로 구매하시는 방법을 생각해보시라'는 얘기를 자주 듣게 된다. 이른바 '계획된 노후화'다. 끊임없이 새 제품을 생산해 판매해서 전년보다 매출액을 늘리고 성장하려는 기업의 전략이다. 그러다 보니 여전히 쓸 만한 휴대전화나 자동차가 버려진다. 정부는 계획된 노후화와 같은 기업의 관행을 금지하는 법안을 만들 필요가 있다. 탈성장 전략은 기업과 소비자가 한 제품을 오랜 기간 사용할 수 있도록 한다.

자가용 자동차에서 벗어나자. 탈성장은 희소한 자원을 자동차와 연료를 생산하는 데 사용하는 대신, 보행자와 자전거 이용자를 위한 도심을 설계하도록 권장한다. 자동차와 연료가 덜 생산되면 GDP가 낮아질 수 있다. 그러나 도시에 사는 이들에게는 더 나은 공기질과 더 많은 운동을 제공한다. 교통사고는 줄어들 것이다. 전반적으로 삶의 질이 향상된다. 또한 걸어 다니기에 더 매력적인 도시가 된다면 걷기 활성화로 이어질 수 있다. 이는 겉으로 보기에는 생산량과 GDP가 줄지만 삶의 질은 향상될 수 있다는 것을 보여주는 사례이다.

텃밭이나 주말농장에서 나만의 먹을거리를 키워보자. 현재 인류는 전 세계에서 식품을 수입하고 있어 탄소 발자국을 많이 남긴다. 뒷마당과 지역 농가에서 더 많은 식량을 재배하면 식량을 수입하는 것보다 더 신선한 제철 식품을 먹을 수 있다. 물론 식품 선택의 폭이 줄어들겠지만 현지에서 제철 생산된 식품이 항공 화물 식품보다 더 매력적일 수 있다. 몸과 땅은 둘이 아니고 하나라는 뜻의 '신토불이(身土不二)'라는 말도 있지 않은가. 자기가 사는 땅에서 산출한 농산물이 체질에 잘 맞는다.

유기농 식품 사용을 늘리자. 많은 식품이 생산 과정에서 항생제와 화학물질을 사용한다. 단기간에 많은 양을 생산할 수 있어 효율성은 높아지지만 환경 비용이 발생한다. 유기농 식품으로 전환하면 단기적으로는 식량 생산량이 감소할 수 있다. 하지만 오랜 시간 뒤에는 환경에 도움이 되고 장기적인 문제인 지표 악화를 방지할 수 있다.

공공장소에서는 광고를 억제해야 한다. 광고는 웰빙을 실질적으로 증진시키지 않고 종종 널리 알려진 브랜드에 대한 소비주의와 무의식적 편견을 조장한다. 도심에서 광고를 줄이면 하루 종일 광고의 폭격을 받지 않기 때문에 웰빙이 향상될 것이다.

새 집을 짓는 대신 빈집을 활용하자. 콘크리트와 철근으로 된 건물을 신축하는 것은 지구의 부담을 늘리는 일이다. 빈집을 노숙자나 저소득층, 청년, 신혼부부 등에게 빌려주고 집주인과 세입자에게 혜택을 주는 방안을 강구할 수 있다.

중앙 정부의 공공 서비스 지원을 줄이자. 대신 소규모 지역사회에서는 지역 자원봉사자가 서비스를 담당하도록 하면 된다. 중앙 정부의 서비스는 지역사회 특성과 요구에 맞지 않을 수 있지만, 지역 자원봉사자들은 현실을 잘 파악해 서비스를 제공할 수 있다. 주민 참여와 협력을 이끌어 지역사회 발전에 기여할 수 있다.

탈성장은 개인과 기업의 실천뿐 아니라 정부 차원의 정책적 노력이 중요하다. 환경적·사회적 비용이 높은 상품에는 더 높은 세금을 부과해야 한다. 예컨대 화석연료 사용이 많은 항공 여행에 대해서는 지금보다 고율의 세금이 부과될 수 있다. 세금은 많은 이가 부담하기 꺼리는 의무지만, 국가와 시민을 책임으로 연결하는 중요한 고리이다. 시민은 납세의 책임이 있고, 국가는 징수한 세금으로 시민을 돌봐야 할 책임을 진 일종의 사회계약을 맺고 있다.

한국은 2023년 세수 손실이 56조 4,000억 원으로 사상 최대를 기록했다. 당초 예산안에서 목표했던 국세 수입은 400조 5,000억 원이었는데, 실제 징수한 세금은 344조 1,000억 원뿐이었다. 2024년에도 30조 원가량의 세수 펑크가 났다. 세금이 예상했던 것보다 덜 걷힌다면 정부가 편성한 예산을 제대로 집행할 수 없다. 특히 취약 계층에 쓰기로 했던 복지 예산이 대폭 줄어들 수 있다.

경제학자이자 조세정의네트워크(Tax Justice Network) 최고경영자인 알렉스 코밤은 책 『불공정한 숫자들』에서 건강, 교육 등에 이미 이뤄진 공공지출 부담을 저소득층이 주로 감당해야 하므로 세수 손실은 그 자체로 불평등을 심화한다고 했다.

일회용 플라스틱 또는 일회용 품목을 금지하는 규정이 도입될 수 있다. 기업으로서는 더 오래 지속되는 제품을 생산하기 위해 연구해야 한다. 이는 소비를 감소시킬 수 있지만 환경에 미치는 영향을 줄이는 데 도움이 된다. 실제로 한국에서는 일회용 플라스틱 빨대와 종이컵 등의 사용 규제를 강화하는 방안을 추진하기도 했으나, 2023년 철회한 바 있다.

복지가 예산 편성의 기준이 돼야 한다. 뉴질랜드에서는 저신다 아던 전 총리가 편성한 2019년 예산안을 '웰빙 예산'이라고 불렀다. 아던 총리는 복지, 환경, 정신 건강, 아동 빈곤 및 지속 가능한 경제로의 전환 지원의 기준에 따라 예산을 편성했다고 밝혔다. 유엔 산하 지속가능발전해법네트워크(SDSN)가 발표한 '세계 행복지수 보고서'에서 뉴질랜드는 2020년 이후 해마다 150개 안팎 국가 중 10위 안에 들고 있으며, 한국은 60위 안팎에 머무르고 있다. 탄소 배출이 많은 부문에 대한 세금은 늘리고, 환경친화적인 해결책에 대한 보조금은 늘리는 게 바람직하다. 예를 들어, 화력발전이나 화석연료 자동차 등에 대한 탄소 배출에 대한 세금은 태양광 및 풍력과 같은 대체 에너지원에 보조금을 지급하는 데 사용할 수 있다.

이 밖에 수도·전기 등 공공시설을 민주적 소유로 전환하고, 협동작업장이나 사회적 기업 등에 대한 제도적 지원과 같은 경제 민주화 정책이 필요하다. 탈성장 사회는 의료와 대중교통, 교육 등 기본 서비스에 대한 접근성을 보장해야 한다. 기술을 자본가의 이윤 극대화를

◦ 알렉스 코밤, 『불공정한 숫자들』, 고현석 옮김. 메디치미디어. 2021. p.134.

위해 사용하는 것이 아니라 모든 구성원을 위해 쓰는, 이른바 기술 민주화도 이뤄야 한다. 모든 지역사회에 수리센터를 설치하는 것이 한 사례가 될 수 있다.

　노동시간을 단축하되, 사회적으로 해로운 일자리는 제거해야 한다. 필수 및 돌봄 노동 중심으로 경제를 재구성한다. 지금까지 연관 산업 효과가 크다고 평가된 고속도로나 공항 건설과 같은 대량 화석연료 소비 인프라 계획은 폐지하는 게 바람직하다. 선진국들은 남반구 국가의 자원을 약탈하면서 초래한 기후 부채를 갚아야 한다. 기술 및 자금을 남반구 국가에 지원하는 방안을 보상으로 할 수 있다. 국가 간 불균등한 위계를 만든 기존 국제 통화 시스템은 재편할 필요성이 있다.

　정책만으로는 사회를 변화시키고 탈성장을 끌어낼 수 없다. 선거와 사회운동 등을 통해 시민 참여를 확대하는 방안을 강구해야 한다. 사회를 변화시킬 정책을 결정하는 사람은 정치인이다. 하지만 그들은 쉽게 움직이지 않는다.

　정치인이 어떤 현안을 해결하고자 할 때 원칙과 정의감에 따라 행동할까? 정치에 갓 입문한 초보라면 그럴 수 있겠지만, 현실에서는 기대하기 힘들다. 정치인을 움직이는 것은 대중의 압박과 소속 정당의 명령 등이다. 알렉스 코밤은 빛을 봤을 때가 아니라 뜨겁다고 느낄 때만 움직이는 게 정치인이라고 했다. 정치인은 내부의 도덕적 인식이나 깨달음(빛)에 따라 행동하지 않는다는 것이다. 대신 그들을 움직이는 것은 외부의 부담이나 압력(뜨거움)이다.

　코밤은 시민의 적극적인 참여와 연대가 사회 변화를 이끌 수 있다고 주장한다. 권력은 요구하지 않으면 아무것도 넘겨주지 않는다. 하지만 수백만 명이 정의를 요구한다면 놀라울 정도로 빠르게 권력으로부터 받아낼 수 있다. 현재는 정치적으로 불가능한 것도 몇 년이라는 짧은 시간 안에 글로벌 의제가 될 수 있다.°

한국은 정의로운 시민의 힘으로 권력을 교체한 경험이 있다. 2016~2017년 당시 박근혜 대통령의 탄핵을 촉구하는 시민들이 대규모 촛불 집회를 열었다. 많게는 수백만 명이 참가했는데, 비폭력적인 평화 집회로 진행됐다.

박 전 대통령은 2017년 3월 헌법재판소의 탄핵 인용 판결을 받았다. 2022년 취임한 윤석열 전 대통령은 2024년 12월 3일 불법적인 비상계엄을 선포한 뒤 시민들의 거센 반발을 샀다. 시민들은 윤 전 대통령 탄핵을 요구하는 집회를 이어갔고, 국회는 탄핵소추안을 의결해 대통령 직무를 정지했다. 헌법재판소는 2025년 4월 4일 윤 전 대통령을 재판관 8명 전원 의견 일치로 파면했다. 파면은 '시민들의 저항'이 있었기에 가능했다.

윤 전 대통령의 '인생 책'은 『선택할 자유Free to Choose』라고 한다. 이는 미국 신자유주의 경제학자 밀턴 프리드먼(Milton Friedman)이 1980년 펴낸 책이다. 출간 당시 세계 경제가 침체했던 시기였는데, 미국과 영국은 프리드먼의 조언을 받아들여 규제 철폐와 세금 인하 등을 통해 경제를 회생시켰다. 이후 유행처럼 퍼졌던 신자유주의는 양극화를 심화시킨다는 비판을 받으며 2000년대 이후 주춤했다. 장

° 알렉스 코밤, 『불공정한 숫자들』, 고현석 옮김. 메디치미디어. 2021. p.203.

하준 영국 케임브리지대 교수는 저서 『경제학 레시피』(2023)에서 프리드먼이 중요하게 여긴 자유는 자본가가 가장 큰 이익을 내기 위해 자신의 자산을 사용할 수 있는 자유라고 지적했다. 윤 전 대통령은 부자들의 세금을 낮추고 규제를 풀면 경제가 성장할 것이라고 여겼다. 지구와 인류의 지속가능성을 해칠 우려가 큰 낡은 경제관이었다.

사이토 고헤이 일본 도쿄대 교수는 그의 저서에서 '탈성장이란 성장을 멈추라는 것이 아니라 빈곤을 없애기 위해 제3 세계에 투자하고 자원이 필요한 사람들과 공유해야 한다는 개념'이라고 밝혔다. 사이토 교수는 사치품 등 불필요한 소비를 줄여야 하며, 탈성장은 '반기술'이 아니라고 했다. 그는 전기차나 AI와 같은 기술은 필요하지만, 이것만으로는 지구를 구할 수 없기 때문에 생산량을 줄이고 자동차 중심의 도시에서 자전거 전용도로와 대중교통에 투자해야 한다고 언급했다. 탈성장은 리세션이나 GDP를 없애는 것과는 다른 개념이며, GDP로 측정할 수 없는 다른 가치들에 주목해야 하는 것으로, 전통적인 지식, 자연 보전, 양성평등, 필수재에 대한 접근성 등을 중시해야 한다고 설명했다.

탈성장의 목표는 인간과 지구에 대한 피해를 최소화하기 위해 의식적으로 속도를 늦춰 지속 가능한 미래로 나아가는 것이며, 핵심 원칙은 돌봄과 연대이다. 속도를 늦추는 것은 단순히 경제를 축소하는 것이 아니다. 의미 있게 살아가고, 단순한 즐거움을 누리고, 다른 사

◦ 노도현·박순봉, "노동시간 줄일 AI, 환영할 일-AI가 노동 지식 침범 땐 우려", 경향신문, 2023. 6. 28.

람들과 더 많이 관계를 맺고 공유하며, 더 평등한 사회에서 더 적게 일하자는 프로젝트이다. 탈성장으로 삶의 행복을 개선할 수 있다.°

50년 전부터 탈성장을 주창한 유럽의 움직임

세계 경제가 본격적으로 성장하기 시작한 시기는 일반적으로 1800년대 중반이라고 여긴다. 1700년대 중후반 영국에서 증기기관과 방적기 등의 발명으로 제1차 산업혁명이 시작됐다. 새로운 기술과 기계화된 생산 방식은 생산성을 크게 늘렸다. 산업혁명은 이후 유럽 대륙과 미국으로 퍼져나갔다. 기존 생산 방식과 사회 구조에 불어닥친 변화로 현대 글로벌 경제 질서의 기초를 다진 시기라고 할 수 있다. 1800년대 중반부터 석유, 철강, 철도, 통신 기술 등이 발전해 생산량과 국제무역이 늘어나 세계는 성장 시대에 접어들었다.

경제 성장의 시발점이 된 국가인 영국과 유럽에서는 성장 비판도 함께 생겨났다. 일부 학자는 산업화 기계에 대한 저항 운동인 '러다이트 운동(Luddite Movement)'에서 탈성장 운동의 기원을 찾기도 한다. 러다이트 운동은 1800년대 초반 영국의 직공업자와 직물공장 노동자들이 주도한 반자본주의 운동이다. 산업혁명에 의한 노동 조건 악화와 일자리 감소에 반발해 기계를 파괴하고 공장을 공격하면서 기계화 생산 방식에 반대하는 시위를 벌였다.

하지만 노동자의 생계유지를 위한 러다이트 운동을 지속 가능성과

° 요르고스 칼리스·수전 폴슨 외, 『디그로쓰』, 우석영·장석준 옮김. 산현재. 2021. p.180.

자연환경 보전을 목표로 하는 탈성장의 기원으로 보는 것은 무리가 있다. 1900년대 후반 시작된 유럽 문명의 '반식민주의적 해부'가 오히려 탈성장과 맥락이 비슷하다고 할 수 있다. 반식민주의적 해부는 유럽의 무분별한 식민지 확장과 그에 따른 경제적 착취, 문화적 억압을 비판한다.

한국에서 월드컵이 열렸던 2022년, 프랑스 잡지 《S!lence》 특별호는 "지속 가능하고 공생공락하는 탈성장"이라는 제목으로 발행됐다. 여기서 '지속 가능'은 성장을 수식하는 단어였으나 이때부터 탈성장에도 '지속 가능'이라는 말을 붙인 셈이다. 성장 추구의 종식은 탈성장이라는 단어가 많은 사람이 짐작하는 그런 붕괴나 경기 침체를 의미하는 것이 아니라, 더 정의롭고 지속 가능하며 물질과 에너지에 덜 의존하는 사회로 변혁하는 민주적 과정을 가리킨다. 그리고 탈성장을 공생공락(共生共樂)하는 것으로 언급하면서, 서로 그리고 자연과 협력함으로써 좋은 삶의 긍정적 비전, 즉 다른 세상이 실제로 가능하다는 비전을 의미한다고 강조했다.

국제사회가 성장의 한계에 대해 공식적으로 처음 거론한 것은 50여 년 전 '로마클럽'이었다. 로마클럽은 세계 유수의 학자와 기업가, 정치인 등이 모여 인류와 지구의 미래를 논의하는 비영리 연구기관으로 1968년 발족했다. 출범 4년 만인 1972년 3월, 경제 성장과 환경의 관계를 설명한 연구보고서 「성장의 한계」를 발표하면서 자본주의

◦ 마티아스 슈멜처·안드레아 베타 외, 『미래는 탈성장』, 김현우·이보아 옮김, 나름북스, 2023. p.26.

체제의 성장 신화에 물음표를 던졌다. 「성장의 한계」는 인구 급증과 급속한 공업화, 식량 부족 등 당시 인류에게 닥친 위기 요인을 조목조목 짚었다. 인류가 그간의 성장 방식을 고수한다면 자원 고갈과 환경 파괴 등으로 인해 100년 내에 경제 성장이 멈출 것이라고 지적했다. 새로운 방식을 찾지 않으면 인류의 미래가 파국으로 치달을 수 있다고 경고한 이 보고서는 『성경』 『자본론』 『종의 기원』과 더불어 인류가 남긴 가장 중요한 책이라는 평가를 받기도 했다.

성장 사회를 향한 로마클럽의 경고는 국제사회에 큰 반향을 일으켰지만, 달리는 성장을 멈출 수는 없었다. 보고서가 발간된 뒤 반세기 동안 세계 경제는 성장 지상주의를 고수하며 더 빠른 속도로 몸집을 불려 왔다. 보고서의 저자 중 한 명인 데니스 메도스(Dennis Meadows) 전 매사추세츠공대(MIT) 교수는 최근 "인류는 성장 속도를 늦출 기회가 있었지만 지난 50년 동안 전혀 움직이지 않았다"고 말했다. 보고서의 예고 시한이 절반가량 남은 현재, 세계 경제는 거대한 저성장 늪에 빠져들 조짐을 보인다. 다만 최근 유럽을 중심으로 50년 전 경고 메시지를 환기해야 한다는 목소리가 커지고 있다.

유럽의회는 2023년 4월 벨기에 브뤼셀에서 '성장을 넘어(Beyond Growth) 2023 콘퍼런스'를 열었다. 20명의 유럽의회 의원이 주도해 개최한 콘퍼런스에서는 150명이 넘는 전문가가 열띤 토론을 벌였다. 조지프 스티글리츠 컬럼비아대 교수, 팀 잭슨 서리대 교수 등 주요 학계 인사와 반다나 시바 등 환경활동가, 유럽 각국의 기업인과 정책 입안자들이 참석했다. 콘퍼런스에서는 인류가 계속 번영하려면 성장 이외의 방식을 적극 모색해야 한다는 의견이 주로 제시됐다. 특히 인류 존속을 위한 '탈성장'의 필요성이 본격적으로 거론됐다. 50년 전

「성장의 한계」가 지속 가능한 성장을 얘기했다면, 그보다 한발 더 나아간 논의였다.

참석자들은 50년 전에 비해 상황이 훨씬 더 악화했다고 입을 모았다. 이들은 지속 가능한 성장 방식으로 여겼던 '녹색성장' 역시 지구 환경을 해칠 수 있어 미래의 대안이 되기는 역부족이라고 지적했다. 프랑스의 경제학자 티모테 파릭(Timothée Parrique)은 콘퍼런스에서 "몇십 년 동안 우리는 녹색성장이라는 이름으로 계속 성장하면서도 동시에 환경을 덜 오염시킬 수 있다고 믿었지만 이는 불가능한 것으로 판명 났다"며 "인류가 성장을 추구하는 것은 더 이상 불가능한 상태"라고 말했다. 유럽의회 의원이자 환경운동가인 마리 투생(Marie Toussaint)도 "성장을 추구하는 것은 효과가 없다는 것이 확실해졌다"며 "(성장 추구는) 인류와 다른 많은 종의 생존을 위험에 빠뜨리고 사회적 불평등 문제를 해결하지 못한다"고 주장했다.

주요 국제기구나 비영리 민간단체들도 결은 조금씩 달라도 성장의 대안과 관련된 논의를 활발하게 펼치고 있다. '다보스포럼'으로 유명한 국제 민간 협력 기구인 세계경제포럼(WEF)은 2023년 5월 스위스 제네바에서 '성장 서밋(The Growth Summit) 2023'을 열었다. 세계화 과정에서의 지속 가능성과 경제적 형평성, 기술 발전과 노동의 미래, 공정한 녹색 전환 방안 등을 논의했다. 유럽의회가 개최한 콘퍼런스와는 달리 탈성장을 직접 거론하지는 않았다.

국제 학술·시민단체 '디그로스(Degrowth)'는 2023년 8월 크로아티아 자그레브에서 '제9회 국제 탈성장 콘퍼런스'를 개최했다. 탈성장의 구체적 실천 방안을 모색하는 자리로 사이토 고헤이 도쿄대 교수, 칼린 둘란(Karin Doolan) 크로아티아 자다르대 교수 등이 참석했다. 디그로스는 생산과 소비를 줄여 인간의 복지를 높이고, 지구상의 생태적 환경과 형평성을 향상시키는 지속 가능한 탈성장을 지향하는 단체다. 2008년 파리에서 개최된 제1회 '생태적 지속 가능성과 사회 정의에 관한 국제 탈성장 회의' 콘퍼런스에서 탈성장이라는 용어를 처음 공식화했다. 이후 탈성장 개념은 프랑스에서 스페인, 이탈리아 등 유럽 전역으로 퍼져나갔다.

2년마다 열리는 국제 탈성장 콘퍼런스에는 수천 명이 참가한다. 탈성장 연구도 급증해 해마다 수백 편의 학술 저널 논문이 발표된다. 성장의 한계를 지적하는 다양한 학술 연구도 최근 활발히 진행되고 있다. OECD는 보고서 「성장을 넘어 새로운 경제적 접근을 향해 *Beyond Growth Toward a New Economic Approach*」(2020)를 내고 '경제와 사회 발전에 대한 새로운 개념(A new conception of economic and social progress)'이 필요하다고 강조했다. 보고서는 "오늘날 세계가 맞이한 경제위기는 단순히 기존 정책의 점진적인 변화로 해결되지 않을 것"이라고 지적했다. 로마클럽은 2022년 「성장의 한계」의 후속작 「모두를 위한 지구: 인류를 위한 생존 가이드」를 발간하고 21세기에 인류가 살아남기 위해서는 '탈탄소화'와 '탈물질화'라는 두 가지 목표를 달성해야 한다고 강조했다. 미래에 지구 생태계를 유지하기 위해서는 단순히 친환경 기술을 확대하는 것 외에 소비 자체를 줄여야 한다고 지적했다.°

유럽에서는 탈성장 논의가 활발하다. 기본적으로 환경 보호와 지

° 이창준, "수십 년 믿어온 녹색성장은 불가능⋯탈성장을 모색하다", 경향신문, 2023. 6. 5.

속 가능성에 대한 인식이 높다. 이미 과잉 소비와 경제 성장의 부정적인 영향을 경험했기 때문이다. 사회적 평등과 복지를 중시한다는 전통도 탈성장 논의를 가속화하는 요인이다.

유럽의 여러 대학과 연구기관은 탈성장 및 생태경제와 관련된 연구를 적극적으로 수행하고 있다. 탈성장을 정부 정책에 반영한 유럽 국가들도 적지 않다. 프랑스는 2019년 환경 보호를 중심으로 한 새로운 경제모델을 채택하기 위한 '새로운 그린 딜(New Green Deal)'을 발표했으며, 탈탄소 경제와 사회적 불평등 축소 등 탈성장과 관련한 정책을 담았다. 네덜란드는 탈성장을 장려하기 위해 에너지 전환, 친환경 교통수단 지원, 사회 불평등 해소 등의 정책을 추진 중이다. 독일과 스웨덴도 재생에너지 확대, 탈탄소 경제 추진 등을 정책에 반영하고 있다.

탈성장을 공격하는 보수

코로나19 팬데믹은 성장론자와 탈성장론자의 구미에 맞는 메시지를 양쪽에 던졌다. 세계보건기구(WHO)가 2020년 3월 팬데믹을 선언한 뒤 2023년 5월 국제적 공중보건 비상사태(PHEIC, Public Health Emergency of International Concern)를 해제한다고 발표할 때까지 3년여 동안 세계적으로 700만 명이 사망한 것 이외에도 전 세계는 경제, 사회, 문화 등 모든 분야에서 큰 변화를 겪었다.

코로나19가 창궐하면서 두드러진 현상 가운데 하나는 경제의 심장이자 희망이라는 일자리의 감소였다. 국제노동기구(ILO)는 코로나19 팬데믹 기간 전 세계에서 2억 9,300만 개의 일자리가 사라졌다는

용어 풀이

반식민주의적 해부

제2차 세계대전이 끝난 뒤 유럽에서는 식민주의에 대한 비판이 활발해졌다. 아시아와 아프리카 식민지에서는 해방 운동이 거세졌고, 유럽 내부도 진보적 지식인을 중심으로 유럽 중심의 역사관을 비판하면서 식민주의의 역사적 폐해와 도덕적 문제를 재평가하기 시작했다. 프랑스의 정신과 의사이자 철학자인 프란츠 파농(Frantz Fanon)이 『대지의 저주받은 사람들』(1961)을 통해 식민주의 폭력성을 지적한 것도 이 무렵이다. 반식민주의 움직임은 반자본주의·반전 운동과 결합해 영역을 확장한다. 이 같은 반식민주의적 해부(Anti-Colonial Dissection)는 현재 불평등과 인종 문제, 글로벌 경제·문화 격차 등의 논의에도 영향을 미치고 있다.

반식민주의와 탈성장은 공통적으로 식민주의와 자본주의 성장 시스템을 비판한다. 환경을 파괴하고 경제 불평등을 초래하며, 사회 불공정의 근원이라고 본다. 유럽은 자원 약탈, 노동 착취, 생태계 파괴 등 식민지에 대한 폭력을 통해 산업화를 진행하고 자본을 축적했다. 탈성장론자들은 지금도 폭력이 이어지고 있다고 주장한다. 아프리카의 광물 착취, 중남미 라틴아메리카 대규모 농장의 단일 품종 재배 등은 자본주의 성장을 위한 신식민주의의 폭력과 같다. 식민주의는 인종과 신분의 서열화를 정당화했는데, 성장 중심 체제는 남북 격차와 소득 불평등을 심화한다. 식민지 산림, 광물, 토지를 무분별하게 개발해 생태계를 파괴한 식민주의와 마찬가지로 자본주의는 기후 위기와 생물 다양성 감소를 초래했다.

탈성장은 식민주의가 드러낸 문제를 해결하기 위한 대안적 접근 방식이다. 단순히 성장 속도를 늦추자는 게 아니라, 근본적으로 식민주의적 경제 구조와 사고방식을 해체하는 과정이다. 반식민주의와 탈성장은 공통적으로 지역 공동체 중심의 생태 복원과 자원 순환 경제를 지향한다. 탈성장은 과잉 생산·소비가 불평등과 환경 파괴를 가져온다고 본다. 덜 쓰고 더 공유하기를 권하는 소박한 삶의 방식은 착취 구조를 거부하는 반식민주의 사상과 같은 맥락이다.

추정을 내놓기도 했다. 특히 일하지 않고 일할 의지도 없는 청년 무직자를 뜻하는 'NEET(Not in Education, Employment or Training)'가 급증했다. 니트족은 15~34세 인구 중 미혼으로 학교에 다니지 않으면서 일하지 않고 직업 교육도 받지 않는 청년을 말한다. ILO 선임 고용 전문가인 수잔나 푸에르토 곤잘레스(Susana Puerto-Gonzalez)는 "코로나19 팬데믹으로 NEET 상황에 처한 청년이 2억 8,000만 명을 넘어선 것으로 집계됐다"면서 "NEET는 청년이 인적 자본의 중요한 초기 형성을 놓치고 있고, 미래에도 일자리를 잡지 못할 위험이 더 크다는 것을 의미하기 때문에 심각하다"고 밝혔다. 그는 "NEET라는 것은 낙담, 희망 상실, 노동시장에서 이탈 등의 신호이다. 사회생활을 해야 하는 청년에게 분명히 올바른 시작이 아니다"라고 덧붙였다.° 네덜란드의 과학·기술 분야 학술논문 데이터베이스 'sciencedirect.com'은 2020년 전 세계 실질 GDP 손실 규모가 14조 7,000억 원이었고, 2021년에는 15조 3,000억 원으로 확대됐다고 추정했다.°° 성장론자들은 코로나19 팬데믹에 따른 경제적 손실을 회복하기 위해 적극적인 경제 성장 정책을 추진해야 한다고 주장한다. 경제적 타격에서 벗어나려면 정부가 적극적으로 일자리 창출과 경제 성장 촉진에 나서야 한다는 것이다. 반면 탈성장론자들은 코로나19 팬데믹은 경제 성장 중심의 사회 구조를 근본적으로 재검토해야 하는 계기가 됐다고 주장한다. 경제 성장에만 매달린 결과 인류와 자연에 심각한 피해를 줘 코

° "More than 280 million youth are not employed, in training nor in education", *SOS CHILDREN'S VILLAGES*, 2022. 6. 24.
°° Warwick McKibbin·Roshen Fernando, "The global economic impacts of the COVID-19 pandemic", *SCIENCE DIRECT*, 2023. 12.

로나19 팬데믹이 발생했다는 것이다. 다만 코로나19 팬데믹은 기본적인 의료와 복지 서비스를 제공하려면 일정한 수준의 경제적 토대가 필요하다는 사실을 일깨웠다. 재정과 기술이 둘 다 없는 국가들은 코로나19에 사실상 무방비로 노출돼 국민을 보호할 수 없었기 때문이다. 코로나19 팬데믹은 미국 주요 보수 언론이 탈성장을 정면으로 공격하는 기회가 됐다. 일부 언론은 기사와 칼럼을 통해 "코로나19 위기가 탈성장의 비참함을 드러냈다"고 비판했다. 탈성장이 경기 침체를 영속화하고 '비참함과 재앙의 레시피'가 된다는 것이다. 진보적 지성으로 평가받는 노엄 촘스키 교수는 지속 가능한 에너지로 전환하기 위해서는 성장이 필요하며, 성장이 나쁘다고는 잘라 말할 수 없고 때로는 그렇지만, 때로는 그렇지 않다고 했다. 물론 단서가 붙어있다. 에너지 산업과 대개 탐욕스럽기 그지없는 금융기관, 비대하고 위험한 군부 세력을 비롯해 훨씬 더 많은 부문에서의 탈성장은 우리 모두 지지해 마땅하며, 우리는 살 만한 사회를 만들어낼 방법을 고민해야 한다고 했다. 이런 고민은 성장과 탈성장 모두를 포함해 여러 가지 중요한 문제를 제기하며, 어떻게 균형점을 찾아낼 것인가는 광범위한 영역에 걸친 구체적 선택과 결정에 달렸다고 설명했다.°

로버트 폴린 미국 매사추세츠 애머스트대학의 경제학과 석좌교수는 탈성장론자들이 추구하는 가치와 관심사 대부분에 공감한다는 입장을 내놓고 있다. 무질제한 경제 성장이 가정과 기업, 정부가 소비하는 상품과 서비스 공급량의 증가와 함께 심각한 환경 훼손을 초래한

° 노엄 촘스키·로버트 폴린, 『기후 위기와 글로벌 그린 뉴딜』, 이종민 옮김, 현암사, 2021. p.165.

다는 데 동의하는 것이다. 폴린 교수는 현재 세계 자본주의 경제에서 생산되고 소비되는 것들의 상당 부분, 그중에서도 특히 전 세계 고소득층이 소비하는 전부는 아니더라도 많은 부분이 낭비된다는 탈성장 주장에도 동의한다고 했다. 경제 개념으로서 성장 그 자체는 경제 발전에 따른 비용과 편익의 배분을 전혀 감안하지 않는다는 점 역시 명백하다고 밝혔다. 그러나 탈성장에서 제시하는 기후변화 목표와 수단은 구체적이지 못하다고 비판했다. 기후 위기를 극복할 대안의 현실성이 떨어진다는 점을 지적했다.

폴린 교수는 탈성장 강령에 따라 현재 330억t 수준인 이산화탄소 배출량을 30년 이내에 0으로 감축하는 계획을 이행할 경우, 전 세계 GDP가 향후 30년간 10% 감소한다고 가정했다. 그렇게 되면 전 세계 GDP가 2007~2009년 금융위기와 경기 대침체 당시 경험했던 것보다 네 배나 더 큰 폭으로 줄어들게 된다. 그는 전 세계 GDP가 감소하는 이유가 무엇이든 엄청난 실직과 노동자, 가난한 사람들의 생활 수준 하락을 야기한다고 밝혔다. 폴린 교수는 탈성장 시나리오 내에서 탄소 배출량을 줄일 강력한 요인은 GDP 전체를 축소하는 것이 아니라 에너지 효율과 청정 재생에너지 투자를 대규모 확대(회계 측면에서 GDP 증가에 기여)하고, 동시에 석유와 석탄, 천연가스의 생산과 소비를 극적으로 감축(GDP 감소로 나타남)하는 것이라고 언급했다. 다시 말해, 전 세계 화석연료 산업은 2050년까지 제로로 탈성장하는 한편 청정에너지 산업은 크게 확대돼야 한다고 주장했다.

◦ 노엄 촘스키·로버트 폴린, 『기후 위기와 글로벌 그린 뉴딜』, 이종민 옮김, 현암사, 2021. p.162.

코로나19 팬데믹이 비참함과 혼란을 초래한 것은 명백하다. 그러나 팬데믹을 통해 희망을 발견하기도 했다. 영국 언론《가디언》은 2020년 봄 "경제위기 속에서 탈성장이 답이 될 수 있을까"라는 제목의 기사를 통해 도로와 항공 교통량의 급격한 감소로 공기가 더 깨끗해지고 하늘이 더 맑아진 것은 위로이자 희망이라고 전했다. 경제가 위기에 처하면서 '핵심 인력' '필수 서비스'와 같은 문구가 일반화했다. 이는 인류와 지구에 필요한 직업이 무엇인지 다시 생각하게 했다. 어떤 재화와 서비스가 꼭 필요하며, 어떤 것이 없으면 더 나아질까를 고민해야 한다. 탈성장과 그린 뉴딜은 우리가 일하는 방법, 양, 이유에 대한 더 광범위한 중요한 질문을 제기한다. 어떤 종류의 생산 활동이 실제로 우리 삶을 풍요롭게 하고, 그중에서 지구가 지속할 수 있는지를 체계적으로 성찰해야 한다.°

자본주의에 매우 비판적인 독일의 사회학자이자 부자 전문가인 라이너 지텔만(Rainer Zitelmann)은 자신의 책『반자본주의자들의 열 가지 거짓말』(2023)을 통해 탈성장론을 반자본주의자들의 편견으로 치부한다. 기본적으로 계량화하기 어려운 행복에 대한 개념에도 반감을 표시한다. '더 평등해지면 더 행복해진다'는 가정은 반자본주의자들의 수많은 편견 가운데 하나라고 규정한다. 그리고 이 가정을 뒷받침하는 아무런 증거도 없다고 단언한다. 환경 보호와 기후 위기 극복 노력 또한 반자본주의자들이 표면에 내세우는 것에 불과하다고 여긴다. 그들의 진정한 목표는 자본주의를 제거하고 국가 계획경제를 세

° Lola Seaton, "In the midst of an economic crisis, can 'degrowth' provide an answer?", *the Guardian*, 2020. 4. 24.

우는 것이라고 본다. 그렇기 때문에 반자본주의자들은 자본주의와 어울리면서 환경을 보호하고 기후변화를 막을 수 있는 모든 효과적인 수단을 단호히 거부한다는 것이다.

30여 개 언어로 번역돼 3,000만 권 이상 팔린 로마클럽 보고서 「성장의 한계」에 대해 지텔만은 "완전히 틀렸다"고 했다. 보고서는 석유와 천연가스, 구리, 납, 알루미늄, 텅스텐 등 천연자원의 고갈 시점을 예언했는데, 이미 고갈됐어야 할 자원들이 여전히 채굴되고 있다는 이유를 들고 있다.

자본주의자들은 자본주의의 핵심 요소라고 할 수 있는 이윤 추구가 인간의 본성에 따른 자연스러운 행동이라고 평가한다. 이윤을 거의 획득하지 못하는 기업은 직원의 일자리를 위험하게 만드는 반사회적인 행동을 하는 것이라고 비판했다. 따라서 이윤 극대화를 비판하는 사람들이라면 반사회적인 행동을 하는 게 아닌지 고려해야 한다고 주장했다.

인간이 자기 이익을 추구하는 것은(비록 유일한 것은 아닐지라도) 모든 인간이 행동하게 만드는 동력이 된다. 그리고 이것은 어떤 특정 경제 체제와는 아무런 관련이 없다. 오히려 이것은 인간 본래의 특성이며 인류학적 상수이다. 이기주의라는 단어의 정확한 의미는 '자신의 이해에 전념하는 것'이다.°

경제학자 폴 크루그먼 교수는 10여 년 전 뉴욕타임스에 기고한 글에서 우리는 "자본이 점점 더 소수의 수중에 집중되고 있으며, 이러

° 라이너 지텔만, 『반자본주의자들의 열 가지 거짓말』, 권혁철·황수연 옮김, 양문, 2023. p.166.

한 소득과 자산의 집중은 우리를 허울뿐인 민주주의로 만들 정도로 위협적인 사회"에 살고 있다고 주장했다. 조지프 스티글리츠 교수는 2015년 출간한 에세이 모음집 『대분열 The Great Divide』에서 정치가 "점점 더 1% 사람들만의 이해를 대변하고 있다"라고 했다.

반자본주의자인 노엄 촘스키 교수는 "실질적인 권력은 국민의 1%도 안 되는 사람들의 수중에 집중되고 있다. 그들은 자신들이 원하는 것은 간단하게 얻으며, 일이 어떻게 돌아가야 할지 근본적인 것을 결정하고 있다"고 경고한다. 불평등이 심해지면서 부자들이 정치에 미치는 영향력도 커지고 있다는 이들 석학의 주장에 대해서도 지텔만은 날 선 비판을 가한다. 부자들이 정치적 영향력을 가지고는 있지만, 반자본주의적 성향의 대중 매체, 할리우드 영화 및 일부 학자의 이야기와는 달리 그다지 강력하지 않다. 예를 들어 부자들이 로비를 통해 정치에 영향력을 행사하는 일은 민주주의에서 합법적일 뿐만 아니라 중요한 과정이다. 그리고 부자들의 이해와 관계되는 법률이 사회적 약자들에게 도움이 되는 경우도 많다. 세금 부담을 줄이거나 규제를 완화하는 등의 법률 개정이 그렇다. 물론 부자를 위한 법 개정이라도 약자에게 혜택이 돌아갈 수 있다. 하지만 약자가 받는 혜택 규모는 부자에 비하면 턱없이 작다.

미국은 부자나 특정 계층의 이익을 위해 일하는 로비스트가 일반화한 국가이다. 보조금과 규제 등 다양한 방법으로 정부가 경제에 개입하는 시스템이어서 로비스트가 그 틈을 파고들 여지가 많다. 큰 정부일수록 로비스트가 활개 칠 가능성이 높아진다. 큰 정부는 시장을 중시하는 자본주의 특징과 거리가 있다. 그래서 보다 강력한 자본주의를 원하는 자본주의자들은 작은 정부를 지향한다.

자신을 실용주의적 경제학자라고 칭하는 누리엘 루비니 미국 뉴욕대 교수는 성장과 탐욕 위주의 과거 패러다임이 더 이상 지속 가능하지 않다는 문제의식에는 동의했다. 하지만 탈성장이나 신자유주의식 자본주의 등은 이론으로 살펴야 할 문제가 아니라 실제 세상에서 얼마나 효과적인지를 따져봐야 한다고 주장했다. 그는 민주적이고 시장주의적인 자본주의가 가장 효과적이라는 견해를 내놨다. 루비니 교수는 "미국에서도 될 대로 되라는 식의 자유시장주의, 정부 개입도 어떠한 공공 서비스도 더 이상 필요 없다는 식의 극단적이고 급진적인 주장이 나온다.

반면 급진적인 사회주의 실험을 시도했다가 실패한 역사가 있다. 소련과 중국이 대표적인 예다. 중국은 1970년대 이후 부유국이 됐지만, 이는 경제를 개방하면서 과거와는 다른 차별화를 시도했기 때문"이라고 말했다. 남북한을 사례로 들어 설명하기도 했다. 한국전쟁 이후 두 나라 모두 세계에서 가장 가난한 나라였다. 한국은 저소득 극빈 국가에서 중견 국가로, 민주주의를 성공적으로 구현한 고소득 선진국가로 성장했다. 상대적으로 천연자원이 많았던 북한은 상황이 다르다. 여전히 기근이 만연하게 퍼져 있고 또 기아로 굶주려 죽는 사람들이 있다.

민간 부문이 대부분의 경제 활동을 주도하는 경제가 성공적인 경제라는 데 모두가 동의한다. 그러나 정부도 교육, 의료제도, 실업급여, 복지, 부의 재분배, 사회보장제도 등 여러 측면에서 중요한 역할

° 라이너 지텔만, 앞의 책. p.120.

을 해야 한다. 물론 정부 역할에 대해선 논쟁의 여지가 있을 수 있다. 그러나 어느 쪽이든 실용주의적 해결책을 찾을 필요가 있다. 개인적 견해로는 민주적이고 시장주의적인 자본주의가 더 효과가 있다고 본다. 특히 자본주의는 정부가 공공 서비스를 제공하는 데 있어 중요한 역할을 할 때 가장 잘 작동하는 경향이 있다. 정세은 충남대 경제학과 교수는 2001년 닷컴 버블의 붕괴와 2008년 글로벌 금융위기, 2020년 팬데믹은 현 자본주의의 한계를 적나라하게 드러냈다고 강조했다. "불평등, 양극화 심화, 금융 거품과 금융위기의 빈번한 발생, 환경과 생태 파괴, 세계적 감염병 발생 등으로 인해 적어도 진보 진영 내에서는 현재의 시스템, 신자유주의적, 성장 지향적, 불로소득 추구형 자본주의에서 빨리 벗어나야 한다는 광범위한 동의가 형성돼 있다"라고 진단했다. 그러나 탈성장론은 너무나 먼 비전으로 여겨질 수밖에 없다고 봤다. 자원 낭비의 주체이자 시스템의 수혜자인, 선진국 기득권 집단의 기득권을 어떻게 내려놓게 할 것인지가 관건이다. 그들에게 절반 정도 생산과 소비를 줄이고 그 남은 것에서 절반을 개도국에 양보하게 할 방안이 있을까? 정 교수는 지속 가능한 성장과 북유럽의 생태복지국가 모델이 현실적인 대안이라고 제시했다.

탈성장보다는 지속 가능한 성장, ESG 경영, 이해관계자 자본주의, 스티글리츠의 '더 나은 세계화' 모델들이다. 한국 경제가 직면한 위험은 탈성장하지 못해 직면하게 되는 위험이라기보다 그린워싱,

---

° 심윤지·권정혁, "상위 1% 독점, 지속 불가능…녹색·생태·공유 확대 이뤄야", 경향신문, 2023. 6. 28.

노동인권의 실종 사회로 전락할 수 있다는 위험이다. 그러한 점에서 탈성장이 아니라 지속 가능한 성장을 잘 추진하는 것이 현시점에서 우리가 추구할 수 있는 최선의 바람직한 대안이다. 그 대안은 북유럽 국가들의 '생태복지국가 모델'로서 현실 사례가 있다는 매우 큰 장점이 있다.°

지속 가능한 성장, ESG 경영, 이해관계자 자본주의, 더 나은 세계화, 생태복지국가 등은 여전히 자본주의적 '성장'에 대한 미련을 버리지 못한 개념이다. 자본주의 모델에서 성장은 자원의 끊임없는 추가 투입을 전제로 한다. 지구 자원은 한정적이다. 자원을 더 투입하지 않고 성장하겠다는 '지속 가능한 성장'은 개념 자체가 모순이다. 한때 기업에 열풍처럼 번졌던 ESG 경영은 결국 이윤 극대화를 꾀하는 기업의 이미지 개선과 규제 회피를 위한 수단임이 드러나고 있다. 기업이 이윤 추구에만 골몰한다면 자본주의의 구조적 문제는 해결할 수 없다. 이해관계자 자본주의는 주주뿐 아니라 노동자, 지역사회, 환경 등까지 고려해야 한다고 주장한다. 현실에서는 기업 의사결정 과정에서 주변 역할에 그칠 뿐이어서 자본주의를 정당화하려는 시도에 그친다는 비판을 받는다. 스티글리츠는 2006년 저서 『인간의 얼굴을 한 세계화 Making Globalization Work』에서 세계화가 선진국과 다국적 기업의 이익에 치우쳐 불평등과 환경 파괴를 초래한다고 비판했다. 그는 다자 협력 강화와 공정한 무역 체제, 빈곤국 부채 감면 등 개혁

° 정세은, "탈성장보다 지속 가능한 성장을…북유럽 '생태복지국가 모델'이 현실적 대안", 경향신문, 2023. 6. 19.

이 필요하다고 주장했다. 이른바 더 나은 세계화 모델인데, 여전히 자본주의 체제 안에서의 성장을 전제하고 있다는 한계가 있다. 핀란드, 스웨덴, 덴마크 등은 복지 수준이 높고, 환경 보호와 지속 가능한 성장 정책을 추진한다. 시민의 행복도가 매우 높다. GDP 성장뿐 아니라 복지 증진과 생태계 보전을 주요 정책 목표로 설정했다는 점에서 현행 자본주의의 가장 현실적인 대안이라는 평가를 받는다. 하지만 생태복지국가 모델도 성장에 대한 집착을 버리지 못하고 있다.

현재 거론되는 대안들은 자본주의 시스템을 근본적으로 변화시키는 게 아니라 문제를 완화하려는 방식이다. '그린워싱(greenwashing)'이나 '사회적 워싱(social washing)' 같은 꼼수가 판칠 수도 있다. 인류와 지구의 위기를 초래한 성장의 종말을 선언하지 않고는 지속 가능한 미래를 담보할 수 없다. 삶의 질과 생태 균형을 중시하는 체제로 전환해야 한다. 탈성장 사회는 자원 채굴과 에너지 사용을 줄여 경제 규모를 축소하는 게 첫 걸음이다. GDP 대신 행복, 연대, 돌봄, 건강 등 삶의 질 중심 지표도 필요하다.

한국에서 움트고 있는 탈성장

2024년 4월 치러진 22대 국회의원 선거에는 60개 등록 정당 중 45개가 참여했다. 참여 정당 가운데 15개는 아예 공약을 내놓지 않아 30개 정당만 공약을 제시했다. 상당수 정당이 기후변화와 돌봄 등 탈성장 관련 공약을 내놓았다. 그러나 실현 가능성이 떨어지는 뜬구름 잡기식 공약이 대부분이었다. 다만 녹색정의당은 탄소중립 경제와 정의로운 전환, 노동시간 불평등 및 성별 임금 격차 해소, 생애 통합 돌봄 등 구체적 방안을 제시했다. 하지만 녹색정의당은 한 명의 국회의원 당선자도 내지 못했다. 유권자들의 관심이 기후변화나 미래 삶의 질 개선보다는 정권 심판에 있었기 때문이라는 분석이 나왔다. 법과 제도 개선이 필요한 탈성장 로드맵은 아직 한국에서는 요원한 실정이다.

장석준 출판&연구집단 산현재 기획위원은 "탈성장이라는 주제 자체에 대한 기피 혹은 공포"라고 언급하면서 『미래는 탈성장』이라는 훌륭한 책이 널리 알려지지 못하는 이유도 이 때문이라고 진단했다. 장 위원은 탈성장이 한국에서 금기어가 될 만하다고 지적한다. 식민지 경험이 있는 나라 가운데 유일하게 기적적인 성장에 성공했기 때문이다. 성장 신화는 일종의 국교 역할을 했다. 그런 측면에서 과거 사회주의와 공산주의, 최근 페미니즘이 그랬던 것처럼 탈성장은 또 다른 마녀사냥의 대상이 될지도 모른다.°

성장 너머 다양한 대안을 찾기 위한 움직임이 세계 곳곳에서 부각되고 있지만 국내에서는 아직 논의가 미진하다. 국책 연구기관이나 학계의 논의도 지지부진한 편이다. 시민사회단체와 종교계 주최 포럼 등을 중심으로 탈성장론 등이 일부 제시되고 있다. 녹색연합과 불교환경연대, 환경운동연합, 전환사회시민행동 등이 비교적 활발한 활동을 펼치고 있다.

정부는 민간 기업 투자와 기술 개발을 장려해 GDP로 대변되는 경제성장률을 더 높이겠다는 목표에만 주력하고 있다. 기획재정부가 2022년 발표한 '신성장 4.0'은 농업·제조업·정보기술 산업 중심으로

° 장석준, "'탈성장'과 '민주적 계획경제', 가능하며 반드시 필요하다", 프레시안, 2023. 12. 27.

미래 성장동력을 확보하겠다는 내용을 골자로 하는 성장 지향적 경제 정책이다. 2021년 선진국에 편입된 한국은 고성장세를 지속해온 점이 오히려 탈성장론 논의에서 보수적인 태도를 취하게 한 측면이 있다. 나원준 경북대 경제학과 교수는 "한국은 주류, 비주류 경제학 모두 탈성장 담론을 공상적이라고 여기는 경향이 있다"며 "유럽 국가들은 (성장이 정점에 이른 뒤) 상당히 긴 시간 저성장 기조를 유지해온 것에 반해 한국은 비교적 높은 성장률을 보여왔기 때문에 저성장 환경에 익숙하지 않은 것"이라고 말했다.°

한국의 탈성장을 논하자면 1991년부터 격월간 잡지《녹색평론》을 발행한 고 김종철 선생을 빼놓을 수 없다.《녹색평론》은 생태계를 파괴하고 인간성을 황폐화시키는 근대 산업문명을 비판하고, '인간과 인간, 인간과 자연이 공존 공생할 수 있는 생태문명으로의 전환'을 주장했다. 생태문명의 핵심은 소농이고, 전환을 위해서는 대의제 민주주의가 아닌 시민 주체의 숙의민주주의를 실현해야 한다고 강조했다. 탈성장과 기본소득에 대한 담론을 한국 사회에 전파했고, 소외당하는 약자와 소수자에 대한 위로를 담기도 했다. 성장 위주의 사회에 문제의식을 품고 있던 김종철 선생은 인류가 당면한 문제의 핵심이 지구 생태계의 지속 가능성이라고 판단했다. 진보적 지식인으로서 군부 독재를 물리치고 민주주의를 회복하는 일이 가장 중요하다고 여겼던 김 선생은 이제 탐욕스러운 서구 문명으로부터 위기에 처

° 이창준, "수십 년 믿어온 녹색성장은 불가능⋯탈성장을 모색하다", 경향신문, 2023. 6. 5.

한 지구를 구하는 일이 더 중요하다는 것을 깨달았다.

현대 자본주의 사회는 더 많은 자원을 쓰도록 만들면서 지구를 고갈시키고 있다. 건설 회사는 매년 이전 해보다 더 많은 건물을 지으려고 한다. 그래야 더 많은 수익을 낼 수 있다. 건물을 더 많이 지으려면 시멘트와 철근이 그만큼 더 많이 필요하다. 그래서 이전 해보다 더 많은 시멘트를 만들려고 산에서 석회석을 캐고, 새로운 광산을 파서 철광석을 구한다. 자본주의 사회는 이렇게 개인이 더 많은 일을 하도록 만들고, 더 많은 에너지와 자원을 소비하는 과정을 통해서만 유지된다. 이렇게 계속 살다가는 지구에도, 인류에게도 종말이 올 수밖에 없다. 이런 생각의 결과로 등장한 새로운 개념이 바로 생태주의이다.

생태주의를 주장하는 사람들은 더 많은 돈을 벌기 위해서 더 많은 노동을 하기보다는 적당한 노동으로 삶을 유지하면서 여유 있는 생활을 하자고 주장한다. 성장에만 치우친 정책을 바꿔 지구에 무리가 가지 않도록 성장을 멈춰야 한다고도 이야기한다. 인류가 쓰는 자원은 무한한 것이 아니라 언젠가 바닥이 드러날 수밖에 없으니 자연이 허용하는 한도 내에서만 사용하자는 것이다.

생태주의는 특히 환경오염이 심해지고, 온실가스에 의한 기후 위기가 심해질수록 많은 사람의 지지를 받고 있다. 김종철 선생은 2014년 《주간경향》 인터뷰에서 "한국에 양심적인 지식인들이 많지만 대체로는 성장의 속도를 늦추자는 쪽이지 성장 자체를 중단하자는 말까지는 하지 않는 경우가 많다. 지구의 장래와 후손들을 위해서라

◦ 박재용, 『지구를 선택한 사람들』, 다른, 2023. p.130.
◦◦ 박재용, 앞의 책, p.126-127.

도 덜 풍요롭게, 검소하게 사는 삶을 고민해야 한다"면서 "지난 20년 간 '탈성장'을 외롭게 이야기해왔는데 최근 몇 년간은 내 목소리에 귀를 기울여주는 사람이 생겼다"고 말했다. 지구가 유한한 만큼 성장 제일주의도 종언을 맞을 수밖에 없다는 것이 김 선생의 주장이다. 그는 "탈성장은 성장에 대한 강박에서 벗어나자는 것"이라며 "지구가 유한한데 경제 성장이 무한히 이뤄질 순 없다. 긴 인류 역사에서 보면 경제 성장에 집착하는 지금이 비정상적인 시기일 수 있다"고 진단했다.°

자본주의 발전과 경제 성장 추구에 대해 김 선생은 권력의 집중과 관료주의적 지배구조 강화를 초래한다며 극도로 혐오했다. 성장의 결과는 기왕의 불평등 구조를 온존, 심화하는 데 기여할 뿐이라고 언급하기도 했다. 그리고 그 불평등 구조는 계속해서 성장의 토대가 돼 악순환한다. 김 선생은 그의 저서를 통해 이러한 악순환은 자본주의 메커니즘의 원리에 비추어볼 때나 역사적 경험에 비추어볼 때나 어김없이 확인되는 진실이므로 더 많은 성장을 통한 '진보'와 '공존공영'의 추구는 처음부터 가망이 없다고 단언했다.°°

현대 문명은 같은 일에 더 적은 에너지를 쓸 수 있도록 효율성을 개선했다. 그럼에도 인류가 쓰는 에너지 총량은 줄지 않는다. 자본주의 시스템이 전보다 더 많은 일을 하게 만드는 탓에 에너지 소비가 더 늘어나기 때문이다. 현대 사회는 더 많은 전기를 공급해야 유지할 수 있으므로 끊임없이 발전소를 건설한다. 유한한 시스템인 지구에서 무한한 발전을 추구하는 데서 근본적인 문제가 생긴다는 게 김 선생의

° 백철, "'부자 되세요' 주문을 걷어차라", 주간경향 178호, 2014. 6. 3.
°° 김종철, 『땅의 옹호』, 녹색평론사, 2008. p.254.

생각이다. 그런 자본주의 시스템을 만든 인간이 노예가 돼 살고 있다. 유한한 지구에서 무한한 진보를 추구한다는 것은 절대로 화합할 수 없는 모순이다. 그런 모순을 시초부터 내포하고 있는 게 근대 자본주의 문명이다. 그러니 온갖 무리와 부조리가 따를 수밖에 없다.

이재명 더불어민주당 전 대표가 경기도지사 시절 기본소득을 정책으로 채택해 관심을 끌었다. 하지만 훨씬 이전부터 기본소득 도입을 주장한 이는 김종철 선생이었다. 문명과 기술이 발달해 전보다 더 적은 노동자만으로 일할 수 있으니 자연히 일자리가 줄어들 가능성이 크다.

탈성장 사회는 더 적은 노동시간과 더 많은 여가 시간을 지향한다. 그런데 일자리를 잃는 사람들은 소득이 없어 거리에 나앉게 될 수도 있다. 김 선생은 고용이 줄어드는 대신에 기본소득을 주자는 대안을 제시했다. 기본소득은 모든 시민의 권리라는 게 김 선생의 확고한 지론이었다. 현재 인류 문명이 이룩한 진보는 어느 개인이나 기업이 아니라 인류 전체가 노력한 결과이다. 그러니 그 과실 또한 인류 전체가 누리는 것이 당연하다.

사람은 일을 해야 소득을 얻을 수 있다는 생각에서 벗어나서 이 세상에 태어나 존재한다는 사실만으로 충분히 자유롭게 생을 영위할 권리와 자격이 있다고 생각할 줄 알아야 한다고 강조한 김 선생의 노동에 대한 관념에 대해 들여다보자. 김 선생은 그것이야말로 새로운 세상이 요구하는 사상이며, 그런 점에서 기본소득이라는 아이디어

° 김종철,『근대문명에서 생태문명으로』, 녹색평론사, 2019. p.195.
°° 박재용,『지구를 선택한 사람들』, 다른, 2023. p.134.

는 대단히 중요하다고 했다. 김 선생은 그의 저서를 통해 우리는 모두 '소득은 노동의 대가'라는 생각에 깊이 길들어 있으며, 이 생각은 이제 낡은 것이라고 냉정히 바라보아야 한다고 주장했다. '노동 신성'이라는 관념은 생산성이 낮았던 시대의 유물이라는 것이다. 이제는 오히려 지나치게 높은 생산력이 큰 문제이며, 소득의 불평등과 빈부 격차, 그로 인한 풍요 속의 빈곤이 큰 문제가 된 시대이므로 도리어 지나친 노동과 근면을 극복해야 한다고 덧붙였다.°

지난 2012년 6월 브라질 리우데자네이루에서 열린 유엔 지속가능발전 정상회의(리우+20)에서 호세 무히카 전 우루과이 대통령이 한 연설은 전 세계에 큰 반향을 일으켰다. 무히카 대통령은 "발전이 행복을 저해해선 안 된다. 공생 공존을 위해 현 사회 시스템을 손볼 필요가 있다"면서 "지금 인류사회가 직면한 진짜 위기는 환경 위기가 아니라 정치의 위기이다"라고 했다.

호주 캔버라 글레베 공원에는 마하트마 간디 동상이 세워져 있다. 동상을 받치는 하단 각 면에는 간디의 업적이 간략하게 적혀 있다. 특히 오른편에는 생전에 간디가 강조했던 사회악 또는 가이드라인이 새겨져 있다. 일곱 개 항목은 '원칙 없는 정치' '노동 없는 부' '양심 없는 쾌락' '인격 없는 학문' '도덕성 없는 상업' '인간성 없는 과학' '자기희생 없는 신앙'으로, 간디는 이 일곱 개 항목 중 정치를 첫 번째로 꼽았다. 무히카 대통령은 지구 환경과 생태가 위험하다면서 정치가 진짜 위기라고 했다. 실제로 정치가 잘못되면 모든 게 허사가 될 수밖에 없다. 김종철 선생은 사람들이 대개 정치는 현실주의 논리가

° 김종철, 『근대문명에서 생태문명으로』, 녹색평론사, 2019. p.271-272.

지배하는 세상이라고 생각하지만, 현실주의만이 전부라면 정치는 야바위꾼들의 권력 쟁탈 이외 아무것도 아니게 된다고 밝혔다.

정치는 시민의 삶을 최종적으로 결정하는 의사결정 과정이다. 정치가 합리적으로 돌아가야만 민주적인 사회로 방향을 전환할 수 있다. 모든 시민에게 주어져야 할 권리인 기본소득과 같은 정책은 정치 영역에서 해결해야 할 문제이다. 김종철 선생은 자신의 구상을 실현하기 위해 2012년 생태주의 정당인 녹색당 창당에 참여했고, 이듬해에는 녹색전환연구소 이사장으로 취임하기도 했다. 김 선생은 《녹색평론》 제149호(2016년 7~8월) 권두 에세이 〈민주주의가 유일한 대안이다〉에서 기본소득과 민주정치에 대해 역설했다.

과거 일이라고 불렸던 것들은 모두 금전적 대가를 받는 것들이었다. 하지만 아기와 노인, 환자, 장애인을 돌보는 일, 가사 노동, 비상업적인 문예활동 등은 일의 범주에서 제외돼 왔다. 인생이나 사회에서 가장 중요한 일이면서도 그 대가를 받지 못한 것이다. 기본소득을 도입하면, 공식적으로 인정받지 못했던 중요한 일들이 떳떳한 지위를 획득할 수 있다. 그렇게 되면 사회적 약자와 공동체의 건강, 자연을 돌보고 보살피는 노력들이 적극적으로 장려되고, 그 결과 우리의 삶은 보다 풍요로워지고, 우리가 사는 사회는 보다 인간적인 사회로 바뀌게 될 것이다.

노동시간 단축이나 기본소득 보장과 같은 프로그램을 도입하는 데는 막대한 비용이 소요될 수 있다. 이에 대해 김 선생은 '우리 사회가 고르게 나눌 의사가 있는지, 고르게 나눈다는 생각에 대해서 우리가

◦ 김종철, 앞의 책, p.202.

정치적인 합의를 볼 수 있느냐 없느냐 하는 것이 관건'이라고 말했다. 사회 구성원끼리 고르게 나눌 수 있는 재화가 없는, 그 정도로 빈곤한 사회는 지구상 어디에도 존재하지 않는다는 생각이었다.

그런 의미에서, 가장 중요한 것은 역시 정치라는 결론을 여기서 다시 내리지 않을 수 없다. 자본주의의 어리석은 탐욕에 맞서고, 기후변화가 파국으로 치닫는 것을 막고, 다수 민중의 삶을 보호하고, 자연 세계를 보존하는 데 필수적인 것은 합리적인 정치이다. 현 단계에서 합리적인 정치란 온전한 의미의 민주정치뿐이다. 민주주의야말로 유일한 대안이다. 그러나 앞서 언급했듯 2024년 총선에서 녹색당과 정의당이 연합한 녹색정의당은 국회 의석을 한 자리도 얻지 못했다. 이유가 어찌 됐든 한국에서의 탈성장 진행은 더뎌질 수밖에 없다.

∘ 김종철, 앞의 책, p.217.

<호주 캔버라 글레베 공원에 있는 마하트마 간디 동상>
<마하트마 간디 동상에 적힌 7가지 가이드라인>

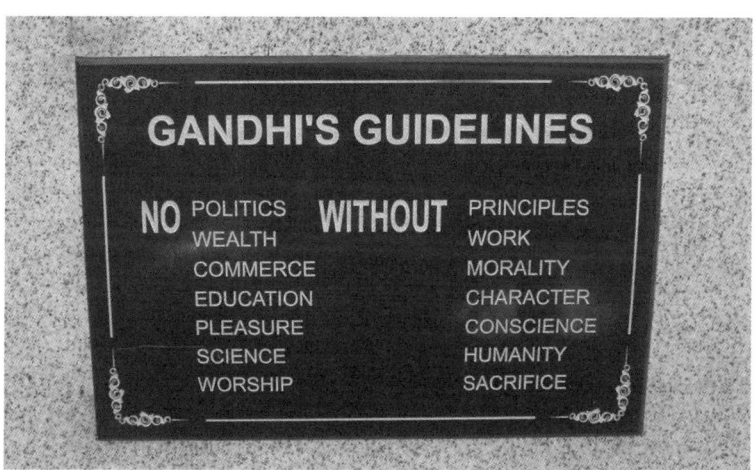

- 사진: Robert Myers
- 출처: Monument Australia 홈페이지

자본주의 질주를 멈추라는 경고

부의 원천은 인간의 노동이다. 노동해서 부를 불릴 수 있다. 그런데 자본주의 시스템에서는 왜 갈수록 경제 불평등이 심해질까. 자본가는 노동자를 고용해 새로운 가치를 더한 물건과 서비스를 판매하며 이익을 얻고 자본을 확대한다. 하지만 자본가끼리의 극심한 경쟁은 생산과 투자 확대를 불러온다. 과잉 투자 및 생산은 재고를 늘려 시장에 공급 과잉을 초래한다. 자본가는 생산을 줄일 수밖에 없고, 이는 실업과 침체로 이어진다. 결과적으로 경제 전체가 심각한 불황에 빠질 수 있다. 그 결과 노동자는 일을 더 많이 해도 빈궁해진다. 부유해지는 자본가와 가난해지는 노동자의 격차가 점점 더 커지는 것이다.

자본주의 시스템의 경제 불평등을 날카롭게 파헤친 책 『21세기 자본』을 펴내며 '21세기 마르크스'로 불리는 토마 피케티 파리경제대학교 교수는 현재의 모습을 고수한 자본주의에 더 이상 미래가 없다고 밝히면서 자본주의가 불평등을 심화하고 지구의 자연 자원을 고갈하는 체제라고 했다.°

그리스 재무장관을 지낸 아테네대학 경제학과 교수 야니스 바루파키스(Yanis Varoufakis)는 "우리는 더는 자본주의 사회에 살지 않는다"고 주장한다. 지금 자본주의는 '기술적으로 진보된 형태의 봉건주의'로 변했다는 것이다. 바루파키스 교수는 2023년 펴낸 책 『테크노 봉건주의 Technofeudalism』를 통해 '자본주의는 죽었다'라고 선언했다.°° 일

° 토마 피케티, 『피케티의 사회주의 시급하다』, 이민주 옮김, 은행나무, 2021. p.11.
°° Christopher Pollard, "Is capitalism dead? Yanis Varoufakis thinks it is – and he knows who killed it", *THE CONVERSATION*, 2023. 11. 8.

본에서만 50만 부 넘게 팔렸고 한국과 중국 등 10여 개 국가에서 번역 출간된 베스트셀러 『지속 불가능 자본주의』의 저자 사이토 교수는 경제 성장이야말로 인류의 기반부터 무너뜨리는 주범이라고 지적한다. 기후변화가 급격히 진행돼도 초부유층은 지금까지처럼 방만한 생활을 계속할 수 있겠지만, 서민 대부분은 일상 자체를 잃어버리고 살아남을 방법을 필사적으로 찾아 헤매게 될 수밖에 없다는 의미에서다.

피케티 교수는 자본주의에 지극히 불안정하고 불평등한 성질이 있으므로 이를 방치하면 비극을 부른다고 했다. 부의 격차가 자연스럽게 해소되는 일은 없다고도 강조했다.

사회적인 불평등을 전반적으로 강력하게 통제하는 조치들 없이 기후와 환경 문제를 해결할 수는 없다. 세상에 존재하는 불평등의 규모를 볼 때 에너지 조절 정책을 추구한다는 건 헛된 소망에 불과할지 모른다. 우선 탄소 배출이 가장 부유한 계층에서 집중적으로 발생하기 때문이다.

사이토 교수는 자본주의는 사람들을 불행하게 만들고 기후변화를 심화시킬 뿐이어서 새로운 시스템을 고민해야 한다고 주장한다. 경제가 성장하고, 그 결실이 많은 사람에게 분배되던 시절에는 모두가 만족했으며 사회도 안정됐다. 그러나 성장이 점차 둔화하고, 불평등이 두드러지면서 자본주의를 더는 유지할 수 없는 시스템이 돼가고 있다.

° 사이토 고헤이, 『지속 불가능 자본주의』, 김영현 옮김, 다다서재, 2021. p.8.
°° 니시무라 가쓰미, 『피케티의 21세기 자본을 읽다』, 부윤아 옮김, 재승, 2016. p.38.

자본주의가 종말로 치닫는 주요한 원인에 대해 사이토 교수는 기후변화를, 피케티 교수는 불평등을 들고 있다. 바루파키스 교수는 그 원인이 테크노 봉건주의가 자리 잡고 있기 때문이라는 색다른 분석을 내놓고 있다.

산업혁명과 중산층의 부상으로 시대를 마감했던 봉건주의가 되살아났다니 어떤 일이 벌어지고 있는 걸까? 바루파키스 교수는 아마존과 알리바바 등 빅테크 플랫폼이 자본주의를 밀어냈다고 주장한다.

봉건제는 영주가 가신들에게 땅을 하사하고 가신은 그 대가로 충성을 맹세하고 군사적 의무를 지는 시스템이다. 테크노 봉건주의에서 빅테크 소유자와 사용자는 각각 영주와 가신에 해당한다. 빅테크 소유자는 플랫폼 서비스를 사용할 수 있도록 하고, 사용자는 서비스를 사용하는 대가로 자신의 데이터를 바치는 셈이다.

시장은 수요와 공급에 의해 움직이는데, 테크노 봉건주의에서는 오직 영주의 뜻에 의해 결정된다. 자본주의 시스템에서 뭔가 만들어서 판매해 이익을 얻었던 산업 자본가는 이제 상품을 팔 때마다 플랫폼에 막대한 수수료를 내는 가신에 불과하다. 불안정하고 임금도 적은 일을 하는 수많은 노동자는 자신의 삶 대부분을 까발리면서 정보를 제공해 영주가 더 많은 광고료를 벌 수 있도록 돕는다.

당신은 사업을 하고, 기계, 옷, 신발, 책, 노래, 게임, 영화를 거래하는 사람들로 가득한 마을로 들어갑니다. 처음에는 모든 것이 정상적으로 보입니다. 이상한 점을 발견하기 시작할 때까지. 알고 보니 모든 상점, 실제로 모든 건물은 제프라는 친구의 소유였습니다. 게다가 모든 사람이 서로 다른 거리를 걷고 서로 다른 상점을 보게 됩니다. 모든

것이 그의 알고리즘, 즉 제프의 음악에 맞춰 춤추는 알고리즘에 의해 중재되기 때문입니다.°

    바루파키스 교수에 따르면 테크노 봉건주의 사회에 사는 사람 대부분이 현대판 노예(클라우드 농노)가 됐다고 한다. 자본주의를 몰아낸 테크노 봉건주의를 훨씬 더 나쁜 시스템으로 본 셈이다. 더 큰 문제는 클라우드 농노들은 계급의식이 부족해 자신이 업로드하는 게시물과 트윗이 실제로 빅테크의 가치 창출에 크게 기여하고 있다는 사실조차 깨닫지 못한다는 점이다. 노동을 통해 임금을 벌었던 인류는 이제 '무급 노동'을 통해 새로운 지배계급의 부와 권력에 기여하고 있다. 스마트폰과 노트북, 알렉사, 구글 어시스턴트, 시리 등 클라우드에 연결된 장치를 사용할 때마다 사람들은 빅테크의 데이터를 채운다. 이는 결과적으로 더 많은 부를 창출할 능력을 증가시킨다.

    사람들은 대개 플랫폼을 이용할 때마다 플랫폼 가치를 상승시키는 데 기여한다. 플랫폼을 통해 더 많이 거래할수록 사람들은 주로 시장과 이익에 의해 주도되는 경제 시스템에서 더 멀어진다. 그리고 '더 많은 권력'이 '더 적은 개인의 손', 즉 주로 캘리포니아에 거주하는 소수의 억만장자 집단 또는 중국 상하이의 소수에 집중된다.

    자본주의 질주가 초래한 비극에 대해 경제학자 세 명이 공통으로 지적하는 것은 '양적 완화'이다. 바루파키스 교수는 새천년이 되자 미국을 중심으로 난잡한 투기가 기승을 부렸다고 진단했다. 금융

° Yanis Varoufakis, 'Capitalism is dead. Now we have something much worse', *THE GUARDIAN*, 2023. 9. 24.

가들은 컴퓨터가 생성한 복잡성을 이용해 '엄청난 위험'을 모호하게 만들고, '인류 총소득보다 10배 더 많은 가치'를 '베팅'했다. 그 결과 2008년 글로벌 금융위기가 전 세계를 덮쳤다. '너무 커서 절대 망할 수 없다'며 오만방자함을 내뿜던 대형 은행과 보험사에 대해 국가는 대규모 구제금융을 제공했다. 그러나 구제금융을 받은 은행가들은 가장 필요한 곳에 돈을 보내지 않았다. 징계나 처벌을 받지 않은 그들은 돈을 월스트리트로 보냈다. 돈은 월스트리트에 머물렀고, 전 세계가 그곳으로 보낸 투자금과 합쳐져 10년 넘게 지속된 '랠리'를 일으켰다. 이는 궁극적으로 자본주의를 몰아낸 테크노 봉건주의 발전을 촉진했다.

피케티 교수는 2008년 글로벌 금융위기에서 벗어나기 위해 미국 등 각국이 대규모 자금을 시중에 공급한 '양적 완화' 때문에 또 다른 금융위기가 불가피하다고 예측한다. 그는 '제2의 금융위기'는 시기의 문제일 뿐이라고 말했다.

버블을 만들면서 단기적으로 돈을 벌어가는 자본주의의 기본 구조는 2008년 글로벌 금융위기 이후에도 변치 않았다는 게 사이토 교수의 진단이다. 2008년 위기 때 처방이었던 국가의 돈 풀기는 2020년대 초 코로나19 팬데믹 국면에서도 되풀이됐다. 사이토 교수는 코로나19 유행 속에서 감염병 대책이라는 명목하에 정부는 매우 많은 돈을 다양한 곳에 뿌렸지만 그 돈의 대부분은 필요한 곳에 닿지 않았다는 의견을 밝혔다. 금융시장에 상당 부분 흘러 들어가 버블을 만들어낸 원인이 되지 않았을까 하는 것이다.

게다가 2022년 러시아-우크라이나 전쟁이 발발하면서 인플레이션 탓에 경기까지 나빠져 일부 은행들이 도산하는 지경에 이르렀다.

이런 사태는 자본주의를 그대로 내버려두면 이후에도 몇 번이고 반복될 것이다. 결국 정말 곤란해지는 것은 부자들이 아니라 가난한 사람들이다. 근본적인 해결책을 생각해야 한다. 자본주의는 지속 불가능하다고 평가하는 사이토 교수가 제시하는 대안 시스템은 사회주의다. 다만 기존 마르크스 사회주의나 소련식 공산주의와는 다르다. 그는 커먼(공공재, common)에 기반한 사회주의라고 할 수 있으며, 모두가 참여해 열린 형식으로 숲, 토지, 물, 전기처럼 필요한 것을 공동으로 관리하는 방식이라고 설명했다.

사회주의라면 무너진 소련 체제나 북한을 떠올리기 쉽다. 이에 대해 사이토 교수는 소련이나 중국, 북한은 모두 독재국가이며, 이는 정치인이나 관료가 무엇을 어떻게 할지 결정하는 톱다운식(하향식) 계획 경제인데, 이는 그가 생각하는 사회주의뿐 아니라, 마르크스가 생각했던 사회주의와도 다르다고 단언했다. 20세기에는 소련, 즉 사회주의라는 게 잘 안됐으니 시장이 최선이라는 극단적인 사고방식이 등장했다. 이른바 '신자유주의'다. 그 역시 대단히 큰 (빈부) 격차를 만들고 환경을 파괴하고 있다.

사이토 교수가 그리는 사회주의는 소련도 아니고 신자유주의도 아닌 제3의 길이다. 밑에서 시민 모두가 참여해 열린 형식으로 필요한 것을 관리해나가는 방식이다. 물론 국가가 어느 정도 관여해도 좋지만, 시민들이 여러 분야에서 많은 커먼을 만드는 식이다. '커먼 포레스트'뿐만 아니라 '커먼 워터' '커먼 에너지'처럼 '커먼○○'을 많이 만들어가는 사회라야 돈이나 상품에 휘둘리지 않는다. 사이토 교수는 탈성장과 커먼 사회주의는 불가분의 관계에 있으며, 탈성장은 인류가 점점 더 많은 생산과 소비를 할 수 없음을 의미한다고 얘기했다.

'그러니 인류가 필요로 하는 것들을 더 많이 공유하자는 아이디어가 기본적인 커먼 사회주의의 정의다. 커먼 사회주의는 스탈린주의가 아니다. 지금은 상위 1%, 혹은 상위 0.1%가 모든 걸 장악하는 독점사회인데, 공공재를 모두가 다 같이 공유함으로써 이를 막자는 제안이다'라고 말했다.

신승철 생태적지혜연구소 소장은 공공재란 기본자산 개념의 토지, 자본, 화폐의 요구를 불식시킬 유일한 방안이라고 말한다. 공공재는 관계의 풍요 속에서 공유자산, 공통재, 공유지 등을 살찌우고 양육할 수 있는 공동체의 공동 및 자치 규약 설립을 유발할 수 있다. 물, 공기, 대지 등만이 아니라, 예술, 오픈소스, 지식체계 등에서 공공재 기반의 판을 설립할 필요가 있다. 공공재 기반의 경제는 기존 자본과 권력의 집중적이고 중앙집중적인 방식이 아니라, 책임이나 동기, 목적 등이 분산되고 생태민주주의에 따라 작동할 수밖에 없는 경제의 방식을 따를 것이다.

공공재는 물질적인 것만을 의미하지는 않는다. 사회관계 혹은 인류 공동체의 삶에 핵심이 되는 가치관과 지식도 포함할 수 있다. 따라서 내재적 공공재에 모두가 접근할 수 있어야 하고, 비용도 점차 줄여 나가야 한다. 커먼 경제는 자원의 공유와 사회적 책임을 중시하는 경제 체제를 뜻한다. 경쟁이 특징인 시장경제와 달리 협력과 지속 가능성을 강조한다. 이 같은 시스템은 일부 국가에서 협동조합이나 공동체, 공유경제 등의 형태로 시험 운영하고 있다. 커먼 경제는 사회적 합의를 거쳐 공공차원에서 추진할 필요가 있다.

◦ 공규동·김영준·김현우 외, 『탈성장을 상상하라』, 모시는사람들, 2023. p.136.

전병옥 고려사이버대 융합정보대학원 객원교수는 공공정책으로 커먼 경제를 확대한다면 탈성장은 새로운 전기를 맞을 것이라고 봤다. 모두가 바라는 지속 가능한 미래에 한 걸음 다가가는 계기라는 것이다.°

피케티 교수가 꿈꾸는 정의로운 사회는 교육·보건·주거·환경 등의 기본재화에 모든 이가 공정하게 접근할 수 있고 이를 통해 경제 활동에 온전하게 참여할 수 있는 사회이다. 사이토 교수의 커먼 사회주의와 비슷한 측면이 있다. 피케티 교수는 자신이 1990년대 사회주의의 몰락을 목도하고 사회주의의 유혹을 받지 않은 세대라고 밝힌다. 그럼에도 세계의 불평등과 부의 분배에 관해 연구해온 학자로서 '사회주의'라는 용어만큼 자본주의에 대한 대안을 충분히 포괄하는 표현이 없다고 토로한다. 기존 자본주의의 모순을 극복할 새 체제로 그는 새로운 형태의 사회주의를 제시했다. 그 형태는 참여적이고 지방분권적이며 민주적이어야 하고, 친환경적이면서 여성 존중 사상을 담은 사회주의이다.°° 구소련, 중국 등의 중앙집권적이고 권위주의적 전통적 사회주의와는 근본적으로 다른 형태를 의미한다. 경제적 평등과 생태적 지속 가능성도 보장해야 한다고 봤다.

그렇다면 어떤 처방이 필요할까? 피케티 교수는 현재의 자본주의를 '21세기 세습 자본주의'라고 규정한다. 부모로부터 물려받은 상속 재산을 비롯한 '자본소득'이 차지하는 비중이 갈수록 늘어나고 있기

° 공규동·김영준·김현우 외, 앞의 책. p.189.
°° 토마 피케티, 『피케티의 사회주의 시급하다』, 이민주 옮김, 은행나무, 2021. p.10.

때문이다. 세습은 가벼운 문제가 아니다. 자산가나 기업가의 후계자는 유형 자본을 상속받는다. 정치계 의원 2세, 연예계 탤런트 2세는 무형자본을 상속받는다. 그는 자본에 부과하는 누진세가 불평등의 악순환을 피할 수 있게 해줄 것이라고 역설한다.

조세 시스템의 재조정이 필요하다. 2008년 금융위기와 2020년대 초 코로나19 팬데믹 당시 풀린 돈의 상당 부분은 소수 부자에게 집중됐다. 피케티 교수는 불평등을 결정하는 실제 요인은 경제적, 기술적 요인보다는 정치와 이데올로기라고 주장한다. 거대 기업이나 최상위 자산가들은 자신들의 노력과 능력으로 부를 일궜다고 생각할 수 있다. 그러나 피케티 교수는 그들은 단지 애초에 소유권이 존재하지도 않았던 자연 자원과 인적 자원을 운 좋게 선점한 행운을 가졌던 것일 뿐이라고 말한다. 일정 수준을 넘는 거대 자산은 일시적이고 순환적인 것으로 만들어야 한다고 주장한다. 그는 자산세와 상속세 등 누진세 제도를 강화해 80~90% 정도의 '최고 층위 부유세'를 제도화하고, 전 국민에게 '최소 기본자산'을 지급할 것을 제안한다. 기본자산은 앞서 언급한 교육·보건·주거·환경 등 공공재에 모든 시민이 쉽게 접근할 수 있게 함으로써 사회 갈등을 해소할 밑바탕이 될 수 있다.

사이토 교수는 파국으로 치닫는 경제 성장에 매달릴 것이 아니라, 경제의 규모를 축소하고, 성장의 속도를 늦추자고 주장한다. 자본주의는 생활을 풍요롭게 하는 것처럼 보이지만 실제로는 우리를 끝없는 물질적 욕구에 구속한다. 자본주의 중독과 물질적 욕구에서 벗어나 '자유의 나라'를 추구해야 한다. 자유의 나라를 확장하려면 무한한 성장만 좇아 장시간 노동과 제한 없는 소비로 사람들을 떠미는 시스템을 해체해야 한다. 생산 총량을 보면 지금보다 생산이 줄어든다고 해도, 모두 자발적인 자기 억제에 나선다면 전체적으로 행복하고, 공정하며, 지속 가능한 사회를 만들 수 있다.

가난한 이유는 충분히 생산하지 못했기 때문이 아니다. 희소성이 자본주의의 본질인 탓에 가난한 것이다. 예컨대 자본주의 시스템 이전의 물과 토지는 공유재로서 누구나 쓸 수 있었기 때문에 희소성이 없었다. 그러나 사적 소유로 바뀌면서 희소성이 커졌고, 상품 가치가 높아졌다. 과거 쉽게 쓸 수 있던 물과 토지를 돈이 없어 이용하기 어렵게 된 사람들은 빈자로 전락했다. 커먼 사회주의가 필요한 이유다. 노동시간 축소와 함께 사이토 교수는 '최대 소득 상한제'를 제안했다. 무한대로 돈을 벌 수 있도록 방치하지 말고 규제하자는 것이다. 일정 상한선을 넘는 소득은 정부가 가져가는 식이다. 이는 피케티 교수의 최고 층위 부유세와 일맥상통한다.

바루파키스 교수는 테크노 봉건주의가 자본주의를 몰아냈지만, 그 미래에 대해서는 비관적으로 본다. 사용자들에게서 자신들의 부 축적을 위한 권리와 기회를 뽑아낸 것 이외에는 아무것도 생산하지 않는 사람들의 소득이 기하급수적으로 집중되는 사이 세상은 재앙을 향해 질주할 것이라고 내다봤다. 바루파키스 교수가 내놓은 해법은 '무료 서비스에 중독되지 않기'와 '빅테크 기업의 지배구조를 민주적으로 바꾸는 것'이다. 광고 천지인 무료 앱은 테크노 봉건주의 영주가 소비자를 장악하게 하는 수단이다. 한 사람에게 집중된 빅테크의 의사 결정 권한을 모든 직원에게 고르게 배분한다면 보다 민주적인 결정이 가능해진다.

바루파키스 교수는 중앙은행이 모든 시민에게 보편적 기본소득인 디지털 지갑을 발행하도록 하는 '화폐 민주화'를 제안한다. 또한 중앙은행이 지급과 저축 업무를 맡도록 시스템을 재구성하고, 민간은행의 신용 창출 기능을 폐지하자는 의견을 내놓았다.

《녹색평론》 발행인 김종철 선생은 2014년 한 독서 모임 토론을 정리한 〈탈성장시대, 기본소득, 은행의 공유화〉에서 바루파키스 교수와 비슷한 맥락의 주장을 내놨다. 공공자산 중에서 가장 중요한 게 있다. 바로 화폐 금융 제도이다. 화폐는 본래 공동체의 경제생활을 원활하게 하기 위해서 만들어진 교환수단이다. 그런데 근대 자본주의의 발달과 함께 이상하게 돼버렸다. 한마디로 사적 이익을 취득하는 수단이 된 것이다. 우리가 쓰는 돈 대부분은 은행에서 대출받은 것이다. 통화 대부분이 부채라는 뜻이다.

신용 창출이라는 공적 영역을 담당하고 있음에도 민간은행의 근본 관심은 사회 공익에 있지 않다. 자신의 사적 이익을 극대화하는 데 관심이 있을 뿐이다.

노동시간 단축과 기본소득 도입

과거 문재인 정부는 2018년 근로기준법을 개정해 주 52시간 상한제를 도입했다. 주당 근로 시간을 법정 40시간, 연장 12시간 등 최대 52시간으로 제한하는 내용이었다. 이어 들어선 윤석열 정부는 주 단위 연장 근로를 월 단위 이상으로 확대하는 근로 시간 유연제를 추진했다. 또 특정 주에 주 52시간을 초과해 근무할 수 있도록 한 근로 시간 선택제도 도입하기로 했다. 노동시간 감축을 강제한 법을 만들었으나 이를

° 김종철, 『근대문명에서 생태문명으로』, 녹색평론사, 2019. p.279.

되돌리려는 움직임이 거세다.

　기술이 발전하면 노동력 투입이 줄어드는 게 당연할 텐데 왜 노동시간은 줄어들지 않을까? 이는 자본주의 시스템의 특성으로 이해할 수 있다. 기술 발전에 따라 노동력이 절감되는 건 명백하다. 그런데 극도의 효율을 추구하는 자본주의 시스템에서는 기술 발전에 추가 투입한 비용보다 더 많은 비용을 노동 투입비용에서 절감함으로써 이익을 극대화한다. 예컨대 생산물 산출을 위해 과거 10명이 하루 8시간씩 총 80시간을 투입했던 일이 있다고 치자. 여기에 신기술을 적용해 노동시간을 40시간으로 단축했다면 10명이 4시간씩만 일해도 되는 환경이 된 셈이다.

　현실은 그렇지 않다. 성장을 위해서라면 종전과 같이 80시간을 일하면서 생산량을 두 배로 늘려야 한다. 자본가는 인력을 절반 수준으로 줄이고 일하는 시간을 늘리자고 노동자를 다그칠 가능성이 크다. 새 기술에 적응하지 못한 노동자는 종전보다 더 많은 시간을 일해야 할 수도 있다. 노동자로서는 일자리에 대한 불안이 더 커질 수밖에 없다. OECD 2023년 통계를 보면 노동시간이 가장 긴 10개국의 상황을 알 수 있다. 한국을 제외한 9개 나라의 2023년 노동시간은 3년 전에 비해 늘어났다. 코스타리카와 그리스, 칠레, 이스라엘, 캐나다 등 절반은 3년 새 노동시간이 100시간 넘게 증가했다. OECD 평균도 59시간 늘어난 것으로 집계됐다.

　한국은 주 52시간제 시행의 영향으로 연간 노동시간이 36시간 감소했으나 여전히 장시간 일하는 나라로 손꼽힌다. 그마저도 정부는 2022년 들어 일하는 시간을 늘려야 한다고 주장한다. 경제 성장을 중시하는 정부가 들어선다면 노동시간은 언제든지 늘어날 수 있다.

2024년 4월 치러진 제22대 국회의원 선거에서 더불어민주당이 내놓은 공약 중 가장 큰 관심을 끈 것은 '주 4일 근무제 기업 지원'이었다. 대한상공회의소가 만 18세 이상 국민과 기업인 6,000명을 대상으로 조사한 결과, 이 공약은 응답자 5.9%의 선택을 받아 인기 공약 1위에 올랐다. 주 4일 근무제를 도입해 일자리를 창출하는 기업을 지원해 2030년까지 노동시간을 OECD 회원국 평균 이하로 낮추는 것이 골자다. 한국의 주요 기업은 이미 주 4일 근무제를 도입하고 있다. 다만 노동시간 자체를 줄이는 것은 아니다. 주당 평균 노동시간은 40시간으로 변함이 없고, 하루를 쉬는 대신 다른 날 더 일하는 방식을 택하는 게 대부분이다.

주 4일 근무제를 도입하면서 노동시간을 줄인 만큼 임금도 삭감한다면 효과는 크지 않다. 스페인 통신회사 텔레포니카는 2만여 명을 대상으로 주 4일 근무 신청을 받았다. 그 결과 지원자는 150명에 불과했다. 신청이 저조했던 이유는 주 4일 근무 형태에서는 임금을 15% 삭감한다는 조건이 붙었기 때문이다. 주 4일 근무제의 도입과 확산을 추진하는 글로벌 비영리단체 '4DWG(4Day Week Global)'는 '급여 삭감 없는 주 4일 근무제'를 목표로 한다. 이들은 주 4일 근무제에 '100-80-100' 원칙을 적용한다. 직원들이 100% 생산성 목표를 달성한 상태에서 80%의 시간 동안 100% 급여를 받는다는 원칙이다. 생산성과 임금의 손실 없이 노동시간만 줄이는 게 가능하다는 것이다. 현재 몇 시간을 일하든 상관없이 노동자의 작업시간을 줄이기 위한 공정하고 유연한 경로를 마련하자는 취지에서 개발했다고 한다.°

° 4DAY WEEK GLOBAL 홈페이지

<연간 노동시간 상위 10개국>

	2020년	2023년	증감
멕시코	2,207	2,207	0
코스타리카	1,913	2,171	258
칠레	1,828	1,953	125
그리스	1,732	1,897	165
이스라엘	1,778	1,880	102
한국	1,908	1,872	-36
캐나다	1,653	1,865	212
폴란드	1,769	1,803	34
미국	1,789	1,799	10
체코	1,677	1,766	89
OECD 평균	1,683	1,742	59

1990년대부터 노동시간 단축을 주장해온 줄리엣 쇼어(Juliet Schor) 미국 보스턴대 사회학과 교수는 2023년이 '4일 근무제'의 기념비적인 해가 됐다고 밝혔다. 미국 자동차노동조합(UAW)가 주 32시간 근무를 요구 사항으로 제시했으며, 독일 철강 근로자 8만 명도 주 32시간 4일 근무를 요구했다. 스코틀랜드 정부는 공공부문 근로자에 대한 주 4일 근무제 시험을 발표했고, 포르투갈은 정부가 후원한 시험을 마쳤다. 쇼어 교수는 주 5일제에서 4일제로 노동시간을 단축한 결과에 대해 "게임을 바꾸는 것뿐만 아니라 삶을 바꿔 놓는다"고 말했다. 노동시간 단축을 경험한 노동자의 70%가 6개월 후에 소진되는 느낌이 줄어들었다고 밝혔다. 스트레스, 불안, 피로는 감소하고 신체와 정신 건강은 호전됐다. 사람들은 운동을 더 많이 하고, 더 잘 자게 됐다. 중요한 것 중 하나는 기업들도 노동시간 단축을 환영한다는 점이다. 생산성과 업무 능력이 상당히 증가했고, 노동자들은 자신이 훨씬 더 업무를 잘하고 있다고 느꼈다. 기업들은 주 4일제 시험 결과를 10점 만점에 8.5점으로 평가했다. 가장 강력한 증거는 거의 모든 기업이 주 5일 근무제로 돌아가지 않았다는 사실이다.°

주 4일 근무제는 여성에게 더욱 특별한 의미가 있다. 맞벌이 부부인 경우에도 여성은 남성보다 가사노동과 육아 등 임금을 받지 않는 집안일을 더 많이 한다. 주 4일 근무제 이후 변화가 발생했다. 남성은 추가적인 집안일을 거의 하지 않지만, 육아의 비중이 더 커졌다. 상대

° Juliet Schor, "Women in Economics: Juliet Schor on the Benefits of a 4-Day Week", *IMF PODCASTS*, 2024. 2. 1.

적으로 여성의 육아 강도가 줄어드는 셈이다. 쇼어 교수는 "주 4일 근무제가 보여준 좋은 변화라고 생각한다. 부모는 자녀와 더 많은 시간을 보낼 수 있게 됐다. 육아비용도 전보다 줄어들었다고 한다. 이는 여성에게 정말 큰 변화가 되고 있다"라고 말했다.

인공지능(AI)과 같은 기술은 사람의 노동시간을 크게 줄여줄 수 있을까. 빌 게이츠 마이크로소프트 고문은 "기계가 모든 음식과 재료를 만들 수 있고 사람들이 생활임금을 벌기 위해 주 5일 이상 근무할 필요가 없는 세상이 존재할 수 있다"면서 "결국 일주일에 3일만 일하면 되는 사회가 된다면 괜찮을 것"이라고 말했다. 제레미 다이먼 JP모건 회장은 "기술 덕분에 당신들의 자녀는 100세까지 살 수 있고 암에 걸리지 않을 것이다. 그들은 아마도 일주일에 3일 반 동안 일하면 될 것이다"라고 예측했다.º 쇼어 교수는 현재 기술로도 AI는 사람이 하는 일의 4분의 3을 할 수 있다고 설명했다. 이는 노동시간을 줄이는 혁신적인 기술 변화이다. 그렇다면 AI가 사람을 대체했을 때 어떤 일이 벌어질까? 자본가라면 노동자를 해고할 수 있고, 노동자라면 일자리를 잃을 수 있다. 다른 방법을 찾는다면 노동시간을 줄여서 고용을 유지하는 것도 가능하다. 자본주의 시스템에서 억만장자가 된 빌 게이츠나 제레미 다이먼 같은 기업가가 노동시간 단축을 전망했지만, 그들이 경영하는 기업에서 먼저 시행할지는 불투명하다.

반대로 한국 최대 기업인 삼성그룹은 노동시간을 늘리고 있다. 삼성그룹은 최근 삼성전기·삼성SDI·삼성SDS·삼성디스플레이 등

º   Jordan Hart, "Bill Gates Says 3-Day Work Week Possible With AI", *Business Insider*, 2023. 11. 22.

주요 계열사 임원들에게 주 6일 근무를 권고했다. 토요일 또는 일요일 중 하루를 골라 근무하는 방식이 유력하다. 삼성생명 등 금융 계열사들 역시 조만간 임원들의 주 6일 근무를 시행할 것으로 알려졌다. 다만 그룹 차원에서 주 6일 근무 지침을 내린 것은 아니며, 위기 극복 차원에서 자발적으로 동참하는 분위기라고 한다.

기술이 주역으로 떠오른 시대에 삼성은 여전히 과거 제조업 중심 사고에서 벗어나지 못했다는 지적을 받는다. 과거 제조업에서는 장시간 노동이 실제 성과를 가져다줬다. 하지만 기술 혁신을 놓고 경쟁하는 첨단 산업 시대에 단순히 업무시간을 늘린다고 더 나은 성과를 낼 수 있을지는 의문이다. 글로벌 선두권 제품이 적지 않은 삼성이라면 앞서나가는 전략이 효과적이다. 그런데 삼성은 비상 상황이라면서 회사에서 지내는 시간을 늘리겠다고 한다. 창의성을 발휘할 수 있을지는 두고 볼 일이다. AI가 사람의 일자리를 빼앗을 것이라는 우려는 꾸준히 제기돼 왔다. 반면 노동자가 좀 더 편해지는 세상이 펼쳐질 것이라는 낙관론도 있다. 원론적으로는 AI가 사람이 하던 일을 대체하고, 사람은 노동하던 시간을 휴식과 돌봄 등에 쓰게 된다고 본다. 일자리를 AI에 내주고 노동하면서 받았던 소득이 줄어든다면, 그 대신 모든 사람에게 기본소득을 지급해 여가 활동에 사용토록 하는 방안이다. 사이토 교수는 "챗GPT가 화두인데, 이해가 안 되는 것이 왜 AI를 누려워하나. 노동 해방이라는 우리의 꿈을 이루기 위해 기술 개발하는 것 아닌가. 그런데 왜 일자리 잃는다고 두려워하나. AI의 등장

° 김상범, "주말 출근으로 위기 극복?⋯삼성, '임원 주 6일제' 확대", 경향신문, 2024. 4. 17.

은 '더는 일하지 않아도 된다'는 의미이다. 다시 말해서 살아가기 위해서 더는 일을 하지 않아도 된다는 뜻이다. 기본적 욕구를 충족하기 위해서 일 안 해도 되고, 불필요한 일, 사무실에 남아있고 이런 거 할 필요가 없다"고 말했다.

기술은 기본적으로 노동력을 덜 투입하는 방향으로 발전하고 있다. 노동생산성은 갈수록 높아진다. 그런데 자본주의 특성 때문에 일을 계속할 수밖에 없다. 문제는 기술이 아니라 제도에 있다. 무한 성장과 무한 이익을 목표로 하는 제도가 아니라면 기술을 활용해 노동시간을 줄일 수 있다. AI가 할 수 없는 일이 있다. 예컨대 요양이나 돌봄은 AI로 대체할 수 없다. 노동집약적인 분야나 교육도 사람의 힘으로 해야 하는 일이다. 이런 분야는 AI가 등장하더라도 여전히 사람이 필요하다. 오히려 사람들은 무의미하게 반복해온 과거보다 훨씬 보람 있는 일에 매진할 수 있게 된다. 그러면서 노동시간도 줄어들게 될 것이다. 하지만 그런 상황이 가능해지려면 제도가 바뀌어야 한다.

현행 자본주의 시스템에서 AI 기술이 발전하면 사람들의 데이터를 빼내 이익 추구를 위해 쓸 것이다. 그리고 그 데이터는 사람의 행동과 욕구를 통제하는 데 사용된다. 인간 존엄성을 위협하는 매우 위험한 미래가 다가올 수도 있다. 라즈 파텔 미국 텍사스대 교수도 사이토 교수와 비슷한 생각을 전했다. 파텔 교수는 "AI는 걱정 안 해도 된다. 우리가 갖고 있는 생성형 AI는 문장을 완성하고, 통계적 관계나 그림을 이해한다. AI가 학습하기 때문에 가능한 일이다. 하지만 이게 좋을 수

◦ 노도현·박순봉, "노동시간 줄일 AI, 환영할 일-AI가 노동 지식 침범 땐 우려", 경향신문, 2023. 6. 28.

도, 나쁠 수도 있다. 힘들고 불필요한 일자리를 대체할 수 있다는 점은 좋은 측면이다"라고 설명했다. 하지만 AI가 복합적인 일을 하게 된다면 오히려 큰 문제가 될 수 있다는 게 파텔 교수의 주장이다.

AI가 농약을 뿌리거나 단일 재배와 같은 농업 활동은 잘 해낼 수 있다. 하지만 전통적인 관습을 보유한 원주민과 농민의 지식을 완벽하게 이해할 수는 없다. AI가 훈련받을 수 없는 분야의 일에 투입된다면 큰 혼란이 생길 수 있다. 실제로 어떤 사회적인 변화가 매우 커서 사람이 AI에 항복하는 상황이 올 수도 있다. 파텔 교수는 기본소득이 돌봄에 제값을 매길 수 있는 현실적 대안이 될 수 있다고 주장한다. 그는 "기본소득 실험이 진행 중인 사회들을 면밀히 관찰해보면, 사회 구성원들은 늘어난 소득으로 돌봄 활동에 나선다. 단순히 그들의 가족이나 이웃을 돌보는 데 그치지 않고, 더 많은 시간을 봉사활동에 할애한다. 사람들은 의미 있는 일을 갈망하고 있다. 누구도 딜로이트와 같은 기업을 위해 평생을 바쳐 일하고 싶어 하지 않는다"고 말했다.°

기본소득을 주면 사람들이 노동할 욕구가 떨어지지 않을까. 공짜로 소득을 받으면 단순히 쾌락을 위해 소비하지 않을까. 파텔 교수는 매우 긍정적이다. "사람들이 (기본소득을 받고) 노동시장을 이탈한다고 치자. 그들은 무엇을 할까. 다른 사람들을 돌보는 일에 시간을 할애할 것이다. 사실 사람들이 노동시장에서 벗어나 인생을 예술가처럼 산다고 해도 전혀 나쁘지 않다. 사람들이 서핑하며 시간을 보내기를 원하고, 그러면서 그들이 행복해진다면 반대할 이유가 없다. 그렇

° 최서은, "라즈 파텔, 자본주의는 비용을 제대로 지불하지 않았다", 경향신문, 2023. 6. 2.

지만 대부분의 사람은 자신의 일상에 큰 변화를 주지 않을 것이다." 기본소득의 취지는 사회 구성원 모두가 롤스로이스 같은 사치품을 향유하도록 하는 게 아니다. 기본소득은 그저 기초 생활을 영위하고 약간의 저축을 가능하게 하는 수준의 수입일 뿐이다. 기본소득을 받는 사람들은 늘 그들이 꿈꿔왔던 의미 있는 일에 나서지, 마약을 흡입하거나 비디오 게임에 심취하지는 않을 것이다.

한국에서 기본소득 논의가 본격화한 것은 코로나19 팬데믹이 휘몰아쳤던 2020년 무렵이지만, 그보다 훨씬 전인 1990년대부터 주장한 사람들이 있었다. 대표적인 인물이 김종철《녹색평론》발행인이다. 김 선생은 기본소득에 대해 경제적 측면뿐만 아니라 온갖 사회적·실존적 측면에서 우리가 현재의 위기 상황을 타개하고 새로운 질서를 추구하려 할 때 가장 쓸모 있는 방안이 될 수 있다고 말했다. 기본소득이 도입된다면 공식적으로 인정을 받지 못했던 중요한 일들이 떳떳한 지위를 획득하게 될 것이며, 사회적 약자와 공동체의 건강, 자연을 돌보고 보살피는 노력들이 적극적으로 장려될 것이라는 주장이다. 그는 그 결과로 우리의 삶이 보다 풍요로워지고, 사회가 보다 인간적인 사회로 바뀌게 될 것이라고 강조했다. 비교적 중도우파적인 인물로 분류되는 누리엘 루비니 뉴욕대 교수도 불평등이나 빈부 격차를 해소하기 위해서는 기본소득 또는 자본소득이 필요하다는 견해를 내비쳤다. 루비니 교수는 국제통화기금의 연구 결과를 인용해 "소득과 부의 불평등이 높은 나라에서는 불평등이 결국 사회분쟁으로 이어지는 경우가 많아 경제성장률을 낮춘다는 사실이 밝혀졌다"면

◦ 김종철, 『근대문명에서 생태문명으로』, 녹색평론사, 2019. p.211-212.

서 "과도한 불평등은 결국 사회적 기능 장애로 이어질 뿐 아니라 경제 성장을 더 약화시키기 마련"이라고 밝혔다.°

노동시간을 줄이면서 임금 손실 없이 기본소득으로 보전한다면 일거양득이다. 부의 불평등이 심해지면 사회적 분쟁이 발생하는데, 불만을 품고 분쟁을 일으킨 이들에게도 대부분 투표권이 있다. 그들은 자본에 대한 과세와 소득의 재분배를 강화하는 의견을 표출하고, 정치권에서 수용하면 정책으로 만들어진다. 정치뿐 아니라 어느 정도 계몽된 자본가들도 사회 복지 시스템을 만들고, 누진세를 만들어 부를 재분배해야 한다는 필요성을 느낀다. 이는 기본소득 도입으로 자연스럽게 이어질 수 있다. 기본소득 정책은 사회주의 개념으로 보인다는 애기에 루비니 교수는 과도한 불평등이 나쁘다는 걸 믿기 위해 사회주의자가 될 필요는 없다고 말했다. 그는 완벽한 해법을 제공할 순 없지만, 필요한 것은 지속 가능한 방향으로의 자유민주주의 개혁이라고 강조했다. 이를 통해 넷제로로 나아가고, 포용적인 사회를 구축해야 한다는 제안이다. 소득 불평등을 줄이고 일자리를 제공하며 모든 사람에게 소득을 보장해야 한다고 했다. 다만 기본소득의 방점은 '근로자들이 노력해 성장과 번영을 지속할 수 있도록 하기 위해'에 찍혔다. 성장과 번영은 왜 필요한 것인지에 대한 의문이 남는다.

장시간 노동에 매달리는 이유는 '경제 성장을 하려면 더 많이 일해야 한다'는 편견을 갖고 있기 때문이다. 그렇다면 왜 경제 성장을 해야 하는가. 경제 성장은 풍요로워지기 위한 수단이다. 풍요의 최종 목

° 김경학·이창준, "'닥터 둠' 누리엘 루비니, 추악한 미래로 인류 파멸되지 않으려면…", 경향신문, 2023. 6. 8.

적은 자유와 기회 평등을 획득하는 것이다. 즉, 풍요가 있어야만 자유와 평등을 얻을 수 있다. 자유를 미뤄두고 장시간 노동을 감내하는 이들은 자녀들에게 충분한 교육을 받을 기회를 평등하게 주기 위해 더 많은 돈이 필요하다고 한다. 장시간 노동으로 자산을 늘려 자유를 획득하겠다는 뜻이다. 다른 말로는 현재를 참고 견뎌 미래의 풍요를 얻는 '트레이드 오프(어느 것을 얻으려면 반드시 다른 것을 희생해야 하는 경제 관계)'였다. 하지만 경제 성장으로 교육 기회가 평등한 세상이 됐다면 여전히 장시간 노동을 할 필요가 있을까. 미즈노 교수는 일본이 필요한 것을 모두 갖춘 상태라고 설명했다. 현재보다 더 많은 자본을 투입할 필요가 없다는 의미다. 그렇다면 노동시간을 줄이는 게 맞다.

일본과 마찬가지로 한국도 필요한 것을 언제 어디서나 획득할 수 있는 단계로 성장했다. 한국 역시 노동시간을 줄이고 더 많은 자유를 가질 수 있다. 노동시간을 줄이면 인권이 향상된다. 그만큼 자유로워지고, 이는 생산성 향상으로 이어진다. 미즈노 교수는 1980년대 증권회사에 다닐 때 근무 시간이 오전 7시 30분에서 오후 11시까지였다. 연간 3,000시간 가까운 장시간 노동이었다. 부장이 잠깐 자리를 비우면 쉰다거나, 낮에는 간혹 빈둥거리기도 했다. 그렇게 하지 않으면 몸이 견딜 수 없었다. 10시간 넘게 계속 일하면 긴장의 끈이 끊어지기 마련이다. 노동시간을 줄이는 편이 쓸데없는 일도 줄일 방법이다.

미즈노 교수는 "현재 노동시간의 약 30%는 허비하는 셈"이라고 단언한다. '일이 어떻게 되든 상관없다'는 생각을 품은 채 상사가 지시하니 어쩔 수 없이 하는 일이다. 그리고 지시한 일을 한 뒤에는 그게 어디에 쓰였는지도 모르고 얼렁뚱땅 넘어간다. 노동시간을 줄이는 게 생산성도 올리고 인권도 신장하는 방법이다. 일본은 연간 노동시간이 1,700시간(한국은 1,900시간)이고, 독일은 1,400시간이다. 일본과 독일의 1인당 GDP를 비교하면 독일이 더 높다. 일본과 한국도 독일과 비슷한 1,400시간으로 줄여도 무방할 것이다. 탈성장 사회가 된다면 사라지는 직업이 많아질 수밖에 없다. 예컨대 광고 관련 일은 지금보다 줄어들 거고, 큰 자동차를 만드는 일도 없어질 테고, 금융시장이나 원자력발전 관련 일도 크게 감소할 것이다. 사이토 교수는 '모두의 노동시간을 동시에 줄여나가는 방식'을 해법으로 제시했다.

"모두가 좀 더 필수적인 일을 나누면 되지 않을까 한다. 그러면서 가령 주 4일 정도 일하도록 하면, 일부 사람들이 일자리를 잃는 것이 아니라 모두가 조금씩 업무량을 줄여가는 사회가 될 것이다. 반대로 말하면 지금은 이렇게 기술이 발전했지만 일본인이나 한국인은 굉장히 긴 시간 일하고 있다. 그 대부분은 소위 '불쉿 잡(Bullshit Jobs, 쓸모없는 일)'이다. 이런 점을 보면 모두가 어딘가에서 일 이외의 것을 해나가는 사회를 생각해볼 필요가 있다."

자급경제, 지역화, 공유경제, 생태주의

많은 경제학자가 자본주의 발전이 한계에 봉착했다고 평가한다. 그 한계는 생태계 교란으로 나타나고 있다. 최근 인류가 심각한 기후변화와 팬데믹 수준의 질병 유행 등에 시달리고 있는 것이 증거다. 강신준 동아대 경제학과 교수는 "환경적 변화와 함께 2008년 경제위기가

° 김경학·이창준, "미즈노 가즈오, 오늘 주문한 택배가 어제 도착해 있기를 진정 바라는가", 경향신문, 2023. 6. 20.

발생한 것은 우연이라고 보기 어렵다. 왜냐하면 인류의 생태계가 균형을 잃은 이런 현상이 자본주의 이전에는 존재하지 않았고, 바로 그 자본주의의 위기가 때맞춰 발생했기 때문이다"라고 지적했다.

한계에 이른 자본주의의 문제를 어떻게 해결할 수 있을지에 대한 논의는 다양하다. 그러나 근본적인 해법은 아직 나오지 않고 있다. 혹시 해법을 찾아내더라도 이해관계가 복잡해 합의에 이를 수 있을지도 미지수다. 기후변화와 관련된 과학적 연구와 정보를 제공하는 비영리 단체 '클라이메이트 사이언스(Climate Science)'는 "경제는 그 자체가 인간이 만들어낸 발명품"이라고 정의한다.° 경제 시스템은 그동안 많이 바뀐 만큼 항상 생산량이 늘어나는 성장을 목표로 하는 자본주의가 주요 경제 시스템이 될 필요는 없다는 뜻이다. 기후변화와 환경 피해를 방지하는 다른 좋은 경제 시스템이 있다면 대안으로 삼아야 한다. 전문가들이 제안하는 대안은 다양하다. 미즈노 교수는 "포스트 자본주의는 자본주의도 사회주의도 아닌 새 모델"이라고 밝힌 바 있다.

사회주의는 '엘리트 관료'라는 인간을 전면적으로 신뢰했고, 자본주의는 시장 메커니즘에 절대적인 신뢰를 뒀다. 그런데 이 모든 신뢰가 문제라는 것이 미즈노 교수의 견해다.°° 사회주의는 공산당의 테크노크라트(기술관료)가 수요와 공급 등 무엇이든 예측할 수 있다는 것

° Climate Science 홈페이지
°° 김경학·이창준, "미즈노 가즈오, 오늘 주문한 택배가 어제 도착해 있기를 진정 바라는가", 경향신문, 2023. 6. 20.

을 전제로 했기 때문에 실패했다. 1년간 철 생산량, 분유 수요량을 세우는 계획경제였다. 1991년 소련이 붕괴할 때 분유가 너무 부족한 상태였다는 점만 봐도 그들이 말했던 전제가 무너졌음을 알 수 있다.

자본주의는 많은 모순을 드러내고 있다. 일본에는 억만장자도 있지만 연 수입 2,000만 원 이하인 노동자가 1,000만 명이 넘는다. 싱글맘의 상대적 빈곤율은 50%를 웃도는데, 이는 빈곤의 대물림으로 나타날 우려가 크다. 사회주의라는 라이벌이 사라지니까 자신의 모순을 해결하지 않고, 자본주의가 원래 갖고 있던 본성을 더 강하게 나타내고 있다. 특히 세계화 이후 자본주의 실패가 여실히 드러나고 있다. 미즈노 교수는 "자본주의와 사회주의 모두 수정하더라도 무리"라며 '더 여유롭게' '더 가까이' '더 관용적으로' 나아가는 새로운 모델을 마련해야 한다고 말했다.

국내 대표적인 마르크스 연구자인 강신준 동아대 경제학과 교수의 해법을 들어보자. 그는 150년 전 제시됐던 마르크스식 해법에 주목해야 한다고 주장한다. 자본주의가 등장하기 전 경제의 목적은 소비, 즉 사용 가치의 획득에 있었고 생산된 잉여는 모두 여가 시간에 소비돼 경제 전체의 생산과 소비가 균형을 이뤘다. 이후 등장한 자본주의는 생산의 무제한적 확장과 여가 시간의 감소라는 두 가지 특징을 갖고 있다. 여가 시간 감소는 소비 능력을 줄이고, 생산의 무제한적 확대는 생산과 소비의 균형을 깨기 때문에 두 특징은 충돌한다. 그래서 자본주의는 생산의 확대가 끊임없이 소비 능력의 한계에 부딪혀 축소되는 과정을 반복한다. 이른바 경기변동이다. 소비되지 못하는 생산물은 정체돼 생태의 균형을 파괴하고 교란한다. 마르크스는 그 해법으로 타인의 노동시간을 빼앗지 못하도록 해야 한다고 제시했다. 이 해법은 다수 북유럽 국가의 노동운동과 결합해 노동시간 단축을 실현하고 있다. 북유럽 국가들이 2008년 글로벌 경제위기에서 피해를 가장 적게 받았다는 점은 마르크스 해법이 옳다는 것을 보여주는 증거이다.°

    감자를 재배하는 농부가 있다. 씨감자를 사서 밭에 묻고 비료와 물을 주는 등 농사일을 하는 비용으로 농부가 100원을 썼다고 가정하자. 농부는 밭에서 캔 감자를 150원에 식품제조업체에 팔았다. 식품제조업체는 감자를 가루로 만들어 건조해 250원에 넘겼고, 제과업체는 감자 가루에 향신료와 소금, 설탕 등을 넣어 과자로 만들어 판매업체에 400원에 판매했다. 소비자들은 감자 과자를 600원에 샀다. 감자가 원재료에서 최종 소비재로 전환되는 과정에서 발생한 부가가치를 계산할 수 있다. 단계별로 농부 50원+식품제조업체 100원+제과업체 150원+판매업체 200원 등 500원이다. 이 같은 부가가치 합계는 GDP에 포함된다. 생산에서 유통, 소비에 이르는 가정이 경제에 얼마나 기여했는지 파악할 수 있다. 감자가 과자로 전환되는 예시를 단순히 보면 가장 많은 부가가치를 창출한 판매업체가 그 나라 경제에서 가장 크게 기여했다고 볼 수 있다. 반면 농부가 감자를 수확한 뒤 팔지 않고 가족의 식량으로만 직접 소비했다면 어떻게 될까. 이때 부가가치는 0이다. 부가가치는 상품이 시장에서 거래되고, 그 과정에서 발생

° 강신준, "타인의 노동시간을 빼앗지 마라⋯2008년 경제위기 선방, 북유럽에서 확인한 마르크스 해법", 경향신문, 2023. 6. 21.

한 수익을 더해 생기는 것이기 때문이다. 가족들은 농부가 정성껏 재배한 감자를 맛있게 먹을 수 있었겠지만, 수익을 창출하지 못한 농부는 나라 경제 성장에 전혀 보탬이 되지 않는다.

이 같은 생산과 소비 시스템에 대해 언어학자이자 생태환경운동가인 헬레나 노르베리 호지(Helena Norberg-Hodge)는 저서 『오래된 미래』에서 어이없는 상황이라고 비판했다. 현대 소비 과정은 더 많은 운송과 더 많은 화석연료, 더 많은 공해물질, 더 많은 화학첨가물과 방부제를 요구한다. 생산자와 소비자의 간격은 갈수록 멀어질 수밖에 없다. 그럼에도 GDP를 늘려 경제 성장을 도모할 수 있다는 측면에서 권장되고 있는 게 현실이다. 호지는 인도 북부의 히말라야 오지 라다크의 전통적인 생활양식과 공동체가 무너지는 과정을 목격하고, 실천적 생태환경운동가로 변신했다. 사람들은 미래가 항상 새로운 무엇이라고 생각하는데, 호지는 과거의 생태 친화적이고 공동체 중심의 생활양식으로 돌아가야 한다고 주장한다. 미래는 새로운 것이 아니라 오래된 것이라는 말이다.

탈성장 시대는 기존 자본주의 성장 모델에서 벗어나 자급과 공유, 지역, 생태 등을 강조하는 경제 시스템으로의 변화를 의미한다. 지속 가능한 자원 이용과 환경 보호, 사회적 공정성을 강조하는 새로운 형태의 경제 체제이다. 개인과 지역사회가 자체적으로 필요한 자원을 활용하며, 지속 가능한 삶을 추구하는 체제로 변화해야 한다. 자급 경제에서는 지속 가능한 자원을 이용해야 한다. 소비자는 환경에 미치는 영향을 최소화한 제품과 서비스를 선호한다. 멀리 떨어진 곳에서

◦ 헬레나 노르베리 호지, 『오래된 미래』, 양희승 옮김, 중앙북스, 2016. p.264.

생산한 제품을 소비한다는 것은 호지의 지적처럼 더 많은 화석연료와 공해물질, 화학물질, 방부제를 쓴다는 의미이다. 지역에서 나오는 자원을 효과적으로 활용해야 한다. 지역 내에서 이뤄지는 자급 경제는 지역화와 지역사회 발전을 촉진하게 된다.

지역사회가 지역 내에서 생산된 제품으로 거의 자급자족하는 경제 시스템을 상상해보자. 물론 아주 옛날에 존재했던 시스템이다. 상품 이동 거리가 짧아져 자연스럽게 온실가스 배출이 줄어든다. 지역 농가는 다양한 작물을 지역 상황에 맞춰 생산할 수 있다. 양준호 인천대 경제학과 교수는 이 같은 '지역화한 풀뿌리 경제'에 대해 '지역 순환 경제'의 가장 낮은 층위에 있는 '이념형(Ideal Type)'이라고 정의했다. 경제 규모는 작지만, 지역 공동체의 필요에 맞춰 자연을 파괴하지 않는 범위에서 생산하며, 돈이 공동체 안에서 돌고 돌아 경제의 활발함과 안정성은 더욱 높게 나타나는 지역경제이다. 양 교수는 경제가 작동하는 '공간으로서의 로컬'은 신자유주의 글로벌화에 대한 대항력과 지역경제적인 자생력을 갖춘 개념이라고 설명했다. 또 글로벌화에 저항하는 지역화, 그리고 그 문제의식에 맞춘 지역화된 경제는 로컬의 글로벌화와 로컬의 자연 파괴에 대한 대항력을 갖출 수 있게 하고 자본에 의한 지역 유린과 지역경제 피폐화에 대한 지역민들의 통제력을 키운다고 말했다. 역량을 갖춘 '로컬'이야말로, 독점 자본의 탐욕적인 축적으로 인한 지역 소멸과 기후 위기의 지구 공멸을 멈춰 세울 수 있지 않을까 싶다는 그의 주장이 인상적이다. 제대로 작동하

◦ 양준호·박창규·송지현 외, 『대안으로서의 지역순환경제』, 로컬퍼스트, 2023. p.25.

는 지역경제는 세계화와 자연 파괴, 자본의 횡포에 맞서 지구 공멸을 막을 효과적인 수단인 셈이다. 환경 생태 운동가 반다나 시바 박사는 자본주의나 자본, 화폐의 구조는 사실 실물이 없는 개념에 불과하다는 사실을 이해하는 것이 중요하다고 강조했다. 진정한 부는 자연의 세계에서 사람들이 일해서 만들어내는 것이다. 모두가 함께 일하는 사회를 통해 자급주의 경제는 더 튼튼해진다. 그것이 우리가 자본주의 중독에서 벗어나는 방법이라는 제안이다. 시바 박사는 마을이나 지역 단위를 넘어 국가 차원에서 공유지를 만들고 여기에 글로벌 대기업이 개입할 수 없는 자급 경제 시스템을 구축해야 한다고 주장한다. 그는 사회적 분위기만 형성된다면 국가 단위 공유지 형성이 가능하지만 현재 단계에서는 쉽지 않을 것이라고 전망했다. 기존 시스템이 변하는 걸 몹시 싫어하는 상위 1% 부자들이 정부 정책을 쥐락펴락하고 있어 현실화하기 어렵기 때문이다. 다만 마을·지역 단위 자급 경제 구축 시도가 확산하면 자연스럽게 국가 경제 체질이 바뀌어가고, 더 많은 생태적·사회적 면역 체계를 형성할 수 있게 된다고 설명했다. 에코페미니즘을 주창한 학자로도 유명한 시바 박사는 자급 경제를 에코페미니즘과 같은 맥락에서 설명한다. 에코페미니즘은 앞서 이야기한 것처럼 여성과 자연의 관계를 중심으로 하는 이론이다. 시바 박사는 자본주의적 가부장제에서 벗어나 자급 경제를 통해 환경과 여성 문제를 해결할 수 있다고 봤다. 남성 중심적인 기존 환경운동은 자연을 보호의 대상으로만 간주하고, 인간과 자연의 대립적인 관계를 강조한다. 반면 에코페미니즘은 자연을 여성과 마찬가지로 지배와 착취에서 벗어나야 할 대상으로 간주한다. 또한 인간과 자연의 상호 의존적인 관계를 강조한다. 시바 박사는 에코페미니즘과 탈성장은 모두 살아있는 경제에 뿌리를 두고 있으며, 탈성장 관점에서 보면 GDP 같은 지표로만 평가되는 자본주의는 무한한 성장, 무한한 자연 착취가 가능하다는 환상에 빠진 구조라고 말한다. 탈성장을 통해 금융 중심의 성장 경제를 멈추고 생태 경제와 사회 경제를 늘려야 한다고 주장한다. 에코페미니즘 역시 자연을 살아있는 것으로 간주하고 우리가 자연의 일부로서 경제 활동을 해야 한다고 주장한다는 점에서 유사하다고 본다.

성장에만 매달리는 기존 자본주의 시스템을 바꾸려는 국가적 시도들은 반대와 실패 속에서도 계속 이어지고 있다. 1% 자본가들의 집요한 방해가 없다면 자본주의에서 벗어나는 과정은 더 순조롭게 진행될 수 있다. 부탄 정부는 GDP가 아닌 행복을 측정하려고 시도했다. 정말 중요한 것은 행복이기 때문에 국민총행복(GNH, Gross National Happiness) 지수를 만들었다. 멕시코 정부도 GMO를 제한하려고 한다. 에콰도르 정부는 '자연의 권리'를 헌법에 포함했으며 아마존 대사직을 만들어 운영하기도 했다. 아마존의 삼림과 그 밑에 매장된 석유를 지키기 위해서였다. 그런데 곳곳에서 반대와 비판이 쏟아졌다. 멕시코는 미국의 GMO 규제 방해 공작에 시달렸고, 에콰도르 정부는 '어떻게 석유를 묵혀둘 수 있느냐?'는 공격을 받았다.

소규모 마을이나 지역 단위, 국가 단위로도 많은 시도가 이어지고 있다. 실패하기도 하고 또 새로운 시도가 등장하기도 한다. 그래도 계속 시도가 이어진다는 점에서 탈성장의 미래는 낙관적이다. 사이토 교수는 '탈성장'은 성장을 멈추라는 것이 아니라 빈곤을 없애기 위해 제3 세계에 투자하고 자원이 필요한 사람들과 공유해야 한다는 개념이라고 소개한다. 동시에 선진국의 사치품 등 불필요한 소비를 줄이자고 주장한다. 전기차나 인공지능과 같은 기술은 필요하지만, 이것만으로는 지구를 구할 수 없다는 것이다. 생산량을 줄이고, 자동차 중심의 도시에서 자전거 전용도로와 대중교통에 투자해야 한다.

탈성장 시대의 공유경제는 자원을 효율적으로 활용하고 소비자들 간에 자원을 공유함으로써 지속 가능성을 강조하는 경제 모델을 의미한다. 소비와 생산의 관점에서 기존의 소유와 소비 중심의 경제 체제를 변화시키는 방향으로 나타난 현상이다. 공유경제에서는 소비자가 자원을 공동으로 소유한다. 자동차, 숙박 시설, 도구, 지식 등의 자원을 필요에 따라 나누고 사용함으로써 낭비를 최소화하고 효율적으로 활용할 수 있다. 디지털 플랫폼을 통한 중개 서비스는 공유경제의 핵심이다. 공유경제 플랫폼은 소비자와 제공자를 연결해 서로의 자원을 공유하고 거래할 수 있게 해준다. 소유한 자원을 공유하거나 제공자로 참여함으로써 소비자의 경제 참여가 강화된다. 이는 공동체 기반의 경제를 형성하는 데 기여한다.

대표적인 공유경제 사례로는 에어비앤비, 우버(Uber) 등이 있다. 서울시 공유 자전거 서비스인 '따릉이'는 공유경제의 성공 사례로 꼽힌다. 생태주의는 카를 마르크스의 사회주의 이론을 기반으로 하되, 환경 문제를 강조한다. 자본주의 시스템의 이윤 추구는 자원을 과도하게 채취해 환경을 훼손함으로써 생태를 파탄에 이르게 하고 재생 불능에 이르게 한다. 생태주의는 그런 파탄을 막기 위해 생산 수단을 공동으로 소유하고 지배해야 한다고 주장한다. 이는 자본주의를 비판하면서 성장 중심의 경제 시스템에서 벗어나 지속 가능한 개발과 환경 보호를 중시하는 탈성장 패러다임과 맥락이 비슷하다. 다만 탈성장은 주로 소비자와 기업의 선택을 통한 변화를 강조하고, 마르크스식 생태주의는 사회 구조와 생산 수단의 소유에 중점을 둔 구조적 변화를 통해 환경 문제를 해결하고자 한다.

진보적 경제학자인 로버트 폴린 교수는 생태사회주의와 그린 뉴딜은 근본적으로 같은 개념이라고 설명한다. 특히 그린 뉴딜에 대해서는 기후변화를 막을 수 있는 유일한 접근법이라고 상찬한다. 불평등이 심화하는 상황을 반전시키고 글로벌 신자유주의와 네오파시즘을 물리치는 역할도 할 수 있다는 것이다. 그린 뉴딜은 기후 안정화로 가는 유일한 길을 제공하면서 동시에 세계 모든 지역에서 양질의 일자리 확대와 대중의 생활 수준 향상에도 기여할 수 있다는 게 폴린 교수의 주장이다. 그린 뉴딜은 세계적 차원에서 긴축 경제에 대한 명쾌하고 현실성 있는 대안을 분명히 보여준다고도 했다.

폴린 교수의 전망과 기대는 도널드 트럼프 미국 대통령이 2025년 1월 취임하면서 어긋나고 있다. 트럼프 대통령은 그린 뉴딜을 '사기극'이라면서 인정하지 않는다. 파리기후변화협약에서 재탈퇴한 것과 같은 맥락이다. 그린 뉴딜이 전통적인 미국 에너지 산업에 타격을 주고 노동자 일자리를 위협한다고 본다. 트럼프 대통령은 취임 직후 그린 뉴딜 정책을 끝내겠다고 공언했고, 핵심 요소인 전기차 의무화도 폐지하겠다고 밝혔다. 대신 신규 원유와 가스 시추 재개를 통해 화석 연료 산업을 구하겠다며 나섰다. 트럼프 대통령은 네오파시즘(Neo-Fascism) 영향을 받은 우파 포퓰리스트(Right-wing Populism)라는 평가를 받는다. 그는 언론과 학계, 글로벌 기업 등을 적대시하는 반엘리트주의를 표방한다. 우파 포퓰리즘의 대표적인 특징인데, "America First"를 앞세운 민족주의와 반이민 정책, 극단적 보호무역주의에 따른 북미자유무역협정(NAFTA) 재협상과 관세 대폭 인상 등도 마찬가지이다. 로널드 레이건 전 미국 대통령이나 마가렛 대처 전 영국 총리 등으로 대표되는 보수적 포퓰리스트(Conservative Populist)와는 다르다. 이들은 도덕적 가치와 전통적인 사회질서, 작은 정부 등 트럼프 대통령과는 다른 길을 지향했다. 트럼프 대통령은 선거 불복처럼 민주주의 규범을 무시하고, 강력한 권위주의적 리더십을 추구하며, 선동적이고 감정적인 표현으로 대중에 호소하는 등 네오파시즘적 경향을 보인다. 다만 민주적 선거를 통해 선출됐고, 경제에 대한 완전한 국가 통제를 추구하지 않는다는 점에서 파시스트와는 차이가 있다.

노엄 촘스키 교수는 자본주의 특성상 불가피하게 환경 피해를 야기할 수밖에 없다는 이유로 자본주의 소멸을 환경운동의 최우선 목표로 삼는 것은 문제가 있다고 주장한다. 촘스키 교수는 긴급한 조치가 필요한 상황에서 일정 기한 내에 자본주의를 해체하는 것은 불가능하다며, 심각한 위기를 방지하려면 대대적인 국가 및 세계적 동원이 필요하다고 설명했다. 그는 근본적으로 환경 재앙 방지와 자본주의 해체라는 두 가지 노력은 동시에 이뤄져야 하고, 이뤄질 수 있다고 봤다. 그래야만 보다 자유롭고 정의롭고 민주적인 사회를 기대할 수 있다.

인류에게 완벽한 경제 시스템은 무엇일까? 세계에서 가장 큰 기후 교육 플랫폼 'Climate Science'는 '지구를 파괴하지 않고 모든 사람의 필요를 충족시키는 것'이라고 정의한다. 건강하고 만족스러운 삶을

◦ 노엄 촘스키·로버트 폴린, 『기후 위기와 글로벌 그린 뉴딜』, 이종민 옮김, 현암사, 2021. p.197.

살기 위해 필요한 주택, 의료, 음식, 물 등이 부족하지 않아야 한다. 동시에 지구의 생명 유지에 너무 큰 피해를 줘서는 안 된다.

분명한 사실은 지구에는 경계가 있고 인류는 믿을 수 없는 속도로 경계를 넘어가고 있다는 점이다. 인류는 이러한 문제를 바로잡아야 하며, 과감하게 조치해야 한다.°

° Climate Science 홈페이지

───── 용어 풀이 ─────

GMO

유전자 변형 생물체(Genetically Modified Organism)는 비용 절감과 생산 증대를 통한 이윤 극대화를 꾀한다는 점에서 자본주의 시스템의 산물로 볼 수 있다. 물론 기아 해결과 농작물의 질병에 대한 저항성을 키우는 등 공익적 목표도 있다. 비타민A 결핍을 해소하기 위해 만든 골든 라이스는 자본주의의 산물이라기보다는 복지를 위해 개발된 GMO다. 다만 현실의 GMO 산업은 다국적 대기업이 특허를 독점하고 시장을 지배해 자본주의적 논리가 강하게 작용한다.

GMO 농산물은 유전자 변형이 없는 오리지널 농산물에 비해 수확량이 훨씬 많다. 예컨대 옥수수에 미생물인 바실러스 투링겐시스(Bt. Bacillus thuringiensis) 유전자를 삽입하면, 특정 해충을 죽이는 독소가 생긴다. 옥수수를 갉아먹으면서 독소까지 섭취한 해충이 죽는다. 해충 수가 줄어 옥수수 생산량이 늘어난다. GMO 농산물인 Bt 옥수수와 Bt 면화는 해충 피해가 감소해 수확량이 최대 50%까지 증대한 것으로 알려졌다. GMO 콩은 2022년 기준 전 세계 생산량의 약 60%, 옥수수는 24%에 이른다. 양뿐 아니라 개체 크기를 늘리거나 성장 속도가 빨라진 GMO도 있다. 연어(AquAdvantage Salmon)는 2배 빠른 성장을 보였고, 토마토(Flavr Savr &High-Yield Tomato)와 수박(High-Yield GMO Watermelon)은 크기가 30%가량 커졌다. 돼지(Enviropig &Fast-Growth Pig)는 유전자 조작을 통해 원래 100kg이었던 무게를 최대 200kg까지 늘릴 수 있게 됐다. 그러나 GMO는 여러 부작용에 관한 논란을 사고 있다. 항생제 내성 유전자를 포함한 GMO 농산물을 섭취하면 사람에게도 항생제 내성이 생길 수 있다.

대표적인 GMO 콩인 '라운드업 레디(Round-up Ready) 콩'은 제초제를 뿌려도 죽지 않는 콩이다. 재미있는 사실은 이 콩이 나오기 전 모든 잡초를 없앨 수 있다는 제초제가 출시됐는데, 이름이 똑같은 라운드업 레디였다. 두 제품을 개발한 기업은 몬산토였다. 만능 제초제를 팔더니 그 제초제에 내성을 가진 GMO를 내놓으면서 수익을 올렸다. 시간이 흐르면서 잡초도 내성을 갖게 돼 제초제 사용량이 더 증가할 수 있고, GMO 농산물 확산으로 토종 품종이 사라지며 생물다양성도 감소할 수 있다.

GMO는 농민이 자유롭게 선택하고 재배할 수 있는 종자 주권을 심각하게 침해한다. GMO 종자는 대부분 다국적 대기업이 개발하고 특허를 갖고 있다. 농민은 GMO 종자를 다음 해 농사를 위해 보존하거나 재사용할 수 없고 해마다 새로 사야 한다. 가격 결정은 절대적으로 대기업 권한이어서 가격이 올라도 감수할 수밖에 없다. GMO 종자는 비쌀 뿐 아니라 추가로 농약과 비료 사용을 요구해 농민의 부담은 갈수록 커진다. 그래서 GMO를 앞세운 다국적 대기업이 저개발국 농촌 경제를 파탄시킨다는 비판도 나온다.

농촌진흥청은 2025년 2월 미국 기업 심플로트사가 개발한 유전자 변형 감자(SPS-Y9)의 작물 재배 환경 영향을 평가해 '적합'으로 판정했다. SPS-Y9 감자는 유전자 재조합을 통해 튀김에 특화한 품종으로 개량한 종이다. 감자를 썰었을 때 단면이 갈색으로 변하는 갈변 현상이 덜 나타나고, 기름에 튀길 때 발암 물질도 적게 나온다고 한다. 이 감자는 GMO가 아니라 LMO(Living Modified Organisms)라고 부른다. GMO와 같이 유전자 변형 '생물체' 또는 '농작물'로 번역한다. 국립농업과학원은 'LMO는 살아있어 생식, 번식이 가능한 생물체를 의미하지만 GMO는 생식이나 번식을 할 수 없는 것도 포함하는 더 넓은 범위의 용어'라고 설명했다. 예를 들어 땅에 심으면 자랄 수 있는 유전자 변형 콩은 LMO, 유전자 변형 콩으로 만든 두부는 LMO가 아니다.

미국 심플로트사가 한국에 LMO 감자 수입 승인을 요청한 때는 2018년이었다. 한국 농식품부 장관은 당시 국회에서 "유전자 변형 감자가 국내에 들어와서 시장을 교란할 가능성이 매우 크다고 생각한다"고 우려했다. 독성 물질 축적, 국내 생태계 훼손 우려 등도 제기됐다. 그런데 왜 7년 만에 갑자기 승인을 내줬을까? 2025년 초 미국 트럼프 행정부가 관세 정책 강화를 예고하면서 LMO 감자 수입 승인을 요청했고, 한국이 굴복했다는 해석이 나왔다. 시민·농민단체들은 'GMO 감자 수입 승인 절차 철회' 기자회견을 열고 "국민의 건강한 식탁을 보장하고, 농민들이 지속해 농사를 지을 수 있는 환경을 보장하기 위해 관련 절차를 즉각 중단하라"고 주장했다. 송옥주 더불어민주당 의원은 "2018년 심플로트사에서 LMO 감자를 개발한 과학자가 '검은 반점이나 발암물질을 줄이는 대신 독성을 축적하는 문제가 있다'고 밝힌 만큼 안전성 심사에 만전을 기해야 한다"고 밝혔다(안광호, '미국산 'LMO 감자' 수입 가시화에 정치권·농민단체 등 거센 반발', 경향신문, 2025. 3. 24.).

덜 쓰고도 행복해질 방법

세계적인 베스트셀러 '해리 포터' 시리즈를 쓴 조앤 롤링(Joanne Kathleen Rowling)은 가난한 싱글맘이었다. 1990년대 중반 노트북이 널리 쓰이기 시작했지만 중고 타자기로 원고를 썼다. 일자리가 없어 주당 10만 원가량인 정부 보조금으로 연명했다. 그나마 버틸 수 있었던 것은 롤링이 '혜택'이라고 부른 영국 정부의 복지 정책 덕분이었다. 그가 해리 포터 시리즈 1편 초판 1쇄 500부를 출판하고 1997년 출판사에서 받은 돈은 260만 원 정도. 롤링은 "드디어 아이에게 맞는 옷과 신발을 사줄 수 있어 행복하다"라고 말할 정도로 소박한 바람을 품고 있었다.° 해리 포터 시리즈는 현재 85개국 언어로 출간돼 6억 부 이상 팔렸다. 롤링의 자산은 2024년 현재 1조 원이 넘는다. 해리 포터의 성공으로 억만장자가 된 롤링은 스코틀랜드에 있는 대저택으로 이사했다. 그는 매년 휴가비로 2억 원 가까이 소비한다. 갈라파고스 제도, 모리셔스, 세이셸 등을 즐겨 찾는 그는 여행을 창의와 상상력의 원천이라고 여긴다.

돈은 사람을 행복하게 한다. 다만 기준은 달라지기 마련이다. 롤링은 가난했을 때 아이 옷과 신발을 사는 것만으로도 행복했다. 돈이 많아진 지금은 해외 유명 휴양지를 돌면서 행복감을 만끽할 것이다. 하지만 탈성장 시대에는 돈이 적더라도 행복하게 살 수 있는 방법을 찾아야 한다. 돈과 행복은 무한하게 정비례하지 않기 때문이다. 사이토 교수가 쓴 『지속 불가능 자본주의』는 50만 부 이상 팔렸다. 해리 포터

° "From An Impoverished Single Mom To World's Richest Writer, A Look At JK Rowling's Incredible Journey", *The Economic Times*, 2023. 7. 31.

시리즈와 비교하기는 어렵지만, 출판가에서 마르크스나 탈성장을 주제로 한 도서들은 잘 팔리지 않는다. 사이토 교수 자신도 "애초에 돈을 벌려고 했다면 이 주제로는 책을 쓰지 않았을 것"이라면서 "탈성장 사회가 중요하다는 순수한 생각에서 썼다"고 밝혔다. 하지만 젊은 층을 중심으로 책이 재미있다는 소문이 퍼졌고, 보수적 인사들도 '일리가 있다'라고 수긍하면서 베스트셀러가 됐다. 인세 수입에 대해 사이토 교수는 기부도 하고 탈성장 실천에도 쓰고 있다고 했다.

사이토 교수는 친구들과 '커먼 포레스트 재팬(Common Forest Japan)'이라는 단체를 만들었다. 다 같이 돈을 모아서 숲을 사는 단체다. 멤버들은 2023년 공동으로 도쿄 근교 타카오산에 있는 숲을 구입했다. 특정인 소유가 아니라 모두의 숲, 즉 '커먼(Common, 공유재)'이다. 사이토 교수는 캠프장으로 쓰기 위해 숲을 산 것이 아니라 인간이 제대로 관리하면서 지속 가능한 숲을 만들어가자는 취지에서 숲을 샀다. 그는 이런 움직임이 일본에서 다양한 형태로 퍼져나가기를 희망한다고 밝혔다. 커먼이라는 개념이 무엇인지 가까이 느끼기 위해 숲을 공동 구매했다는 설명이다. 현재 사회는 상품과 돈만 쫓기 때문에, 그렇지 않은 것을 추구하기 위한 활동의 일환이라고 한다.

숲은 건드리지 않고 그대로 두면 저절로 지속하는 것이 아닌가. 지속 가능한 숲이라는 게 뭘까? 사이토 교수의 주장에 따르면 지속 가능한 숲은 '인간과 숲이 어울려 지낼 수 있는 숲'을 의미한다. 숲을 그대로 방치하면 나무가 무성해져서 접근할 수 없게 되거나 위험하다. 일본에서 숲은 이제 돈이 되지 않고 세금을 써야 하는 곳이 됐기 때문에 누구도 관리하지 않는 숲이 많다.

'커먼 포레스트 재팬'은 임업조차 할 수 없는 숲을 구입해 산길을 정비하면서 지속 가능한 숲으로 만들어가고 있다. 도쿄에서는 자연을 접할 기회가 적은데, 이를 통해 하나의 커뮤니티를 만들면서 생물 다양성을 체험한다거나 계절별로 식물의 변화를 관찰하고, 먹을 수 있는 산나물을 채집할 수 있다. 사이토 교수는 이를 통해 사람들이 커먼이라는 게 무엇인지 느낄 수 있도록 하고 싶다고 했다.°

사이토 교수에 훨씬 앞서 인간과 숲이 어우러지는 땅을 기획했던 몽상가가 있다. 더글러스 톰킨스(Douglas Tomkins)와 크리스 톰킨스(Kristine Tompkins) 부부는 1990년대부터 칠레의 땅을 사들여 국립공원화를 추진했다. 이들은 파타고니아 일대 땅 4,080km^2를 2017년 칠레 정부에 기증했다.°° 제주도 면적(1,850km^2)의 2.2배에 이르는 규모다.

더글러스 톰킨스는 1960년대에 아웃도어 브랜드 노스페이스(North Face)와 패션 브랜드 에스프리(Esprit)를 창립한 부자였다. 아내 크리스 톰킨스는 친환경 수식어가 붙는 아웃도어 브랜드 파타고니아(Pataginia) 최고경영자(CEO)를 지냈다. 잘나가던 억만장자 사업가였던 더글러스 톰킨스는 1980년대 후반 남미를 여행하면서 생태주의자로 변신한다. 인간의 불필요한 자연 개입을 막아야 하며, 자연을 살리려면 경제 패러다임을 근본적으로 바꿔야 한다고 주장했다. "자본주의에 미래가 없다"고 진단한 더글러스 톰킨스는 "500년도 채 안 되는 기간에 자본주의는 세계를 파괴하고 있다는 것을 거듭해서 보

° 김경학·이창준, "지속 가능한 성장은 '환상'…우선 다양한 대안 얘기하는 것이 첫걸음", 경향신문, 2023. 6. 22.

°° "North Face widow Tompkins donates land for Chile parks", *BBC NEWS*, 2017. 3. 16.

여주고 있다"면서 "자본주의는 끝없는 성장이라는 전제 위에 세워졌고, 제정신인 사람이라면 누구나 끝없이 성장할 수 없다는 것을 안다"고 말했다.

더글러스 톰킨스의 절친인 파타고니아 창립자 이본 쉬나드(Yvon Chouinard)도 2022년 자신과 가족이 소유한 30억 달러(약 4조 2,000억 원) 상당의 파타고니아 지분 100%를 사회에 환원했다. 주식의 98%는 환경단체에, 2%는 파타고니아 목적 신탁에 각각 내놨다. 쉬나드는 자신의 행동에 대해 "소수 부유한 사람들과 많은 가난한 사람들로 이뤄진 현재 불평등한 자본주의 구조가 새로운 형태로 나아갈 수 있도록 영향을 미치기를 바란다"고 말했다.

탈성장 사회로 전환하려면 지배 구조의 변화나 정책적 선택 등 정치권과 정부의 의지가 중요하다. 하지만 무엇보다 시민의 자발적인 참여가 관건이다. 시민이 스스로 소비를 줄이는 삶, 더 불편한 삶을 감수해야 한다. 환경보다 오늘 자신의 일상이 우선순위가 될 수밖에 없는 대다수 시민이 어떻게 탈성장 사회를 만들어갈 수 있을까. 앞에서 계속 지적했듯 성장해서 얼마나 행복해졌는지, 오히려 불행해진 것은 아닌지 생각해봐야 한다.

경제가 발전하고 성장해서 사람들의 삶이 편해진 건 명백한 사실이다. 걷는 것 이외에도 먼 거리를 갈 수단이 많아졌고, 일일이 손으로 빨래하지 않아도 된다. 더우면 버튼 하나로 공기를 식히고, 추우면

- Doug Tompkins, *Earth Island Institute*.
- David Gelles, "Billionaire No More: Patagonia Founder Gives Away the Company", *The New York Times*, 2022. 9. 21.

데울 수 있게 됐다. 얼마 전부터는 각종 기기를 말로 제어할 수도 있게 됐다. 화면을 통해 지구 반대편에 있는 사람의 얼굴을 보면서 대화하는 것은 흔한 일이 됐다. 그렇게 돼서 행복하냐고 묻는다면, 과연 뭐라고 답할 수 있을까?

더 큰 성장, 더 높은 효율을 필사적으로 추구한 결과, 이 세상은 영문 모를 곳이 되어버렸다. 게다가 다들 그게 발전하는 것이라 철석같이 믿고 있다. 인간의 욕망은 끝이 없다. 그러나 인간과는 달리, 고양이는 만족하는 법을 안다. 고양이뿐만 아니라 인간을 제외한 모든 동물이 마찬가지다. '동물'을 멍청하다고 할 수 있을까? 어느 쪽이 멍청하고 어느 쪽이 행복한 걸까?° 헬레나 노르베리 호지는 "얼마나 더 부유하고 얼마나 더 빨라져야 인간이 행복할 수 있을까. 그런 행복이 가능하기나 할까. 국가 간의 무역으로 경제가 성장한다는 건 일종의 신화다. 오히려 이 과정에서 인간적인 규모와 속도가 무너지고 있다. 행복하고 만족하려면 풀뿌리 지역경제를 구축해야 한다"고 말했다.

케이트 소퍼(Kate Soper) 런던 메트로폴리탄대 교수는 소비에서 벗어날 때 더 즐거울 수 있다는 점을 깨달아야 한다고 지적한다. 그는 지구를 구하기에 너무 늦었다고 생각하면서 할 수 있을 때 즐겨야 한다는 '카르페 디엠(carpe diem)' 식 운명론자의 견해에 반대한다. 또한 기술에서 해결책을 찾는 낙관주의자와도 의견이 다르다. 정반대이기는 하지만 두 견해는 소비주의적 생활 방식을 유지해야 하며, 그것을 포기하는 것은 비참한 상태를 의미하는 것으로 가정한다. 운명론자

° 요로 다케시, 『고양이만큼만 욕심내는 삶』, 이지수 옮김, 허밍버드, 2021. p.10.

들은 "마음껏 즐기라"고 조언하고 낙관주의자들은 "기술이 환경 피해를 최소화할 수 있다"고 말한다.

케이트 소퍼 교수는 두 집단 모두 성장 중심의 쇼핑몰 문화를 유지하기보다 그것에서 벗어날 때 더 즐거울 수 있다는 점을 상상하지 않으며 두 집단은 검소한 소비를 퇴행이라고 넌지시 말한다고 했다.

탈성장 사회 정책은 지속 불가능하거나 사용 가치가 없거나 과잉 소비에 해당하는 경제 활동을 선별적으로 축소해야 한다. 그런 경제 활동에는 광고, 계획적 노후화, 불쉿 잡, 자가용 비행기, 화석연료 및 방위산업 등이 포함된다. 생태적 한도를 초과하고 있는 지구와 인류의 종말을 피하려면 물질 및 에너지 처리량을 줄여야 하는 것이다.

사이토 교수는 필요하지 않은 것을 소비하도록 부추기는 일이 너무 많다면서 소비가 아닌 다른 곳에 돈과 시간을 쓰는 다른 생활 방식이 가능해야 한다고 말했다. 홍수처럼 쏟아지는 상품 광고나 24시간 연중무휴로 운영하는 편의점이 불필요한 소비를 부추기는 대표적인 사례이다. 한국과 일본은 특히 편의점 수가 매우 많다. 익일 또는 새벽 배송이나, 새 휴대전화 모델이 계속 나오는 것도 마찬가지다. 이런 것들을 좀 더 규제한다면 사람들의 욕구 방식이 다른 방향으로 바뀔 수 있을 것이다.

만일 내가 광고나 화석연료에 관련된 일에 종사한다면 지구와 인류의 미래를 위해 일을 그만둬야 할까? 직접적이든 간접적이든 노동자가 큰 피해를 보아서는 안 된다. 당장 생업에 종사해야 하는 사람들은 50년, 100년 뒤 일을 생각하기 어렵다. 학자나 연구자, 운동가 사이

∘   케이트 소퍼, 『성장 이후의 삶』, 안종희 옮김, 한문화, 2021. p.143.

에서는 탈성장 논의가 비교적 활발해지고 있으나, 현장에는 아직 널리 확산하지 못하는 이유이다.

일부는 '정의로운 전환'을 탈성장 사회 이행 과정에도 적용해야 한다고 주장한다. 정의로운 전환은 탄소중립 이행 과정에서 직·간접적 피해가 돌아가는 지역이나 노동자의 피해를 최소화하고 그 부담을 사회가 분담하는 정책 방향이다. 한국은 2025년 1월 현재 59기인 석탄화력발전소 중 절반 가까운 28기를 2036년까지 폐쇄하기로 했다. 발전소가 문을 닫으면 노동자뿐 아니라 지역 상인도 피해가 불가피하다. 연구용역 결과에 따르면 석탄화력발전소를 모두 폐쇄하면 70조 원 넘는 경제적 피해가 예상된다. 하지만 피해 지역과 노동자를 구제할 정의로운 전환은 요원하다. 탄소중립 이행 과정에서는 불가피하게 미래 세대에 피해를 떠넘기는 결과를 초래할 수도 있다.

"제가요?" "이걸요?" "왜요?"

이른바 '3요'로 불리는 업무 지시에 대한 MZ세대의 답변이라고 한다. MZ세대는 1980년대 초~1990년대 중반에 출생한 밀레니얼 세대와 1990년대 중반~2010년대 초반에 태어난 Z세대를 통칭한다. 디지털 환경에 익숙하고, 최신 트렌드와 이색적인 경험을 추구하는 특징이 있다. 미래를 이끌어갈 MZ세대는 부모보다 경제적으로 가난한 최초의 세대가 될 것이라는 우려를 산다. 경제 성장이 둔화하고 일자리가 줄어들고 소득마저 감소하는 상황이 예상되기 때문이다.

성장 기회를 얻지 못한 MZ세대는 갈수록 심해지는 기후 위기에 대응해야 하고, 탈성장을 받아들여야 한다. 이들의 불안과 불만이 커지는 건 당연하다. 김현우 탈성장과대안연구소장은 "각자도생의 경쟁은 격화되고 국가는 금고가 바닥이고 정부는 69시간 노동을 운운한다. 정부에 신뢰감을 가질 수 없는 MZ세대에게 '공정'은 가깝지만 '기후정의'는 그리 가깝거나 자명한 과제가 아니다"라면서 그렇지 않아도 어려운 삶인데 기후 위기 대응까지 부담하라고 한다면, '이걸요, 우리가요, 왜요?'라고 반문할 수밖에 없다고 했다.

성장 기회를 박탈당한 세대에게 탈성장을 받아들이라고 요구하는 것은 가혹하다. 이들을 손쉬운 말로 응원하긴 어렵지만 함께할 방안을 찾아야 한다. 탈성장 세대의 숙명은 다른 모두의 숙명이기도 하다. MZ세대의 성장 없는 번영을 다른 세대들이 돕고 성공시켜야 탄소중립이든 지구 회복이든, 그 무엇이든 가능할 것이기 때문이다.

유정길 녹색불교연구소장은 환경 문제는 물질적 소비를 줄이는 것인데, 힘들고 불편한 일이지만 결국 욕심을 줄여야 한다고 설명한다. 유 소장은 욕망을 압도할 수 있는 다른 행복 가치를 찾는 게 중요하다면서 "천천히 살면서 풀숲에 숨은 꽃이 주는 아름다움, 느리게 걸으면서 살필 수 있는 나무의 거룩함 등에서 행복을 발견할 수 있다"라고 말했다.

감동을 성찰할 만한 여유와 마음의 풍요가 늘면 욕심을 다스릴 수 있다. 욕심을 내려놓아야 한다고 아무리 얘기해 봤자 실제 효과는 크지 않다. 욕심을 넘어서는 훨씬 더 깊고 풍부한 아름다움과 고마움에 관해 얘기하고 함께 나누는 게 행복해지는 방법이다. 미래가 불투명하지만 '낙관의 자세'가 중요하다고 유 소장은 강조했다.

◦ 김현우, "성장을 박탈당한 MZ세대…이들을 돕고 함께해야만 하는 건 동시대 모두의 몫", 경향신문, 2023. 6. 14.

"1990년대 한국 사람 대부분은 담배를 피웠습니다. 지금은 흡연자가 소수죠. 그 끊기 어렵다는 담배를 불과 30년 만에 끊은 겁니다. 1990년대에는 모두가 오존층을 파괴하는 프레온 가스를 걱정했습니다. 지금은 아무도 이야기하지 않죠. 짧은 시간에 해결한 경험을 한 것입니다. 그러니 우리는 좌절하거나 변화할 수 없다고 단정하지 않아야 합니다. 중요한 것은 잘못된 삶을 올바르게 회복하는 것입니다."

한국 사회에서는 대전환이나 불평등, 기후 위기보다 아파트 가격을 중요시한다. 행복이나 가치를 따지기보다는 경제적이고 금전적인 것에만 관심을 둔다. 이유진 녹색전환연구소 부소장은 "한국 사회는 너무 경쟁이 심하고 불안이 팽배해져 있다. SNS를 보면 누구는 어떻게 사는데, 나는 왜 이런지 계속 비교하게 된다. 그러다 보니 내 삶의 지표가 무엇이고, 나는 어떤 시간과 가치를 가질 수 있는지 제대로 돌아보지 못하는 것 같다"라고 말했다.°°

넷플릭스 다큐멘터리 「미니멀리즘: 오늘도 비우는 사람들」에 나오는 조슈아는 하루에 하나씩, 30일 동안 30개가 넘는 물건을 버렸다. 그는 '이 물건이 내 인생에 가치가 있을까?' 하고 묻는다. 가치를 생각하면서 버리고 물건을 사더라도 가치를 생각하는 것이다. 미니멀리즘 이후 자유로워졌다는 조슈아를 보고 친구 라이언도 자극을 받

° 최민지, "자연을 이기려 들지 말고, 자연이 살도록 내가 손해 봐야…'죽임살이'를 '살림살이'로 전환하자", 경향신문, 2023. 6. 28.

°° 노도현·박순봉, "노동시간 줄일 AI, 환영할 일―AI가 노동 지식 침범 땐 우려", 경향신문, 2023. 6. 28.

는다. 라이언은 아예 이사 가는 것처럼 집 안의 모든 물건을 박스에 담았다. 그리고 필요한 물건이 생길 때마다 박스에서 꺼내 썼다. 한 달이 지난 뒤 확인하니 꺼내 쓴 물건은 박스의 20%뿐이었다. 소유한 물건의 80%는 사실 필요가 없었다는 의미이다. 이들은 월급과 쇼핑만 바라보는 인생에서는 텅 빈 느낌을 지울 수 없을 것이라고 말한다. '가장 필요한 것이 무엇인지, 이 물건 중에 내 삶에 가치 있는 것은 무엇인지'를 생각해보자고 권유한다. 우리가 포털 창에 무언가를 검색하는 순간, '너는 지금 이 물건이 필요해'라며 아주 타이밍 적절하게 끼어드는 광고가 쏟아진다. '당장 사야 하고 당장 필요할 것만 같은 기분'에 자각하지도 못하는 사이에 결제 버튼을 누르고야 만다. 스마트폰에서 지문 인증, 또는 6자리 비밀번호만 누르면 결제가 빠르게 이뤄지는 세상이다. 이름에 걸맞은 '로켓' '새벽' 배송으로 물건은 빠르면 반나절, 늦어도 하루 이틀 만에 집 앞에 도착한다. 조슈아와 라이언은 습관처럼 간편하고 편리하게 물건을 사는 '쇼핑'도 멈춰야 비로소 진정한 미니멀리즘에 도달한다고 말한다. 적게 소유하고 내 자신에 집중하라는 것이다. 물건과 소비를 통해 공허함을 채우고 있다는 사실을 깨닫지 못하면 미니멀리즘은 그저 한 번의 '대청소'로 끝날 뿐이다.°

전 세계를 여행하는 여행 작가 부부인 김은덕·백종민 씨는 적게 소비하고 필요한 만큼만 가지고 살기로 하면서 행복을 찾는 사람들이다. 이들은 이런 세계에 속해 계속 욕심과 좌절을 반복하며 살지, 아

° 임지선, "한달동안 하루에 하나씩 버린다면?…미니멀리즘, 오늘도 비우는 사람들", 경향신문, 2022. 9. 24.

니면 세상의 틀에서 조금 벗어나 물질적으로 심플하고 시간적으로 자유로우며 정신적으로는 여유로운 삶을 살 것인지 선택해야 했다고 설명했다. 부부는 방 두 칸짜리 월세 빌라에 살면서, 한 칸은 외국인 관광객에게 빌려주는 공유경제 모델을 실천하고 있었다.

이들의 집에는 일반 냉장고와 텔레비전이 없다. 대신 60리터짜리 김치냉장고가 있는데, 버려지는 음식 재료가 거의 없도록 소식하는 습관이 생겼다고 한다. 텔레비전을 보지 않으면서 신문이나 책, 다른 읽을거리를 찾게 됐다. 데이터가 30MB뿐인 월 3,300원짜리 이동통신 요금제를 사용하면서 스마트폰 이용을 줄일 수밖에 없었다. 부부는 그토록 바라던 '시간 부자'가 되기 위한 첫 시작이 데이터를 버린 순간이라고 여긴다. 다큐멘터리「미니멀리즘: 오늘도 비우는 사람들」의 주인공들처럼 이들 부부도 미니멀리즘을 실천 중이다. 사람들은 대부분 지니고 있는 것들을 쉽게 버리지 못한다. 이에 대해 부부는 자신의 삶에서 쥐고 싶은 것들이 많은데, 확실한 내 것은 없다는 뜻이 아닌지 자문해보라고 조언한다. 이들에게는 비우는 것만이 능사는 아니다. 비운다는 의미는 그 자리에 다시 무언가를 소비해서 들이지 않겠다는, 삶의 변화를 내포한 결심이자 실천이다. 빈 공간을 채워야 한다는 강박에서 벗어나야 한다. 부부는 비우고 소비하는 대신 어떤 가치를 위해 힘쓸지 결정하는 게 현명한 삶의 방식이라고 말한다.°

이 여행 작가 부부는 계속 미니멀 라이프를 이어갈 수 있을까? 이들이 함께 쓴 책『없어도 괜찮아』가 나온 게 2016년이었다. 이들이 결혼 5년 차일 때다. 검색해보니 이들은 최근까지 꾸준히 책을 출간하

° 김은덕·백종민, 『없어도 괜찮아』, 박하, 2016. p.5, 232.

고 있었다. 2024년에도 『한달살기, 타이중 어때?』라는 전자책을 펴낸 것으로 보아 여전히 미니멀 라이프를 추구하며 세계를 여행하고 있는 모양이다.

부부는 당장의 행복을 위해 노후 준비보다는 여행을 선택했다고 한다. 직장생활을 하면서 노후를 준비하는 이들에게는 젊어서 자신을 학대하고 나이 들어서 돈으로 해결하려고 하는 게 아니냐고 반문한다. 또 해외여행은 탄소를 대량 배출하는 비행기나 선박을 이용해야 하는 데다, 일상보다 많은 소비가 불가피해 미니멀 라이프와 거리가 있다고 여길 수도 있다. 사실 탄소중립이나 미니멀 라이프, 환경보전 등의 기준을 정하고 실천하기란 매우 애매하기도 하고 어렵다.

한국 최대 환경운동단체인 환경재단은 2005년부터 크루즈 선박을 타고 아시아 곳곳을 여행하며 환경·역사·사회 문제를 열린 시각으로 바라보고 대안을 논의하는 '그린보트' 프로그램을 운영하고 있다. 이 프로그램은 코로나19 팬데믹으로 한동안 중단됐으나, 2025년 1월 재개를 앞두고 환경운동가들의 강한 비판을 받았다. 바다 위 호텔로 불릴 만큼 규모가 큰 크루즈는 운행 과정에서 필연적으로 탄소 배출과 환경 피해를 유발하기 때문이다. 크루즈 여행은 환경운동이 아니며, 그린워싱이라는 지적이 쏟아졌다. 환경재단은 '그린보트는 여러 모순이 있음에도 환경 인식을 높이는 다양한 방법 중 하나'라며 '진입장벽이 낮은 환경운동도 필요하다'고 해명했다. 전 세계가 모여 지구 기후변화를 막는 방법을 모색하는 유엔 기후변화 당사국 총회에도 수만 명이 비행기를 타고 참여한다는 설명도 덧붙였다.

경향포럼에 참석한 해외 강연자 중에는 탄소중립을 위해 자동차를 구입하지 않고 자전거를 탄다는 학자가 있었다. 그런데 비행기를 타고 와야 하는 한국에는 아내와 동행했다. 업무 외 여행을 겸했으니 탄소 배출이 많아질 것은 분명하다. 진정 지구를 보호하겠다면 의식주를 극단적으로 제약한 생활을 실천해야 한다는 환경운동가도 있다.

성인 대부분은 지금 옷장 문을 열면 죽을 때까지 입어도 남을 만큼 많은 옷이 걸려 있을 것이다. 옷을 생산하고, 입고, 버리는 과정에서 발생하는 탄소 배출량은 만만치 않다. 육식을 위해 키우는 가축이 뿜어대는 메탄가스는 전 세계 발생량의 40%를 차지한다. 음식 쓰레기는 또 얼마나 많은가. 많이 먹는 만큼 많이 배출할 수밖에 없다. 그러니 지구를 덜 오염시키려면 생존에 필요한 양만큼만 먹어야 한다.

한국의 국민주택 규모는 전용면적 $85m^2$(25.7평)이다. 이는 박정희 대통령 시절인 1973년 지정한 것으로, 분양할 때 표시하는 복도 등을 합한 공용면적은 33평 안팎이다. 4인 가족 기준으로 방 3개와 거실, 화장실 정도가 적당하다는 판단에 따른 것이었다. 소형 아파트 기준은 전용 $59m^2$(18평)이다. 환경운동가들은 한 사람이 거주하는 데 적당한 면적은 4~5평 정도라고 말한다. 4인 가족의 경우라면, 소형 아파트에 사는 게 적절하다. 국민주택 규모도 지구를 지키기에는 너무 크다.

탈성장 시대 개인과 기업의 역할

무한한 경제 성장은 환경 파괴와 불평등 심화, 인간성 상실 등의 문제를 심화시킬 수밖에 없다. 이를 해결하기 위해서는 성장 중심의 사고방식에서 벗어나 탈성장을 꾀해야 한다.

탈성장은 경제 규모의 축소를 의미한다. 이를 통해 자원의 낭비와 환경 파괴를 줄이고, 삶의 질을 향상시키는 것이 목표이다. 탈성장 시대에는 경제 성장에 대한 강박관념에서 벗어나 보다 정의롭고 생태적인 미래를 위한 전략을 모색해야 한다. 지금까지 인류는 성장은 좋은 것이고, 성장하지 않는 불경기는 나쁘다고 하는 사회에서 살아왔다. 경기 침체는 실업, 재정 악화, 빈곤 증가를 의미한다. 그렇다면 경기 침체를 선택할 사람은 아무도 없을 것이다. 그러나 탈성장은 경기 침체가 아니다.

GDP 성장에 집착하지 않는 세상은 어떤 모습일까? 제이슨 히켈(Jason Hickel) 바르셀로나자치대학 교수는 자신의 책 『적을수록 풍요롭다』에서 다음과 같은 탈성장 시대 정책을 소개했다.

- 가전제품, 기술 장치, 가구, 주택, 자동차 등에 대한 계획된 노후화 종료
- 광고 중단
- 소유에서 사용으로 전환: 대부분을 유휴 상태로 소유한 모든 '물건', 특히 자동차
- 음식물 쓰레기 제로화
- 화석연료, 쇠고기, 개인용 제트기, 무기, 일회용 플라스틱, 패스트 패션, 일회용 커피 컵, 대형 주택 신축, 올림픽 또는 월드컵을 위한 새 경기장, 상업용 항공 산업 등 생태학적으로 파괴적인 산업 축소
- 전체 노동력에 대한 근무 시간 단축 및 고용 보장
- 공공재를 탈상품화하고 의료, 교육, 대중교통, 저렴한 주택, 에너지, 물, 인터넷의 기본 할당량 도입. 공공 도서관, 공원 및 운동장 등 공공 서비스 확대

- 은행이 아닌 정부가 돈(신용)을 창출하도록 하고, 정부는 현재 은행처럼 돈을 빌려주기보다는 돈을 지출
- 소득 및 부의 불평등 감소
- 부채 탕감

코로나19 팬데믹이 한창 진행 중이던 2020년 4월 11일 네덜란드에 기반을 둔 학자 170명이 정책 제안 선언문을 발표했다. 모든 것이 정지했으니, 친환경적인 방식의 삶으로 전환할 계기가 됐다는 것이 학자들의 주장이었다.

학자들이 발표한 선언문은 코로나19 위기와 위기 이후에 인류가 앞으로 나아가기 위한 중요하고 성공적인 정책 전략을 요약한 내용이었다. 학자들은 포스트 코로나 발전 모델을 위한 5가지 주요 정책을 제안했다. 이는 탈성장 시대 국가와 기업, 시민이 해야 할 역할이라고도 할 수 있다.

1. GDP 성장에 초점을 맞춘 개발에서 탈피. 성장할 수 있고 투자가 필요한 부문(핵심 공공 부문, 청정에너지, 교육, 보건 등)과 근본적으로 지속 불가능 또는 과도한 소비를 촉진해 퇴화해야 하는 부문(민간의 석유, 가스, 광업, 광고 등)을 차별화한다.
2. 재분배에 중점을 둔 경제적 틀 구축. 보편적 사회 정책 체계에 뿌리를 둔 보편적 기본소득의 확립, 소득·수익·부에 대한 강력한 누진과세,

---

- The degrowth.info international editorial team, "Planning for Post-Corona: A Manifesto for the Netherlands", *The degrowth.info*, 2020.5.11.

근로 시간 단축 및 일자리 나누기, 돌봄 노동 및 보건·교육 등 필수적인 공공 서비스의 내재적 가치를 인정한다.

3. 재생농업으로 농업 전환. 생물 다양성 보전, 지속 가능하고 지역 중심 및 채식 위주의 식량 생산, 공정한 농업 고용 조건 및 임금을 바탕으로 한다.

4. 소비와 여행의 축소. 사치성·낭비성 소비와 여행에서 기본적·필요적·지속적·만족적 소비와 여행으로 대폭 전환한다.

5. 부채 탕감. 특히 근로자와 소상공인 및 국가의 빚(부유국 및 국제금융기구의 부채 모두)을 탕감한다.

미래를 계획할 때는 역사적 맥락에서 코로나19 팬데믹을 바라봐야 한다. 과거의 실수를 반복하지 않기 위해서다. 선언문에 참여한 학자들은 지난 30년간 세계를 지배한 자본주의 경제 발전 때문에 코로나19가 개인과 사회, 국가에 큰 경제적 영향을 미쳤다고 진단했다. 자본주의 모델은 생태 파괴와 불평등 증가에도 불구하고 끊임없이 상품 생산 증대와 유통 확대를 요구한다. 코로나19가 전 세계를 휩쓸면서 신자유주의 성장 기계의 약점이 고스란히 드러났다. 인류가 목격한 다른 문제 중 하나는 수요가 단기간이라도 줄어들면 대기업은 즉각 국가 지원을 요구한다. 보류되거나 아예 사라지는 노동자의 불안정한 일자리, 설비와 자금이 부족한 의료 시스템에 더 큰 부담을 주는 악행이다.

기존 시스템의 또 다른 약점이자 팬데믹 논의에서 규명해야 할 부분은 경제 발전, 생물 다양성 및 생태계 기능 상실, 코로나19와 같은 질병 사이의 연관성이다. 이들 사이에는 치명적인 연결고리가 있다.

국제보건기구(WHO)는 전 세계에서 해마다 420만 명이 실외 대기오염으로 사망하고, 기후변화 영향으로 2030~2050년 연간 25만 명의 추가 사망자가 발생할 것으로 예상했다. 전문가들은 현재 경제 모델에서는 생태계가 심각하게 악화해 코로나19보다 더 강력한 바이러스가 더 자주 발생할 가능성이 크다고 경고한다. 이러한 현실적 진단에 따라 과감하고 통합된 조치가 필요하다.

가능한 한 빨리 코로나19 이후 시대에 관한 정책을 시작해야만 한다. 지역사회 지원, 지역 조직 및 연대, 오염 및 온실가스 배출 감소와 같은 긍정적인 환경 영향이 위기 상황에서 나타났다. 하지만 이러한 변화는 일시적이다. 앞으로, 보다 지속 가능하고 공정하며 공평하고 건강하며 회복력 있는 형태의 (경제) 발전으로 이어질 방법을 구상해야 한다. 광범위한 정치 및 경제적 변화를 위한 공동의 노력이 필요하다. 그러나 탈성장은 경제적 침체와 사회적 혼란을 초래할 수 있다는 우려도 제기된다. 탈성장을 추진하는 과정에서는 예상되는 부수적인 부작용을 해결할 수 있는 대책을 함께 마련해야 한다. 탈성장 시대는 한순간에 밀물처럼 닥치는 것이 아니다. 사회 전체가 서서히 변화하는 과정에 국가와 기업, 시민이 동의하고 동참해야 한다.

탈성장 경제는 기존 모델에서 벗어나 지속 가능하고 포용적인 방향으로 나아가는 시스템을 지향한다. 기업이 존속하고 발전하려면 탈성장 시대에 걸맞은 변화를 꾀해야 한다. 환경친화적이고 사회적 가치를 중시하는 비즈니스 모델을 신속히 발굴해 전환해야 한다. 생태계를 보호하고 사회적 책임을 다하는 데도 힘써야 할 것이다.

자원 사용의 효율성을 높이려면 기술과 혁신이 불가피하다. 1970년대 세계적인 규모의 일본 광고 회사 덴쓰(DENTSU)에서는 수요 창출을 위한 마케팅 전략을 입안하기 위해 '전략 10훈'이라는 지침을 사용했다.

1. 더 사용하게 하라
2. 버리게 하라
3. 낭비하게 하라
4. 계절을 잊게 하라
5. 선물하게 하라
6. 세트로 사게 하라
7. 계기를 만들어라
8. 유행에 뒤떨어지게 하라
9. 부담 없이 사게 하라
10. 혼란스럽게 하라

50년 전, 성장이 최고의 가치였던 시기에 만든 전략이다. 그럼에도 지나치게 비윤리적으로 보인다. 현재 상황에서 덴쓰의 마케팅 전략을 정반대로 실행한다면 탈성장 시대를 제대로 준비할 수 있을 것이다. 덴쓰의 마케팅 전략에 희생된 소비자와 지구에는 어떤 영향이 있었을까? 케이트 소퍼 런던 메트로폴리탄대 교수는 의도적으로 신속한 제품 회전을 권장하는 '패스트' 패션의 성장으로 의류 분야는 특히 약탈적이고 환경적인 피해를 유발했다고 분석했다.

일반적으로 미국의 소비자들이 1991년에서 2006년 사이 매년 구입한 의류가 34.7개에서 68개로 거의 두 배 증가했다. 전 세계적으로는 매년 1,000억 개의 옷이 생산되며, 의류회사는 초과 생산된 제품을 소각장으로 보낸다. 새로운 물건을 구입해도 사람들은 더 행복해지지 않으며, 지위 과시용 제품 구입 경쟁을 벌이는 것은 아무도 이길 수 없는 러닝머신과 같다. 열심히 움직이고 있지만 결과적으로 그 자리에 머물기 위해 단순히 계속 움직여야 한다.

환경이 주는 이로움은 차치하고, 대안적 쾌락주의 입장에서 보면 개인적인 소유를 줄이고 보다 협력적인 소비 형태를 이용해야 할 이유가 있다. 도구, 기기, 기계를 공유하면 공간 문제를 해소할 수 있고 청소와 수선에 따른 노동과 불만이 줄어들고, 쓰레기 처리 문제가 거의 없어진다. 노동력을 줄여주는 가전제품이 엄청나게 늘었는데도 가사 노동시간은 거의 변화가 없다. 부분적으로는 청결 수준이 더 높아졌고, 개인이 소유한 가전제품을 구매, 청소, 유지하는 데 더 많은 시간을 사용하기 때문이다.

빅 데이터 전문가인 송길영 바이브컴퍼니 부사장은 "저성장 시대 속에서 건강한 성장의 방향은 각기 다른 개인의 취향을 포용하는 것"이라고 말했다. 탈성장 시대를 앞둔 기업들이 귀 기울여야 할 대목이다. 송 부사장은 "한국은 제2차 세계대전 이후 빠른 경제 개발을 이뤄냈던 '독일 라인강의 기적'을 모델링해 '한강의 기적'을 이뤄냈다. 한때 '부자 되세요' 같은 캐치프레이즈가 유행했듯이 양적으로 부를 축적하는 것을 갈급해왔다"라고 설명했다. 이어 "지금까지 우리 사회는 인구가 늘면 소비가 늘고, 시장이 커지고, 투자가 느는 선순환이 이뤄진다고 생각해왔다"라며 "이 선순환은 무한한 경제 성장 시스템을 전제로 한다"라고 말했다.

∘   케이트 소퍼, 『성장 이후의 삶』, 안종희 옮김, 한문화, 2021. p.166.

이제는 성장 가치의 방향을 바꿔야 한다. 한국 사회는 이미 경제적으로 번영했다. 해외여행객이 급증했고, 고가의 최신 아이폰을 주로 구매하는 연령은 10대. 팝가수 브루노 마스의 내한 공연 티켓이 전석 매진되기도 했다. '생존'보다 '삶의 질'을 중요한 가치로 추구하는 사람들이 많아졌다. 세계가 풍요를 누리는 시대로 접어들면서 소비자들에게는 '합리적 소비'라는 숙제가 남았다.

소비자들은 무한 리필과 같이 양적 형태의 보상보다는 개인의 취향이 반영된 질적 형태의 보상을 더 추구하고 있다. 송 부사장은 물질적 풍요를 겪은 세대에게 소비는 단순히 필요한 것을 사는 게 아니라, 자신을 표현하는 방식이 됐다고 언급하면서 오마카세(주방 특선 요리), 에스프레소 투어, 위스키 구매 등 취향을 충족하는 소비에 대해 소비자들은 지갑을 더 열고 있다고 진단했다. 또 단일한 방식으로 살기를 거부하는 문화 속에 서로의 취향을 존중하는 '포용성'의 가치가 중요해지고 있다고 분석했다.°

기업은 공정한 노동 조건, 다양성 증진, 인권 보호 등 사회적 책임에도 더 정성을 쏟아야 한다. 의사 결정 및 활동에 대한 투명성을 유지하고, 커뮤니케이션을 강화해 이해관계자들과의 신뢰 강화가 필요하다. 기존 대량 생산과 원거리 공급망에서 벗어나 탈성장 시대에는 친환경적인 생산 방식과 자원 사용을 최소화하는 유통구조를 구축해야 한다. 전체 생산량을 줄여 나가면서 생태계를 지키고 지속 가능한 발전을 꾀하는 데는 국가의 역할이 무엇보다 중요하다.

° 윤기은, '빅데이터 전문가' 송길영 부사장, "집단 성장시대는 끝, 개인 취향과 포용성 존중해야", 경향신문, 2023. 6. 28.

친환경 에너지 전환, 자원 효율성 증대, 환경 보호, 공정한 경제 확대 등 지속 가능한 정책을 수립해 탈성장을 촉진하는 것은 국가의 책임이다. 정부는 정책을 널리 알려 기업들이 사회 및 환경적 책임을 다하도록 유도하고, 시민들이 참여할 수 있는 환경을 조성해야 한다. 대중교통 확충, 신재생 에너지 인프라 구축, 친환경 도시 계획 등 녹색 기반 인프라를 구축하고 유지하는 것도 공공이 담당해야 한다. 국가는 산림을 보호하고 수질과 대기를 청정하게 유지하며, 생태계 다양성을 유지하는 데도 힘써야 한다.

탈성장을 위해서는 높은 수준의 교육이 필요하다. 교육 시스템을 강화하고 인적 자원 개발에 투자해 미래 사회를 이끌어갈 인재를 양성해야 한다. 탈성장 사회는 불평등을 감소시키고 다양성을 존중하는 정책을 채택해야 한다. 사회적 포용과 공정한 기회 부여는 사회적 안정을 유지할 수 있다.

탈성장은 국경을 초월하는 문제이다. 국제적인 차원에서 탈성장과 지속 가능한 발전을 위한 협력을 증진해야 할 것이다. 국가 간 불평등 해소와 경제 시스템이 지속 가능할 수 있도록 탈성장 시대에는 공정무역과 같은 글로벌 협력이 절대적이다. 미즈노 가즈오 일본 호세이대 교수는 세계화로 거대해진 자본과 맞서려면 탈성장 시대 국가는 지금보다 더 커져야 한다고 주장한다. 유럽연합(EU)처럼 국가 위에 조금 더 큰 단위의 공동체가 필요하다는 것이다. 미즈노 교수는 "자본도 세계화되며 너무 거대해졌다. 그에 반해 국가는 200여 개로 작은 규모다. 거대화된 자본에 저항하기에는 국가도 더 커져야 한다. 그렇게 하지 않으면 애플과 같은 거대 기업, 세계화된 기업에 대항하기 쉽지 않다. 기업에 맞춰 공동체도 단위를 크게 해야 할 필요가 생겼다"라고 설명했다.

　탈성장 시대에 빼놓을 수 없는 것이 시민 참여이다. 시민 참여를 활성화해 탈성장을 추진하는 과정에서 발생하는 문제들을 해결하고 구성원들에게 지지받을 수 있다. 평등과 인권을 존중하는 사회적 민주주의의 강화 또한 필요하다. 탈성장 시대 시민은 지속 가능한 제품과 서비스를 선호하고, 필요 이상의 소비를 최소화하는 등 소비 습관을 바꿔야 한다. 소비자로서 자신의 선택이 환경과 사회에 미치는 영향을 고려해 구매를 결정하는 게 중요하다. 탈성장 시대에는 지속해서 변화하고 혁신하려는 노력이 필요하다.

　대중교통, 자전거, 도보 등 지속 가능한 교통수단을 자주 이용하고 자가용 자동차 사용은 최소화한다면 대기오염과 교통체증을 줄이는 데 기여할 수 있다. 장거리를 여행할 때 비행기는 유일한 선택지가 아니다. 공항으로 오가는 시간을 감안하면 철도가 좋은 대안이 될 수 있다. 열차도 탄소를 배출하고 요금도 비싸다. 하지만 런던에서 파리까지 항공기 대신 철도를 이용하면 여객 1인당 배출가스를 90%까지 줄일 수 있으며 환경을 고려한 가격 설정과 세금 정책을 이용해 철도 통행 비용을 더 낮출 수 있다.

　하이브리드 차량과 순수 전기차는 일반 자동차보다 오염물질 배출량이 적다. 그러나 차량에 사용되는 전기를 만들어야 하고 폐기되는 배터리를 처리해야 한다. 아울러 다른 종류의 차량과 마찬가지로 차량 제작에 많은 플라스틱이 사용된다. 게다가 우리의 사고방식을 바

◦　김경학·이창준, "미즈노 가즈오, 오늘 주문한 택배가 어제 도착해 있기를 진정 바라는가", 경향신문, 2023. 6. 20.

꾸지 않고 이런 자동차 문화를 지속할 경우에는 그에 따른 위험, 교통 혼잡, 환경 악화, 엄청난 공간 점유로 인해 파괴적인 결과를 낳을 것이다.

탈성장 시대에는 지속 가능한 삶과 환경을 위한 대안적 소비를 한다. 탈성장 시대 소비 행태는 어떻게 변하게 될까? 케이트 소퍼 교수는 광고용 메시지와 미적인 기준이 사라지고 여행할 때 자동차와 비행기를 이용하는 대신 열차, 버스, 자전거, 보트, 도보로 대체될 것이라고 예상했다. 또한 자유시간이 상당히 늘어나는 생활 방식을 갖게 되고, 직장에서 보내는 시간보다 여가 시간이 더 길어지면서 환경적으로 지속 가능하면서도 폭넓은 범위의 지적 활동과 여가 활동에 참여할 수 있게 될 것으로 내다봤다.°

탈성장 시대를 사는 시민은 지역사회에 참여해 주민들과 협력함으로써 연대감을 높이고 지역경제 활성화에도 보탬을 줘야 한다. 사회적 이슈에 대해서는 개인의 목소리를 적극적으로 표출하는 사회적 활동 참여가 필요하다. 탈성장 시대에서는 다양한 배경을 가진 사람들 간의 협력과 이해가 필수적인 만큼 다양성과 포용성을 존중하고 편견 없는 태도를 지니는 게 중요하다.

세상이 나쁜 방향으로 움직이고 있다는 부정적 생각을 지닌 이들이 있다. 일본의 철학자이자 경영 컨설턴트인 야마구치 슈는 저서 『비즈니스의 미래』에서 그 원인을 만든 게 자기 자신이라는 사실을 먼저 인식하는 게 중요하다고 말한다. 다른 사람이나 정부, 기업 탓을 할 게 아니라 본인의 행동이 어떤 방향으로 가고 있는지 성찰하라는

° 케이트 소퍼, 『성장 이후의 삶』, 안종희 옮김, 한문화, 2021. p.153, 211.

의미다. 그는 작은 리더십이 축적돼 세상을 크게 변화시킨다고 주장한다. 개인이나 소규모 집단의 행동이 어떤 방향으로 조금씩 바뀐다면 100년 후 극적으로 변화한 세상을 마주할 수 있다는 것이다.

사회는 개인의 선택과 행동이 쌓여 변화한다. 시민들이 재활용을 일상화하고 에너지를 절약하며, 자가용 대신 대중교통을 이용하는 등 매일 더 환경친화적인 선택을 한다면 장기적으로 한결 깨끗해진 지구를 만날 수 있다. 끊임없이 옳은 방향으로 나아가려는 시민의 행동과 작은 리더십이 필요하다. 일본은 시민이 주도한 사회혁명을 한 번도 경험하지 않고 현재에 이르렀기 때문에 많은 사람이 '머지않아 훌륭한 리더가 나타나 변혁을 주도해줄 거야' 하고 막연히 몽상하고 있을 뿐 자신이 스스로 주체적으로 변화에 관여하려는 사람은 적다는 게 야마구치의 분석이다.

사람들은 대부분 사회를 변혁하는 일은 행정기관이나 기업 리더의 몫이라고 생각한다. 즉, 매일 사소한 일에 부대끼며 살아가는 자신 같은 소시민이 사회 변혁의 주도자가 된다는 건 생각할 수도 없거니와 애초에 생각할 필요도 없다는 사고관을 갖고 있다는 뜻이다.°

사회 변화와 발전을 위해서는 시민의 참여와 저항이 필요하다. '흑인 목숨은 소중하다(BLM, Black Lives Matter)'나 '350 캠페인(대기 중 이산화탄소 농도를 350ppm으로 낮추자고 촉구하는 국제적 기후변화 방지 운동)' 등 변화를 위한 투쟁이 있었다. 하지만 시민의 저항과 투쟁을 확산시키고 더 발전시켜야 할 지배구조 역시 필요한 것은 아닐까. 그렇

° 야마구치 슈, 『비즈니스의 미래』, 김윤경 옮김, 흐름출판, 2022. p.173.

다면 결국 정치가 문제를 해결할 수밖에 없지 않은가. 이에 대해 라즈 파텔 미국 텍사스대 교수는 "모든 것은 정치적인 함의를 갖는다. 정치는 단지 누구에게 투표하느냐의 문제가 아니다. 정치는 '우리가 무엇을 생각할 수 있는가?'를 총망라하는 개념이다. '무엇을 어떻게 먹을 것인가?'는 정치적인 질문이다. 어느 한 세계에서 다른 세계로 이동하는 것 역시 정치적인 문제다. 미디어 역시 정치적이다. 모든 것이 정치적이고, 정치가 바로 유일한 해결 방안이다. 그러나 투표가 정치의 모든 것이라고 생각하는 것은 큰 오산이다. 정치는 투표 그 이상의 의미를 가진다"고 설명했다.°

나오미 클라인은 탈성장 시대에는 인간의 힘을 둘러싼 정치적 역학 관계, 즉 권력을 쥔 주체를 바꿀 수 있느냐 없느냐가 중요하다고 지적했다. 즉 권력 주체가 기업에서 공동체로 전환돼야 하고, 이런 방향으로 권력 전환이 이뤄지려면 현행 시스템에서 부당한 취급을 받고 있는 수많은 사람이 힘의 저울추를 변화시킬 수 있을 만큼 확고하고 다양한 사회 운동을 구축해야만 한다는 것이다. 그는 인간이 지닌 힘의 속성에 관한 기존 사고(인간은 그 결과에 신경 쓰지 않고 더 많은 것을 채취할 권리와, 복잡한 자연의 시스템을 원하는 대로 변조할 능력을 갖추고 있다)의 전환이 이뤄져야 한다면서, 이러한 전환은 자본주의에 대한 도전이자 현대 자본주의가 출현하기 전부터 존재한 물질만능주의의

° 김경학·이창준, "파텔 교수, '자본세' 저물면 파시즘 대두할 수도…'돌봄 혁명' 위해 기본소득 고민해봐야", 경향신문, 2023. 6. 13.

기본 토대, 이른바 채취주의˚ 사고방식에 대한 도전이라고 설명했다.˚˚

시민의 저항이나 불복종 전략에 대한 견해는 전문가에 따라 다르다. 촘스키 교수는 시민 불복종 전략이 적절할 수 있지만, 행동에 따른 결과까지 고려해야 한다며 신중한 입장을 드러냈다. 기후 위기 문제에 대한 견해가 확고하고 이를 세상에 드러내고 싶다는 이유만으로 시민 불복종을 선택해서는 안 된다는 의견이었다.

촘스키 교수는 시민 불복종 행동이 다른 사람들이 고민하고 납득하고 참여하도록 북돋우는 방식으로 계획됐는지, 아니면 오히려 사람들에게 적대감을 불러일으키고 화나게 해서 우리가 반대하는 일을 지지하게 만들 가능성이 더 높은지 물었다. 이에 관해 '내가 옳은데 다른 사람들이 이해하지 못하면 그 사람들만 손해지 뭐'라고 생각하는 것만으로는 충분하지 않으며, 그런 태도는 종종 심각한 해를 끼쳐왔다고 설명했다. 폴린 교수도 기후 위기 해결에 조금이라도 도움이 될 만한 전략은 시민 불복종을 포함해 뭐든 예외 없이 진지하게 고려해야 하지만 시민 불복종 행동이 가령 주중에 도로와 대중교통 체계를 마비시키는 데 성공한다면, 그건 사람들이 출근하지 못하고, 부모들이 어린이집으로 아이들을 데리러 가지 못하고, 아픈 사람들이 병원을 찾지 못한다는 뜻이라는 사실 역시 감안해야 한다고 말했다.˚˚˚

˚ 채취주의(Extractivism)는 석유와 광물, 농작물 등 자원을 과도하게 개발해 이익을 얻는 개념으로 보다 많은 이익을 추구하는 자본주의의 핵심이라고 할 수 있다. 무분별하게 지구 자원을 추출하는 채취주의는 환경의 지속 가능성을 해치고, 경제 불평등을 심화하는 경향이 있다.

˚˚ 나오미 클라인, 『이것이 모든 것을 바꾼다』, 이순희 옮김, 열린책들, 2016. p.48.

˚˚˚ 노엄 촘스키·로버트 폴린, 『기후 위기와 글로벌 그린 뉴딜』, 이종민 옮김, 현암사, 2021. p.201-202.

두 노교수는 시민 불복종 운동에는 신중하지만, 기후변화를 핵전쟁과 같은 수준의 위기로 상정해 전 세계가 최우선 공공 의제로 선정해야 한다고 강조한다. 촘스키 교수는 인류 생존을 위협하는, 쌍둥이처럼 빼닮은 두 가지 임박한 위협(핵전쟁과 환경 재앙)에 맞서지 않는다면, 그것도 이른 시일 내에 강력하게 대응하지 않는다면, 그 밖의 다른 무슨 일이 일어난들 별다른 소용이 없게 될 것이라고 경고했다.

30년 뒤 펼쳐질 미래

글로벌 컨설팅 및 회계 감사 기업 PwC(PricewaterhouseCoopers)는 매출액 기준 세계 1위 기업이다. PwC는 2017년 발간한 보고서 「2050년의 세계」를 통해 미래를 전망했다. 경제 성장 예측이 주된 내용인데, 세계 경제가 2050년까지 두 배 이상 성장해 인구 증가를 훨씬 능가한다는 장밋빛 전망을 담고 있다.°

디지털 혁신과 마케팅 전문가인 데미안 커밍스(Damien Cummings)는 기업 및 인재 정보 제공 플랫폼 '링크드인(LinkedIn)'에 2050년 미래상을 게재했다. 커밍스는 30년 뒤면 공상과학소설에 가까운 세상이 펼쳐질 것이라고 예상했다. 2050년에는 양자 컴퓨팅, 메타버스, 증강현실, 나노기술, 인간의 뇌-컴퓨터 인터페이스, 무인 자동차 기술, 인공지능, 작업장 자동화, 로봇공학 및 개인용 로봇 등 모든 범위의 기술이 통합될 것이다. 양자역학 현상을 이용해 데이터를 처리하고 저장하는 방식은 기존 컴퓨터보다 훨씬 짧은 시간에 복잡한 문제를

° *PwC*, "The World in 2050", 2017.

해결할 수 있다. 예를 들어 양자 컴퓨팅은 암호학, 약물 발견 및 금융 모델링과 같은 분야에 혁명을 일으킬 것이다.

메타버스는 사람들이 실시간으로 서로 또는 디지털 기기와 상호작용할 수 있는 완전한 몰입형 가상현실 공간이 된다. 가상현실(VR) 기기 사용자들은 가상 공간에서 게임과 사교, 학습, 작업 등 다양한 활동을 할 수 있다. 집을 떠나지 않고 콘서트에 참석하거나 전 세계 사람들과 비즈니스 미팅을 함께할 수 있다.

증강현실(AR)은 사용자가 스마트 안경이나 스마트폰과 같은 장치를 사용해 디지털 정보를 실제 세계에 투영할 수 있게 한다. AR을 사용해 구매를 고려 중인 제품의 실시간 데이터를 보거나 낯선 장소에 갔을 때 실시간 내비게이션 서비스를 받을 수 있다. 나노기술은 물질을 조작할 수 있는 수준까지 발전해 특정 질병을 표적화한 약품을 개발할 수 있도록 돕는다. 지금까지 생산된 제품보다 훨씬 가볍지만 강도 높은 건축 자재도 나온다.

인간의 뇌와 컴퓨터를 연결하는 BCI(brain-computer interfaces)가 일반화한다. BCI는 생각하는 것만으로 컴퓨터와 다른 장치들을 제어함으로써 사람들에게 새로운 인지 능력과 경험을 열어줄 것이다. BCI를 사용해 의족을 제어하거나 더 완벽한 몰입형으로 가상현실을 경험할 수 있다.

사람이 핸들을 잡을 필요가 없는 무인 자동차가 보편화해 교통사고가 줄어든다. 자동차를 탄 채로 출근길에 책을 읽거나 휴식을 취하고, 다른 업무를 볼 수도 있다.

로봇 또한 2050년 미래 세계에서 중요한 역할을 할 것이다. 가정에서는 개인용 로봇이 보편화해 청소, 요리, 어린이나 노인 돌봄과 같은 업무를 지원하며 로봇에는 첨단 인공지능이 탑재돼 광범위한 작업을 수행하고 맞춤형 지원을 제공할 수 있다. 로봇이 노인의 건강을 모니터링해 약 복용 시각을 알려주고, 신체 상태에 변화가 있으면 병원에 연락할 수도 있다. 산업용 로봇은 더 효율적으로 제품을 조립해 폐기물을 줄이고 생산성을 높인다.

인공지능(AI)은 의사 결정, 문제 해결 및 창의적인 작업 등 과거에 사람만 할 수 있었던 작업을 수행할 수 있도록 더 발전한다. AI는 의료, 교육, 금융, 교통 등 사회의 거의 모든 측면에 통합될 것이다. 의료 분야에서 AI는 질병을 더 정확하게 진단하고 치료법을 개인화하며 질병이 발생하기 전 잠재적인 건강 문제를 예측하는 데 쓰인다. 교육에서 AI는 개인별 학습 경험을 제공하고 학생의 성과를 향상하는 데 사용된다.

커밍스는 디지털 분야에서 앞으로 30년간 눈부신 성장과 발전이 이뤄질 것으로 예상했다. 그러나 성장의 과실을 모두가 누리기는 쉽지 않다. 누군가는 지금보다도 더 도태될 수 있다. 긍정적인 미래를 맞이하려면 기술 발전이 특정 계층만을 위해 쓰여서는 안 된다. 개인뿐 아니라 사회 전체의 이익을 고려하는 관점에서 기술을 개발하고 사용해야 한다. 성장과 발전에는 반드시 책임과 윤리가 따라야 한다.

그렇다면 기후변화는 어떻게 진행될까. 2024년 스위스 다보스에서 열린 세계경제포럼에서 발표된 보고서는 기후변화가 심해지면서 2050년까지 자연재해로 인해 12조 5,000억 달러의 경제 손실이 발생하고, 건강 수명은 20억 년 이상 단축될 수 있다고 분석했다. 기후 위기는 세계적인 건강 불평등을 악화시켜 취약 계층을 위험에 빠뜨린다며, 전 세계가 긴급 조치에 나서야 한다고 경고했다.

2050년까지 전 세계에서 1,450만 명이 기후변화로 사망할 것이다. 세계경제포럼 집행위원 시암 비센(Shyam Bishen)은 "지구의 기온 상승은 인간의 건강과 세계 의료 시스템에 큰 영향을 미칠 것"이라며 "배출량 감소를 위한 중대한 조치가 필요하며, 기후변화에 따른 보건 시스템을 구축해야 한다"고 말했다. 보고서는 산업화 이전 수준과 비교했을 때 지구 기온이 2.5~2.9도 상승할 것으로 예측했다.

홍수는 2050년까지 850만 명의 사망자를 내 기후변화로 인한 사망의 가장 큰 요인이 될 것으로 나타났다. 극심한 더위와 간접적으로 연관된 가뭄으로 사망하는 사람은 320만 명으로 예측됐다. 폭염은 생산성 손실로 2050년까지 약 7조 1,000억 달러의 경제적 피해를 초래할 전망이다.

기후변화는 여러 질병이 발병하는 재앙을 가져올 수 있는데, 2050년까지 추가로 5억 명이 질병에 노출될 위험에 처할 수 있다. 세계보건기구(WHO) 기후변화 및 보건 특별대표인 바네사 케리(Vanessa Kerry)는 "기후 위기는 보건 위기이며 질병, 경제적 황폐화 및 고통의 악순환을 초래한다"고 말했다. 기후변화는 세계 보건 불평등을 심화시키고 여성, 청소년, 노인, 저소득층 등이 가장 큰 영향을 받는다. 아프리카와 남아시아 등 저개발 지역은 기존 자원 제한, 인프라 및 필수 의료 장비 부족 때문에 더 큰 어려움을 겪게 된다. 식량 문제도 심각하다. 한국은 저출산과 인구 감소가 고민이지만 전 세계 인

° *World Economic Forum*, "Climate Crisis May Cause 14.5 Million Deaths by 2050", 2024. 1. 16.

구는 꾸준히 늘고 있다. 그 어느 때보다 더 많은 사람이 더 많은 음식을 소비하고 낭비한다.

지속 불가능한 식량 생산과 소비는 인류가 직면한 매우 큰 도전 중 하나이다. 2000~2010년 열대 삼림 벌채의 40%는 대규모 상업 농업 때문이었다. 생물 다양성을 감소시키는 기존 식량 시스템은 지속 가능성을 파괴하고 있다. 그 결과 지난 100년간 작물 품종의 90% 이상이 사라졌고, 오늘날 단 9종의 식물종이 전체 작물 생산량의 66%를 차지하게 됐다. 이는 당뇨병, 비만, 영양실조와 같은 만연한 건강 위험을 초래했다.

집약적 농업은 코로나19와 같은 인수 공통 질병의 출현에도 영향을 미친다. 인간은 식량 생산을 위해 자연을 침탈한다. 그 결과 야생동물 사이에 순환하는 바이러스 및 기타 병원체로부터 인간을 보호하는 자연 완충 장치가 줄어들게 된다. 가축 성장을 촉진하기 위해 사용하는 항생제는 미생물의 저항성을 유발한다. 사람들이 약을 먹거나 주사해도 효과가 떨어지게 만든다.

한때 농식품부 공무원들은 국내산보다 항생제를 덜 쓰는 유럽산 삼겹살을 선호한다는 소문이 떠돈 적이 있었다. 미국 국립보건원(NIH) 문헌 데이터베이스 'PubMed'에 등재된 「동물의 항생제 사용에 대한 글로벌 추세: 2020~2030년」를 보면, 각국의 동물 항생제 사용량을 확인할 수 있다. 2020년 기준 한국의 사용량은 122mg/PCU(Population Correction Unit)였다. 당시 돼지고기 수입량 1~4위였던 미국(31mg), 독일(36mg), 스페인(79mg), 캐나다(60mg)보다 훨씬 더 많은 항생제를 쓰고 있었다. 항생제를 과도하게 사용하면 세균이 항생제에 내성을 갖게 돼 치료하기 어려워지는 내성 감염에 걸릴 수 있다. 세균성 폐렴, 요로 감염, 혈류 감염, 결핵 등 심각한 질병으로 발전할 수 있고, 심하면 사망에 이를 수도 있다. 내성 감염 사망자는 해마다 70만 명 정도인데, 2050년에는 내성 감염으로 인해 암보다 더 많은 사망자가 발생할 수 있다. 식품 시스템은 인간이 배출하는 전체 온실가스의 4분의 1을 차지한다.°

유엔환경계획(UNEP)은 2050년까지 세계 인구가 100억 명에 이를 것으로 추정한다. 2023년 말 기준 세계 인구가 78억 명이니, 30% 가까이 늘어나는 셈이다. 하지만 물, 토지, 에너지 부족으로 인해 전 세계는 식량난에 시달리게 될 것으로 보인다. 지금도 식량은 충분하지만 굶어 죽는 사람이 수백만 명에 이른다. 문제는 식량을 어떻게 분배할 것인가이다.

에너지정보문화재단에서 작성한 「2050년 탄소중립 실현으로 달라진 대한민국」(2021)을 보면 한국의 미래는 장밋빛이다. 이는 '2050 탄소중립 시나리오'를 바탕으로 가상의 인물 및 상황을 설정해 작성된 2050년 미래상인데, 화력발전소는 모두 폐쇄됐고 발전시스템은 재생에너지와 수소연료전지로 바뀌었다. 온실가스 배출량은 제로가 됐다. 전기차보다 효율이 높은 수소차가 보편화하고, 난방에도 수소연료전지를 쓴다. 식품은 소, 돼지, 닭고기 대신 식물성 대체육을 먹는다. 채소는 해외나 지방에서 재배한 것이 아닌 로컬푸드가 대부분이다.°°

미래는 장밋빛일 수도 회색빛일 수도 있다. 같은 상황을 놓고도 누

° *UNEP*, "Rethinking Food Systems", 2021. 6. 4.
°° 에너지정보문화재단, 2050년 탄소중립 실현으로 달라진 대한민국, 2021.

군가는 긍정적으로, 다른 이는 부정적으로 판단할 수 있기 때문이다. 어떻게 생각하고 노력하는가에 따라 미래는 달라질 수 있다. 잘사는 사람들은 더 잘살 것으로 기대하고, 못사는 사람들은 더 못살게 될 것이라고 실망한다. "이대로"를 외치는 보수 우파와 "바꾸자"라고 목소리를 높이는 진보 좌파가 구별되는 대목이기도 하다. 유엔이나 세계경제포럼이 기후변화에 대해 우려하는 것처럼 전문가들은 기후 위기가 되돌릴 수 없는 불가역적이라는 측면에서 앞으로 펼쳐질 상황은 더 악화할 수 있다고 내다봤다. 사이토 교수는 "기후변화는 중단되는 게 아니고 더 악화할 수 있다는 게 문제"라면서 "당장 취약하거나 소외되는 국가나 계층에 돌아갈 피해에 대비해야 한다. 미래에는 우리 아이들, 손주들이 어떤 일을 겪을지 상상해야 한다"고 말했다.

사이토 교수는 코로나19 팬데믹이 행복에 대해 다시 생각할 수 있는 계기가 됐다고 여긴다. 모두 경제적으로 힘든 시기를 보내야 했지만, 삶을 다시 한번 되돌아볼 수 있었기 때문이다. 가족과 시간을 보내고 자연을 느끼는 게 행복이라는 사실을 깨달았다. 굳이 멀리 여행이나 출장을 떠날 필요도 없었다. 코로나19가 유행하기 시작한 2020년 일본에서 사이토 교수의 책 『지속 불가능 자본주의』가 인기를 끈 이유도 여기에 있다.

코로나19를 극복하며 원래 자리로 돌아가는 과정에서 잊어서는 안 되는 교훈이 있다. 코로나19가 몰아칠 당시 사람들은 착취와 식민지화, 양성평등 등의 중요성에 대해 깨달았다. 그래서 누군가를 착취하고 식민지화하거나 평등에 어긋나는 잘못된 부분을 개선하는 기회가 됐다. 하지만 코로나19를 지나 원래 삶의 방식으로 돌아가면서 그간 깨달았던 중요한 가치마저 잊어서는 안 된다는 것이다. 앞으로도 그렇게 살아야 한다는 사이토 교수는 그런 총체적이고 효용적인 아이디어를 '탈성장'이라고 규정했다.

"탈성장 말고 다른 이름을 붙여도 좋습니다. 이는 굉장히 포괄적이고 긍정적이면서 우리 사회를 바꿀 수 있는 개념입니다. 지속 가능하고 평등한 삶을 살 수 있게 해주죠. 우리가 알고 있는 자본주의적 사고방식으로는 할 수 없습니다. 일부에서는 '탈성장이 뭐냐. 포퓰리즘 아니냐' 이렇게 얘기할 수 있어요. 이해합니다. 그런데 한 번 생각해 보시기 바랍니다. 지난 30년간 우린 어떻게 살았고, 코로나19 당시 삶은 어땠습니까. 모두가 탈성장이야말로 유일한 길이라고 느낄 수 있을 거예요."

—'2023 경향포럼' 사이토 교수의 발언 중에서

탈성장을 얘기하면 사람들은 대개 긴축을 떠올리거나 지금보다 많은 걸 포기해야 한다고 생각한다. 여전히 장시간 노동에 시달리면서도 탈성장 시대에는 노동자들이 더 못살게 될 거라고 우려하기도 한다. 하지만 탈성장은 불평등한 노동과 불공정한 자원 채취 및 분배, 선진국과 후진국의 불평등 등을 바로잡는 것이다.

사람들은 서로 착취하고 착취당한다. 해외여행이나 고기를 먹는 것도 근본적으로는 다른 사람 것을 빼앗는 행위이다. 우리는 왜 이렇

° 노도현·박순봉, "노동시간 줄일 AI, 환영할 일—AI가 노동 지식 침범 땐 우려", 경향신문, 2023. 6. 28.

게 스트레스를 받으면서까지 열심히 일하나. 지금보다 더 많은 걸 사기 위해서 일하는 걸까. 물건을 더 많이 구매한다고 해서 행복해지는 것도 아닌데.

미국 대선 전 라즈 파텔 교수가 인류의 미래가 암울해진다면서 우려했던 트럼프 대통령 당선이 현실화했다. 트럼프는 2025년 1월 대통령에 취임하자마자 파리기후협정 탈퇴를 발표했다. 미국은 트럼프의 첫 번째 임기였던 2017년 파리기후협정을 탈퇴했다가 조 바이든 대통령 때 복귀했었다. 트럼프 대통령은 과학적 판단을 무시한 채 기후변화를 '사기'라고 규정한 적이 있다. 그래서 일부 환경운동가는 트럼프를 '기후변화 부정자(Climate Change Denier)' 또는 '지구의 적(Enemy of the Earth)'이라고 부른다.

두 번째 임기를 시작한 트럼프가 혹시라도 방향을 전환해 기후변화를 이해하고, 그에 따른 정책을 펼치더라도 결코 안심할 수 없다. 일자리 창출과 경제 성장에 이용할 게 명백하기 때문이다. 이른바 에코 파시즘과 에코 파시스트들이 활개 치는 세상이 올 수 있다.

파텔 교수는 "기후변화가 실재한다는 걸 이해하는 사람들이 미국의 것을 활용해서 다른 국가나 사람을 배제하는 상황이 올 수 있다"면서 "실제로 (폭염과 혹한 등 기후변화가 심해지고 있는) 텍사스에서는 에코 파시스트들이 기후변화를 이용해 많은 사람을 사지로 내몰고 있다"고 말했다. 에코 파시즘은 일반적으로 환경이나 지구 생태계 보호를 중요시하면서도 인종 또는 국가주의적 가치나 목표를 우선시한다. 에코 파시스트는 특정 국가, 지역이, 공동체를 우월하다고 여겨 그들의 이익을 위해 환경 보호를 주장한다. 이는 다른 인종이나 국가, 단체에 대한 적대감이나 차별을 유발하기 마련이다. 인종차별이나 국가주의와 같은 편협한 가치를 환경 보호 운동과 결합함으로써 사회적 분열과 갈등을 촉진할 수 있다는 우려가 크다.

한국은 세계에서 가장 낮은 출산율 기록을 계속 경신하고 있다. 이를 개선하기 위해서는 미래 세대가 희망을 찾을 수 있는 여건과 분위기를 조성해야 한다. 이유진 녹색전환연구소 부소장은 "한국 사회의 미래는 불평등, 차별, 혐오와 갈등을 어떻게 해결하느냐가 중요하다"면서 "세대 간에 어떤 도움을 주고받을 수 있을지 논의해야 한다"고 말했다. 예컨대 아이를 낳고 싶지 않은 이유에 대해 기후변화 때문이라는 답변이 여성은 33%인데, 남성은 10%뿐이다. 세대뿐 아니라 성별로도 생각이 다양하다. 사회 안에서 폭넓게 의견을 개진하고 협의해 합의를 이뤄가는 과정이 중요하다.

논의의 장을 마련하고 의견을 수렴해야 할 정치는 전혀 다른 방향으로 가는 것 같아 안타깝다. 보수 정당을 통해 집권했던 대통령은 시장 자유와 민간 주도 성장을 내세우며 퇴행하다가 탄핵당했다. 코로나19 때 공공과 돌봄, 필수 노동자의 중요성이 부각됐음에도 팬데믹 종료 이후에는 언제 그랬냐는 식으로 잊히고 있다.

이 부소장은 "2023년 한국은 정반대로 가고 있다"고 말했다. 유정길 녹색불교연구소장은 30년 후 어느 날 갑자기 종말이 오지는 않겠지만, 종말을 경고하는 위기의 징조가 더 많아지는 방향으로 갈 것이라고 예측했다. 과거 보릿고개를 겪었던 한국 사람들은 가난하지만 참고 인내하면서 희망을 품고 살았다. 앞으로 좋아질 거라는 낙관이 있었기 때문에 현재의 어려움을 감내할 수 있었다. 하지만 지금 세대와 다음 세대는 태어나자마자 기후 위기와 저성장 등에 대한 걱정에 휩싸인다. 앞으로 나아질 것이라는 희망이 없는 상태에서 건전한 사회 구성원의 역할을 할 수 있을지도 의문이다. 희망이 사라지면 기술 개발이나 가난한 사람을 돕겠다는 선한 의지를 기대할 수도 없다. 유 소장은 젊은 세대가 고통을 감내하기보다는 좌절을 겪으면서 부모와 할아버지 세대를 향한 적개심이 뜻하지 않은 방향으로 사회화할 수도 있다고 우려했다.

미래는 미리 준비해야 한다. 누구에게나 '그때 그렇게 했더라면….' 하는 후회가 있기 마련이다. 30년 전에 했던 선택과 결정에 대해서도 누군가는 잘했다고 자평하겠지만, 많은 이는 도전하지 않았던 길에 대해 아쉬움을 갖고 있을 것이다. 30년 전에 했어야 할 일을 하지 않고 미루는 바람에 이 지경이 됐다고 한탄할 수도 있다.

그렇다면 앞으로 30년 뒤 인류는, 나는 어떻게 살고 있을까. 다가오는 미래는 어떻게 맞아야 할까. 앞길에도 난관과 기회는 항상 있을 것이다. 문제를 해결하고 기회를 활용해야 앞으로 나아갈 수 있다. 상황에 맞춘 임기응변식 대응으로는 근본적인 해결책을 찾기 어렵다. 멈추거나 뒤로 물러날 우려도 있다. 과거에 어떤 요인이 현재 상황을 유발했고, 왜 지금 현실화했는지를 꼼꼼히 살펴야 한다. 그래야 현재 마주한 난관을 넘어 미래를 준비할 수 있다.

맺음말

성장, 인간이 만들어낸 퇴행

책을 마무리할 무렵, '종말 시계(Doomsday Clock)'가 2025년 시각을 발표했다. 자정까지 전년보다 1초 앞당겨진 89초가 남았다고 했다. 미국의 비영리 과학자 단체인 원자력과학자회보(BAS, Bulletin of the Atomic Scientists)가 처음 종말 시계를 내놓았던 1947년은 자정 7분 전이었다. 미국(1952년)과 소련(1953년)이 잇따라 수소폭탄 개발에 성공한 1953년에는 2분 전으로 앞당겨졌다. 소련이 붕괴하고 러시아 연방이 탄생하면서 냉전 시대를 끝낸 1991년은 17분 전으로 가장 안전한 시기로 평가받는다. BAS는 핵 위협과 생물학 및 인공지능(AI)의 잠재적 오용과 기후변화가 올해 종말 시각을 앞당긴 주요 요인이라고 밝혔다.

'자정 89초 전'은 물리적으로 89초 후 종말이 닥친다는 뜻은 아니다. 핵전쟁이나 기후변화 등 인류가 초래할 위험이 심각해지고 있다는 상징적인 의미를 지니고 있다.

기자라는 직업 특성상 89초를 어떻게 해석할 수 있을지 풀어봤다.

하루는 8만 6,400초인데 99.897%에 해당하는 8만 6,311초가 이미 지났고 0.103%만 남은 셈이다. 현생 인류의 조상 호모 사피엔스가 지구에 나타난 것은 대략 20만 년 전이다. 20만 년의 0.103%는 206년이다. 네안데르탈인과의 경쟁에서 승리한 호모 사피엔스가 지구의 지배종이 된 4만 년 전으로 계산하면 41.2년 남았다. 인류는 1만 2,000년 전 농업혁명을 통해 자연을 통제하고 환경을 바꾸는 능력을 갖췄다. 다른 동물과 다른 방식으로 지구의 최상위 포식자가 됐는데 이 기간만 보면 12년 남짓 남았을 뿐이다.

컵의 딱 절반을 채운 물을 보고 누군가는 "반이나 남았다"라고 하고, 다른 누군가는 "반밖에 안 남았다"라고 말한다. 이는 낙관론자와 비관론자를 나누는 예시가 되기도 한다. 그렇다면 지구의 종말이 임박했다고 외치는 이들은 비관론자일까? 이는 상황을 지나치게 단순화한 것이다.

낙관·비관 구분이 아니라 실제 처한 상황과 필요에 따라 해석은 달라질 수 있다. 사막을 걷는 이는 '반밖에~', 오아시스에 머무는 이는 '반이나~'라고 생각할 것이다. 원래 가득 찼던 물이 반으로 줄거나, 바닥이었던 물이 반을 채운 경우도 상반된 의견이 나온다. 기대치에 따라 물의 양이 많거나 적다고 여길 수도 있다. 같은 물리적 상태를 두고도 자신이 처한 상황에 따라 다르게 해석하는 것이다.

지구의 종말을 경고하는 이들은 비관론자라기보다 현실을 직시하고 개선하려는 현명한 사람이라고 봐야 한다. 종말 시계를 만든 단체인 BAS는 1945년 알버트 아인슈타인(Albert Einstein)과 로버트 오펜

하이머(J. Robert Oppenheimer), 레오 실라르드(Leo Szilard) 등이 주축이 돼 설립했다. '맨해튼 프로젝트(Manhattan Project)'를 통해 미국의 원자폭탄 개발에 직간접적으로 관계했던 과학자들이다. 오펜하이머는 프로젝트의 과학 책임자로 개발을 지휘했다. 앞서 아이슈타인과 실라르드는 프랭클린 루즈벨트(Franklin Roosevelt) 대통령에게 편지를 보내 미국이 원자폭탄 개발을 서둘러야 한다고 촉구했다.

원자폭탄 개발에 기여한 과학자들이 핵전쟁과 인류 절멸 위험을 경고하고 나섰으니 얼핏 모순처럼 보인다. 이들이 BAS를 결성한 것은 핵무기의 위험성을 널리 알리고 국제적인 규제를 촉구하기 위해서였다. 자신들이 만든 무기가 인류를 위협하는 도구로 쓰이는 데 대한 책임감을 느끼고 위험을 최소화하겠다는 반성의 결과였다. 종말 시계의 목적은 사람들에게 현실을 일깨우고 행동을 촉구하는 것이다. 종말이 임박한 이 세상은 얼마나 절망적인가 하는 비관론에 빠뜨리려는 게 아니다.

세상은 빠른 속도로 변화한다. 속도는 갈수록 빨라진다. 스콧 갤러웨이(Scott Galloway) 뉴욕대 스턴경영대학원 교수는 책 『거대한 가속』에서 아침에 유치원에 등원하는 아들과 헤어졌는데, 오후에 그 아들이 5학년이 되어 돌아오는 식이라고 표현했다. 아버지가 아들을 가르칠 수 있는 시대가 아니다. AI의 등장 이후 변화는 눈 깜짝할 사이에 이뤄진다.

조만간 AI 기술 없이는 살 수 없는 사회가 도래한다. 이를 두고 누군가는 세상이 발전 또는 성장하고 있다는 증거라고 한다. 그 결과 세상은 전보다 살기가 얼마나 좋아졌나. 국가 더 나아가 인류 전체의 부가 늘었다고 해도 불평등과 빈부 격차는 갈수록 심해진다. 굶는 사람은 줄어들지 않는다. 땅은 파헤쳐져 숲이 사라지고 공기와 물은 오염된다. 대기는 뜨거워지고 빙하가 녹아 해수면이 높아진다. 성장이 아니라 인간이 만들어낸 퇴행이다.

정보라 작가는 소설 『밤이 오면 우리는』에서 미래 인간을 로봇의 사냥감이 돼 쫓기는 신세로 묘사했다. 인간은 다른 모든 생명체에 위협이 되는 존재라는 게 지구 지배종 로봇의 판단이다. '인류 문명'의 종말이 지구상 다른 모든 생물종을 위한 최선의 안전장치라고 여긴다. 여기서 인류 문명을 '자본주의'로 대체해도 같은 의미가 된다. 변화와 발전, 성장을 추동하는 현행 자본주의 경제 시스템을 끝내지 않고는 지구와 인류의 지속 가능성을 담보할 수 없다. 생산·유통·소비·폐기가 대량으로 이뤄지는 시스템은 무한 지속할 수 없다.

덜 생산해서 덜 쓰면서도 행복할 방법은 없을까. 집단 최면에 걸린 듯 '우리는 성장해야만 한다'라는 막연한 생각을 버려야 한다. 코로나19 팬데믹 때 경제 활동을 잠시 멈추자 지구는 놀라운 회복력을 보였다. 밤하늘에 반짝이는 별이 가득했고, 미세먼지 사라진 맑은 공기가 대기를 채웠다.

생산량이 늘어나면 구성원들이 더 행복해진다는 가정은 맞지 않다. 시민이 서로 돌보고 연대할 수 있는 환경이 필요하다. 변화의 속도가 느리더라도 공동체의 가치와 삶의 질을 높여야 행복해질 수 있다. 저성장은 확실한 미래지만 고성장은 불확실하다. 저성장을 지나 제로, 마이너스의 단계로 갈 수도 있다. 실제 한국개발연구원(KDI)

는 2050년에 이르기 전에 한국의 성장률이 음(-)의 영역에 진입할 것으로 예상했다.

　마이너스 성장이어도 나라와 기업이 망하는 건 아니다. 과잉이 사라지는 상태라고 할 수 있다. 보다 적은 생산량이라도 효율적으로 분배한다면 다수가 만족할 수 있다. 지구 환경과 인류 모두에게 좋은 일이다. 마이너스 성장이라도 삶의 질이 높아질 수 있다는 인식이 확산돼야 한다. 지금보다 경제를 축소해야 더 행복해질 수 있다는 제안을 선뜻 받아들이기는 쉽지 않다. 그럼에도 시급한 기후 위기, 심화하는 불평등, 풍요 속 빈곤, 부에 대한 끝없는 탐욕 등 불행한 현실을 고려하면 멈춰 서서 생각해야 한다. 탈성장을 준비할 시기가 됐다.

　탈성장을 주제로 한 포럼을 준비하면서 세계 석학들을 만나 견해를 들었고, 책과 인터넷을 통해 다양한 논의를 접했다. 공통된 의견은 지구와 인류가 위기에 처했고, 현행 자본주의 시스템을 개혁하지 않고는 위기에서 벗어날 수 없다는 것이다.

　대안은 탈성장이었다. 하루아침에 이룰 수는 없다. 준비하고 합의하고 실행하는 데 오랜 시간이 걸린다. 포럼과 경향신문을 통해 그 내용을 전했지만, 빙산의 일부였다. 알리지 못한 부분과 추가 취재한 내용을 보강해 현상과 위기, 대안으로 나눠 책을 정리했다.

　'거인의 어깨 위'에서 대부분 성과가 이뤄지고 있는 것처럼 이 책 역시 개인의 노력으로 만든 창작물이 아니다. 기존 탈성장 연구자들의 성취 위에 올라탄 채 숟가락 하나 얹는 식으로 편승한 것 같아 송구스럽다.

다만 현실에 대한 경각심을 일깨우고, 시민의 자발적 행동을 촉구해 변화를 위한 첫걸음을 내딛는 데 보탬이 됐으면 좋겠다. 누군가에게는 생소한 개념일 수 있지만, 탈성장이 중요하다는 사실이 널리 확산하기를 바랄 뿐이다.

탈성장은 이미 가까운 동네 도서관에서 찾아볼 수 있다. 1년 넘게 주말마다 글쓰기 공간과 방대한 자료를 제공해준 상동도서관은 탈성장 사회가 지향하는 공유경제의 실천 현장이었다. 도서관에서는 소유하지 않고도 지식과 정보를 얻을 수 있다. 성장 대신 절제와 자원의 순환을 강조하는 탈성장과 맥락이 비슷하다. 재화와 서비스를 사고파는 것으로만 보는 자본주의와는 다르다. 도서관은 오래전부터 비시장적 방식으로 공공재를 무상 제공해왔다.

경향포럼을 함께 준비했던 후배 임태열, 김경학, 이창준에게 감사한다. 책이 세상에 나올 수 있었던 것은 들녘 김혜민 편집팀장 덕분이다. 늘 격려와 비판을 아끼지 않는 정민, 진석에게 사랑을 보낸다.

참고자료

국문 자료

강신준, "타인의 노동시간을 빼앗지 마라...2008년 경제위기 선방, 북유럽에서 확인한 마르크스 해법", 경향신문, 2023. 6. 21.

경향신문 (www.khan.co.kr)

공규동·김영준·김현우·김희룡 외, 『탈성장을 상상하라』, 모시는사람들, 2023.

국립재난안전연구원, 「잠재 재난위험 분석 보고서: 전기자동차 등장에 따른 대형 화재, 붕괴 위험(2023-01)」, 행정안전부, 2023.

금융감독원 자본시장감독국 파생거래감독팀, 「2022년 금융회사 장외파생상품 거래현황」, 금융감독원, 2023. 6. 15.

기후위기 비상행동 기자회견문, "한국정부의 COP28대응 규탄 기자회견 – 멈춰! 핵발전, 확대! 재생에너지 / 멈춰! 그린워싱, 확대! 기후재원", 기후위기 비상행동, 2023. 12. 8. (http://climate-strike.kr/5350)

김민주, 『50개의 키워드로 읽는 자본주의 이야기』, 미래의 창, 2015.

김상범, "주말 출근으로 위기 극복?…삼성, '임원 주 6일제' 확대", 경향신문, 2024. 4. 17.

김종철, 『근대문명에서 생태문명으로』, 녹색평론사, 2019.

김종철, 『땅의 옹호』, 녹색평론사. 2008.

김은덕·백종민, 『없어도 괜찮아』, 박하, 2016.

나오미 클라인, 『이것이 모든 것을 바꾼다』, 이순희 옮김, 열린책들, 2016.
낸시 폴브레, 『돌봄과 연대의 경제학』, 윤자영 옮김, 에디토리얼, 2023.
노엄 촘스키·로버트 폴린, 『기후 위기와 글로벌 그린 뉴딜』, 이종민 옮김, 현암사, 2021.
니시무라 가쓰미, 『피케티의 21세기 자본을 읽다』, 부윤아 옮김, 재승출판, 2016.
데이비드 월러스 웰즈, 『2050 거주불능 지구』 김재경 옮김, 추수밭, 2020.
라이너 지텔만, 『반자본주의자들의 열 가지 거짓말』, 권혁철·황수연 옮김, 양문, 2023.
마리아 미즈·반다나 시바, 『에코페미니즘』, 손덕수·이난아 옮김, 창비, 2020.
마티아스 슈멜처·안드레아 베터·아론 반신티안, 『미래는 탈성장: 자본주의 너머의 세계로 가는 안내서』, 김현우·이보아 옮김, 나름북스, 2023.
박이은실, "경제 성장이 더 이상 정답이 아닌 시대에 우리는 산다", 경향신문, 2023. 6. 26.
박재용, 『지구를 선택한 사람들』, 다른, 2023.
백철, "'부자 되세요' 주문을 걷어차라", 주간경향 178호, 2014. 6. 3.
사이토 고헤이, 『지속 불가능 자본주의』, 김영헌 옮김, 다다서재, 2021.
야마구치 슈, 『비즈니스의 미래』, 김윤경 옮김, 흐름출판, 2022.
양준호·박창규·송지현 외, 『대안으로서의 지역순환경제』, 로컬퍼스트, 2023.
에너지정보문화재단, "2050년 탄소중립 실현으로 달라진 대한민국", 2021.
요로 다케시, 『고양이만큼만 욕심내는 삶』, 이지수 옮김, 허밍버드, 2021.
윤홍식, "성장 방식을 바꿔야 민생이 산다", 한겨레, 2024. 1. 8.
장석준, "'탈성장'과 '민주적 계획경제', 가능하며 반드시 필요하다", 프레시안, 2023. 12. 27.
주간경향 178호, 2014. 6. 3.
제라르 푸세, 『화폐의 비밀』, 서익진·김준강 옮김, 도서출판길, 2021.
케이트 소퍼, 『성장 이후의 삶』, 안종희 옮김, 한문화, 2021.
토마 피케티, 『피케티의 사회주의 시급하다』(원제: *Vivement le socialisme!/Time for Socialism: Dispatches from a World on Fire*, 2016-2021), 이민주 옮김, 은행나무, 2021.
한국은행 홈페이지 (www.bok.or.kr)
한국은행 경제교육기획팀, "지금 우리에게 GDP란 무엇인가?", 한국은행, 2015. 7. 3.
한국은행 국제국 자본이동분석팀, 「2022년도 BIS 주관 세계 외환 및 장외파생상품 시장 조사(거래금액 부문)」, 한국은행, 2022. 11. 1.
헬레나 노르베리 호지, 『오래된 미래』, 양희승 옮김, 중앙북스, 2016.

영문 자료

4Day Week Golbal (www.4dayweek.com/about-us)

Bankrate (www.bankrate.com)

Business Insider (www.businessinsider.com)

Buzzfeed News (www.buzzfeednews.com)

Bruna Alves, "Global waste generation-statistics & facts", *STATISTA*, 2024. 11. 6.

Christopher Pollard, "Is capitalism dead? Yanis Varoufakis thinks it is – and he knows who killed it", *THE CONVERSATION*, 2023. 11. 8.

Climate Change Service, *Copernicus*, 2024. 1. 9.

(climate.copernicus.eu/global-climate-highlights-2023)

Climate Science (climatescience.org/simple-circular-economy-degrowth)

CNN (edition.cnn.com)

Damien Cummings, "What will the future look like in 2050? Probably more like science fiction", *LinkedIn*, 2023. 1. 31.

David Gelles, "Billionaire No More: Patagonia Founder Gives Away the Company", *The New York Times*, 2022. 9. 21.

Don Mathews, "The Invisible Hand that Never Was", *College of Coastal Georgia*, 2023. 4. 26.

Dennis Meadows, Donella Meadows, Jørgen Randers, William W. Behrens III, 「The Limits to Growth(LTG)」, *Reports to the Club of Rome*, 1972.

EARTH.ORG, 2023. 1. 11.

(earth.org/environmental-impact-of-battery-production/)

Earth.Org, "Human-Made Objects Will Soon Outweigh All Living Biomass on Earth", *EARTH.ORG*, 2020. 12. 16.

Economicshelp (www.economicshelp.org)

Economic Policy Institue (www.epi.org)

Einar H. Dyvik, "Adjusted net national income per capita worldwide from 1970 to 2021", *STATISTA*, 2024. 11.

Energy Monitor (www.energymonitor.ai)

Forbes (www.forbes.com)

Gawon Bae, "South Korea's military has a new enemy: Population math", *CNN*, 2023. 12. 29.

Gayle Markovitz·Sophie Heading, "Global Risks Report 2024: The risks are growing — but so is our capacity to respond", *WORLD ECONOMIC FORUM*, 2024. 1. 10.

Gigi Zamora, "The Richest Woman In The World 2023", *Forbes*, 2023. 4. 4.

Global GDP over the long run, *Our World in Data*.

Hannah Ritchie·Pablo Rosado·Max Roser, "CO$_2$ and Greenhouse Gas Emissions", *Our World in Data*, 2024.

Hiroko Tabuchi·Brad Plumer, "How Green Are Electric Vehicles?", *THE NEW YORK TIMES*, 2021. 3. 2.

IMF Blog (www.imf.org/en/Blogs)

IMF PODCASTS (www.imf.org/en/News/Podcasts)

International Energy Agency, 「Renewables 2023: Analysis and forecast to 2028」, *IEA*, 2024. 1. (www.iea.org/reports/renewables-2023/executive-summary)

International Labour Organzation, 2024. 1. 10. (www.ilo.org)

International Labour Organzation, "50 million people worldwide in modern slavery", 2022. 9. 12.

Jane Tumar, "How Much Money Does Elon Musk Make a Year?(2025)", *Moneyzine*, 2024. 12. 16.

Jordan Hart, "Bill Gates Says 3-Day Work Week Possible With AI", *Business Insider*, 2023. 11. 22.

Joseph E. Stiglitz, "Inequality and Democracy", *PROJECT SYNDICATE*, 2023. 8. 31.

Joseph E. Stiglitz, "The Myth of America's Golden Age", *POLITICO MAGAZINE*, 2014.

Josh Bivens·Jori Kandra, "CEO pay has skyrocketed 1,460% since 1978", *ECONOMIC POLICY INSTITUE*, 2022. 10. 4.

Juliet Schor, "Women in Economics: Juliet Schor on the Benefits of a 4-Day Week", *IMF PODCASTS*, 2024. 2. 1.

Katie Pavid, "What is the Anthropocene and why does it matter?", *NATIONAL HISTORY MUSEUM*.

Kurzgesagt–In a Nutshel (youtu.be/LBudghsdByQ?si=jyoCOWC1xDRquEBD)

Kristalina eorgieva, "AI Will Transform the Global Economy. Let's Make Sure It Benefits Humanity", *IMF BLOG*, 2024. 1. 14.

Layoffs.fyi (layoffs.fyi/)

Lakshmi R.B., "The Environmental Impact of Battery Production for Electric

Vehicles", *EARTH.ORG*, 2023. 1. 11.

LinkedIn (www.linkedin.com)

Lola Seaton, "In the midst of an economic crisis, can 'degrowth' provide an answer?", *the Guardian*, 2020. 4. 24.

Macrotrends (www.macrotrends.net)

Manifesto for the Netherlands, 2020. 5. 11.

(degrowth.info/blog/planning-for-post-corona)

Max Roser, "How much economic growth is necessary to reduce global poverty substantially?", *Our World in Data*, 2021. 3. 15

Max Roser, "Which countries achieved economic growth? And why does it matter?", *Our World in Data*, 2019. 6. 25.

Merriam-Webster (www.merriam-webster.com)

NASA (climate.nasa.gov)

NASA Science Editorial Team, "A Degree of Concern: Why Global Temperatures Matter", *NASA*, 2019. 6. 19.

National History Museum.

(www.nhm.ac.uk/discover/what-is-the-anthropocene.html)

National Museums Scotland (www.nms.ac.uk)

NATURE (www.nature.com)

NATURE EDITORIAL, "Are there limits to economic growth? It's time to call time on a 50-year argument", *NATURE*, 2022. 3. 16.

New York Times (www.nytimes.com)

Nick Ferris, "Which countries are already at net zero?", *ENERGY MONITOR*, 2022. 10. 25.

Our World in Data (ourworldindata.org)

OXFAM, 2024. (oxfamevenitup.or.kr)

Patricia O'Connell, "World War II and The Golden Age of Capitalism", *THIS IS CAPITALISM*, 2019. 6. 12.

Pierre-Olivier Gourinchas, "Global Economic Recovery Endures but the Road Is Getting Rocky", *IMF Blog*, 2023. 4. 11.

Politico Magazine (www.politico.com/magazine)

Poverty and Inequality Platform: THE WORLD BANK. (pip.worldbank.org)

Production Gap Report, "2023 Report", *Stockholm Environment Institute*, 2023. 11. (productiongap.org/2023report/#R2)

PROJECT SYNDICATE, (www.project-syndicate.org)

PwC, "The World in 2050" (www.pwc.com/gx/en/research-insights/economy/the-world-in-2050.html)

Rebecca Riddell·Nabil Ahmed·Alex Maitland·Max Lawson·Anjela Taneja, 「OXFAM 2024 불평등 보고서: 불평등 주식회사(Ineqaulity Inc.)」,*OXFAM*, 2024.

Research Gate (www.researchgate.net)

Rob LaFranco·Grace Chung·Chase Peterson-Withorn, "World's Billionaires List: The Richest In 2024", *Forbes*, 2024.

Ross Douthat, "Is South Korea Disappearing?", *The New York Times*, 2023. 12. 2.

SCIAM (www.scientificamerican.com)

Science Direct. (www.sciencedirect.com)

Selin Oğuz, "Life Cycle Emissions: EVs vs. Combustion Engine Vehicles", *Elements*, 2023. 6. 23.

SOS CHILDREN'S VILLAGES (www.sos-childrensvillages.org)

SOS CHILDREN'S VILLAGES, More than 280 million youth are not employed, in training nor in education, 2022. 6. 24.

Statista Research Department, "Largest bankruptcies in the United States as of September 2024, by assets at time of bankruptcy", *STATISTA*, 2024. 9. 9.

Statista Research Department, "Primary energy consumption worldwide from 2018 to 2023, by fuel type", *STATISTA*, 2024. 9. 25.

Stephanie Pappas, "Will Humans Ever Go Extinct?", *SCIAM(Scientific American)*, 2023. 3. 21.

Stockholm Environment Institute, 「Production Gap Report 2023」, Production Gap

SWFI. (www.swfinstitute.org)

SUSTAINABLE DEVELOPMENT GOALS, "17 Goals to Transform Our World", *UN*.

SWFI. "Top 100 Asset Manager Managers by Managed AUM", *SWFI Institute*. (www.swfinstitute.org/fund-manager-rankings/asset-manager)

Tejvan Pettinger, "Degrowth – definition, examples and criticisms", *Economics Help*, 2020. 4. 26.

Tejvan Pettinger, "Historical US Unemployment", *Economics Help*, 2021. 9. 6.

Terry Chan and Alexandra Dimitrijevic, "Global Debt Leverage: Is a Great Reset Coming?", *S&P GLOBAL*, 2023. 1. 13.

The Conversation (theconversation.com)

The degrowth.info international editorial team, "Planning for Post-Corona: A Manifesto for the Netherlands", *The degrowth.info*, 2020. 5. 11. (degrowth.info/blog/planning-for-post-corona)

The Economic Times (economictimes.indiatimes.com)

The Guardian (www.theguardian.com)

The World Counts, 실시간 통계. (www.theworldcounts.com)

This is Capitalism (www.thisiscapitalism.com/about)

Thomas L. Friedman, "The Great Unraveling", *The New York Times*, 2008. 12. 16.

Tonnes of resources mined from Earth, *THE WORLD COUNTS*, 실시간 통계.

UN Climate Action, "Renewable energy – powering a safer future", *UN*, 2024.

UN Department of Economic and Social Affairs, "golden age of capitalism", *UN*, 2017. 8. 23.

UN Department of Economic and Social Affairs, "World population to reach 8 billion on 15 November 2022", *UN*, 2022. 11.

UN Environment Programme, "Rethinking Food Systems", *UNEP*, 2021. 6. 4

Walcott Rachel, "Mineralogy of the Mobile phone", *NATIONAL MUSEUMS SCOTLAND*, 2023.

Warwick McKibbin·Roshen Fernando, "The global economic impacts of the COVID-19 pandemic", *SCIENCE DIRECT*, 2023. 12.

Wid.world, "Income Inequality in South Korea, 1933-2022", *World Inequality Database*, 2024. 1. 22.

Will Steffen·Wendy Broadgate·Lisa Michele Deutsch·Owen Gaffney·Cornelia Ludwig, "The Trajectory of the Anthropocene: The Great Acceleration", *RESEARCH GATE*, 2015. 3.

World Bank Group Gender Data Portal, "Fertility rate, total (births per woman)", *WORLD BANK GROUP*, 2022. (genderdata.worldbank.org)

World Economic Forum (www.weforum.org)

World Economic Forum, "Climate Crisis May Cause 14.5 Million Deaths by 2050", *World Economic Forum*, 2024. 1. 16.

World Inequality Database (wid.world)

World Inequality Report, 2022. (wir2022.wid.world)

World Meteorological Organization, 2024. 1. 12.

(wmo.int/news/media-centre/wmo-confirms-2023-smashes-global-temperature-record)

Yanis Varoufakis, 'Capitalism is dead. Now we have something much worse': Yanis Varoufakis on extremism, Starmer, and the tyranny of big tech, *THE GUARDIAN*, 2023. 9. 24.

Zahra Hirji, "The World Is On Track To Warm 3 Degrees Celsius This Century. Here's What That Means", *BUZZFEED NEWS*, 2021. 10. 30.